普通高等教育新文科建设系列规划教材

写作与表达十二讲

主　编　李　勇　毕　鹏
参　编　李　一　邵雯艳　姜　晓

苏州大学出版社
Soochow University Press

图书在版编目(CIP)数据

写作与表达十二讲 / 李勇, 毕鹏主编. -- 苏州：苏州大学出版社, 2024.9. -- (普通高等教育新文科建设系列规划教材). -- ISBN 978-7-5672-4902-8

Ⅰ. H152.3

中国国家版本馆 CIP 数据核字第 2024BV0747 号

本书部分文字作品著作权由中国文字著作权协会授权。
电话：010-65978917
传真：010-65978926
E-mail：wenzhuxie@126.com

写作与表达十二讲
XIEZUO YU BIAODA SHI'ER JIANG

李　勇　毕　鹏　主编

责任编辑　倪锈霞

苏州大学出版社出版发行
(地址：苏州市十梓街 1 号　邮编：215006)
苏州市古得堡数码印刷有限公司印装
(地址：苏州市高新区御前路 1 号 3 幢　邮编：215011)

开本 787 mm×1 092 mm　1/16　印张 11.25　字数 274 千
2024 年 9 月第 1 版　2024 年 9 月第 1 次印刷
ISBN 978-7-5672-4902-8　定价：55.00 元

图书若有印装错误，本社负责调换
苏州大学出版社营销部　电话：0512-67481020
苏州大学出版社网址　http://www.sudapress.com
苏州大学出版社邮箱　sdcbs@suda.edu.cn

前　言
Preface

　　运用语言进行交流是人类区别于其他动物的一个重要特征。尽管其他动物也会使用简单的方式进行交流，但是它们的交流不像人类的交流这样复杂。从通过发出简单的音节进行互动，到借助结绳记事、刻画符号传递信息，人类一直都在进行着表达与交流活动。语言的产生也正是这种表达与交流的成果。在这个意义上，我们可以说，以表达活动为核心的交流是人类文明的标志性成果。人是语言的动物，就是说人是会表达与交流的动物。文字产生以后，写作作为一种特殊的表达活动在人类生活中的重要性日益提高，写作形成的文字作品不仅可以长久保存，而且其记录性也使其获得了庄严感、规范性和文化权力。虽然写作作为书面表达是后起的，它在表达与交流活动中的地位却后来居上。

　　虽然写作与表达是人类生活中的重要活动，但是如何表达、如何写作是一个难题。我们学会说话是一个自然的过程，但是如何进行表达是一项需要专门训练的技能。在什么样的场合说什么样的话合适，一个话题如何表达才得体，这些虽然是日常生活中经常遇到的问题，却又常常被忽略，似乎只有靠个人的领悟、靠经验的积累，人们才能学会这种技能。写作也是如此。作为一种实践性很强的活动，写作与表达似乎是不可教的，只能靠自己多练习，多积累，多磨炼。实际上这种习惯性的想法是不对的。写作与表达的技能虽然需要实践经验，但是仍然可以通过学习而得到提高。本教材的编写目的就是为写作与表达的课堂教学提供参考，为写作与表达课程的教学活动提供一些基本的材料和线索，从而帮助教师在课堂教学中安排教学内容，帮助学生在学习的过程中掌握写作与表达的不同环节中的基本技巧。

　　本教材由中文写作与表达和英语写作与表达两部分组成，分为上下两编，上编为中文部分，下编为英文部分。中文部分是按照写作与表达活动的不同环节来安排顺序的。从审题与选题开始，中间经过了结构与衔接、开头与结尾、主题、文采、准确表达与标点使用、文章的修改与润色等不同环节，基本上是以写作与表达活动的过程为线索的，贯穿其中的是中文写作表达中需要解决的关键问题。英文部分以学术性写作与表达为主，从写作的目的和读者的期待开始，接下来是学术写作的文体与语言特征、事实材料的使用与观点的提炼、文献的述评与使用等几个连续环节。这些环节的内容针对的是中国学生在英文学术写作与表达中经常遇到的问题，试图为解决这些问题提供一些方法。

  本教材的特点是实用性强，能够为学生在写作与表达活动中遇到常见问题时提供一些基本的解决方法。我们希望本教材能够为提高当代大学生的写作与表达能力提供切实的帮助。写作与表达作为当代大学生的基本技能，在学生将来的事业发展中是必不可少的。它不仅是一种基本技能，也是综合素养中的重要一环。我们衷心希望越来越多的学生能够自觉地认识到这项技能对于自己未来事业发展的重要性，从而投入必要的时间，认真学习写作与表达的基本方法，积极地积累经验，提高这项技能。

目　录
Contents

上编　中文写作与表达

第一讲　审题 ………………………………………………………………… 3
　　第一节　审题的基本任务 ……………………………………………… 5
　　第二节　审题的技巧 …………………………………………………… 10

第二讲　选题 ………………………………………………………………… 17
　　第一节　选题的分类与任务 …………………………………………… 18
　　第二节　选题的技巧 …………………………………………………… 23

第三讲　结构与衔接 ………………………………………………………… 32
　　第一节　围绕文章结构学习的几个知识概念 ………………………… 34
　　第二节　结构分析的具体方法 ………………………………………… 38

第四讲　开头与结尾 ………………………………………………………… 49
　　第一节　现代汉语的建设与文章的写作过程 ………………………… 50
　　第二节　结构性的开头与结尾 ………………………………………… 56

第五讲　主题 ………………………………………………………………… 65
　　第一节　主题的特点、作用与形成 …………………………………… 66
　　第二节　主题的提炼 …………………………………………………… 70

第六讲　文采 ………………………………………………………………… 79
　　第一节　文采的作用与审美性 ………………………………………… 80

第二节　文采修辞技巧 …………………………………………… 82

第七讲　准确表达与标点使用 …………………………………………… 95
　　第一节　准确表达 ………………………………………………… 96
　　第二节　标点的准确使用 ………………………………………… 105

第八讲　文章的修改与润色 ……………………………………………… 111
　　第一节　文章的修改 ……………………………………………… 111
　　第二节　文章的润色 ……………………………………………… 116

下编　英文写作与表达

Chapter 1　Academic writing: Writing purposes and readers' expectations …… 129

    1.1　Academic writing: A formal type of writing in the academic context
　………………………………………………………………………… 129

    1.2　Formulating a thesis: The most important step in writing academic essays
　………………………………………………………………………… 131

    1.3　Understanding research: The key to writing academic papers …… 134

    1.4　Reader-writer relationship in academic writing …………………… 136

Chapter 2　Stylistic and linguistic features of academic writing …………… 138

    2.1　Being evidenced: Citation rules in academic writing ……………… 139

    2.2　Formal tone of academic writing ………………………………… 143

    2.3　Lexical features of academic writing: The use of formal expressions …… 144

    2.4　Syntactic features of academic writing: The use of nominalizations …… 146

Chapter 3　Facts and Opinions ……………………………………………… 148

    3.1　Facts and opinions: Blueprint and building materials of academic writing
　　（why and what）……………………………………………………… 148

3.2　Linguistic devices to present facts and opinions in academic writing（how） ………………………………………………………………… 153

3.3　Presenting opinions in academic writing: Hedge your opinion while necessary ………………………………………………………………… 157

Chapter 4　Writing a literature review …………………………………… 159

4.1　Four steps to compose a literature review ……………………… 159

4.2　How to find literature: Literature search methods ……………… 161

4.3　Characteristics of a good literature review ……………………… 165

4.4　Maintaining academic integrity: Avoid plagiarism in academic writing ………………………………………………………………… 166

后记 ……………………………………………………………………………… 169

上 编

中文写作与表达

第一讲

审 题

【教学目标】掌握命题写作中审题的方法,通过对写作与表达的具体题目要求的分析,理解审题的任务,学会理解题意、紧扣题眼、选准题材、确定题旨、明确文体;树立自觉审题、谨慎审题的意识;掌握审题的基本技巧,学会根据不同文体的特征进行审题。

案例导入

2018年国家公务员考试申论的题目是:请你对画线句子"借用人的'慧',打造物的'智'"加以分析。要求:(1)观点明确,紧扣资料,有逻辑性;(2)不超过300字。

日前,"D市杯"国际工业设计大奖赛举行了颁奖典礼,共有海内外20多项设计从3 000多件参赛作品中脱颖而出,拿下各项大奖。

D市共举办了11届国际工业设计大赛。本届大赛更突出了设计资源与产业对接,开展了设计师对接会、工业设计成果展等系列活动,共征集到参赛作品3 255件,最后评出概念组金奖1名、银奖3名、铜奖6名,以及产品组金奖1名、银奖3名、铜奖6名。

一位教师此次拿到概念组金奖。这是一组适合中国人烹饪习惯的智能炊具,名为"美味中国"。"中国人烹饪讲究火候,蒸鱼是蒸五分钟还是八分钟?这个时间往往不好把握,但温度可以最直观体现。"这个锅的最大秘密是手柄一按就可以分离,能自动检测锅内温度,不会让蒸煮、炒菜出现"口感太老""偏生"等问题。这位教师称,这个手柄未来甚至可以与普通的蒸锅、电磁炉等搭配,市场空间非常大,相比于概念复杂、功能冗余的各种智能化产品,这种简单而实用的设计才能真正改变生活。而产品组金奖作品是一套沙发,这套沙发的设计体现多功能,拼接组合适应各种户型。

现场众多专家认为,D市年年举办工业设计大赛,品牌效应已经很强,吸引了国内外越来越多的年轻设计师的关注,不少实用化、智能化的工业设计,堪称惊艳,这是一笔有待进一步挖掘的宝贵财富。

"现在,已经不是科技推动设计的时代,而是设计推动科技的时代。"此次设计创新高峰论坛上,著名设计顾问H教授做了主题演讲,谈到了作为典型的工业大市,D市要学会用设计推动技术创新、产品创新,借用人的"慧",打造物的"智",将工业技术和设计创新深度融合。H教授认为,好的设计师应该思考满足人们的实际需求,提高人们的生活质量。而更高明的设计师,则要关注人类,关注生存环境,应该思考人与产品、与大自然的关系。谈到中国设计的发展,H教授指出,中国的设计师应该多研究吸收中国人的传统文化,比如在设计中国的传统建筑或家具时,应该更多地去中国传统文化中寻找灵感。这并不意味着在一个现代物品上印几个传统图案就行了,而是要真正去体味中国传统文化蕴含的智慧和美。

工业设计协会的Y教授说,此次获奖作品很多都是智慧生活类产品,这构成了工业设计的一种方向。中国如今的产品从外观和结构设计上已经不错了,可以说是"四肢发达""体格健壮",有很好的基础,但就是缺点儿"脑子",也就是智能化水平较低。现在迫切需要的就是往这些健壮的铁疙瘩身上植入"大脑"。智能化、交互化成为人类生活的必需,也成为工业设计的关键词。比如,我们开发了一个核心智能化系统,叫作"多行业嵌入式技术",拥有了这种核心技术,再通过合理的设计,加上不同的外壳,就可以把它变成割草的、扫地的、清洗游泳池的全自动机器。只要你想得到,它甚至可以装到任何产品当中去。这就是服务创新的发展方向,服务设计就是数字化与用户体验的交互,就是在产品中融入时间、情感等因素。未来真正的"智造",一定需要智能化、交互化的工业设计。

这个案例中,材料和题目都已经很明确。这类写作属于命题作文,要完成这个写作任务,就需要结合材料进行审题。第一,准确理解"借用人的'慧',打造物的'智'"这个题目的基本含义。所谓的人的"慧"是指文化传统中积淀下来的创造性,而物的"智"是指产品中的智能化,是给人的生活带来便利的技术与设计。第二,在理解这些基本含义的基础上,进一步找出题目的核心。仅仅理解什么是"慧",什么是"智",还没有把握题目的核心要求,这个题目真正要求考生讨论的是"慧"与"智"的关系,就是材料中所说的"将工业技术和设计创新深度融合",抓住了这两者的融合关系,才算是把握住了题目的关键。第三,思考如何展开讨论,具体写哪些内容。可以对"慧"与"智"的含义与它们之间的关系进行论述,但不能仅仅写这些内容,而是需要更深入地讨论如何"借用"与如何"打造",这样写作的内容才会更丰富。第四,根据对题目中核心含义与写作内容的理解,提炼出写作的主旨。确定"慧"与"智"的关系是这个题目要论述的核心后,我们就需要明确这两者到底是什么关系,把这种关系作为论述的主旨,并围绕主旨来安排内容,把内容组织成完整的文章。在这个案例中,"借用人的'慧',打造物的'智',是一种先进的理念,构成了工业设计的方向"就是主旨,它是文章的主题句,也是文章的核心观点。后面的论述都是围绕这个主旨展开的。第五,按照题目的要求确定写作的文体样式。这个案例的要求很明确,就是讨论"借用人的'慧',打造物的'智'",因此需要写作的是议论文或论说文。考生需要围绕核心观点展开论述,论证自己的观点,得出明确的结论。在这个案例中,作者结合了材料中提供的工业设计的具体问题,提出了"借用人的'慧',打造物的'智',是一种先进的理念,构成了工业设计的方向"的观点,论证了"慧"与"智"的关系,阐述了实现"慧"与"智"融合的具体途径,最后得出"让'智造'满足人们的需求"的结论。文章虽然只有短短的几百字,但仍然是完整的。

借用人的"慧",打造物的"智",是一种先进的理念,构成了工业设计的方向。人的"慧"指人的设计与创新,打造物的"智"指赋予产品更多人性化等因素。人的"慧"与物的"智"结合可以满足人们的实际需求,提高人们的生活质量,密切人与产品、与大自然的关系,而依托传统文化设计理念制造出的产品也蕴含着智慧和美。因此,一要用设计推动技术创新、产品创新,将工业技术和设计创新进行深度融合;二要推进服务创新,开展智能化、交互化的工业设计,在产品中融入时间、情感等因素,实现数字化与用户体验的相互交流;三要关注人类和生存环境,注意对传统文化的吸收与借鉴,最终制造出智慧生活类产品,让"智造"不断满足人们对美好生活的需求。

第一节　审题的基本任务

所谓审题,就是根据写作与表达任务所提供的材料或给定的题目,准确理解写作与表达任务的具体要求,把握任务的主要意图,系统思考文章的主旨、内容,厘清文章的思路,组织文章的结构,规划写作与表达目标的思维过程。因此,审题不仅要理解题目的含义,而且要深入思考如何完成写作与表达的任务。从这个意义上说,审题的思考过程与构思过程是紧密相关的,我们在审题的同时就在构思。

一、审题的五个步骤

审题是在接受写作与表达任务后,正式开始写作与表达活动前进行的活动,是写作与表达活动中的重要环节。在这个环节中,需要完成的任务包括五个具体方面,也是审题的五个具体步骤。

1. 解题意

解题意就是理解题目的中心词。中心词就是那些规定了题目的范围与主要导向的词语，准确理解了这些中心词，就可以确定写作与表达的范围与立场，不容易出现跑题、偏题的现象。理解题意是审题的关键，只有准确理解了题意，才能够进行写作与表达的主题设计与结构安排。因此，可以说，理解题意是审题活动的起点，是决定写作与表达方向的关键环节。

2. 扣题眼

扣题眼就是抓住题目中的关键词。关键词就是题目中揭示关键信息，提示题目所包含的丰富内涵的决定性词语。关键词与中心词不同，它比中心词更具关联性，是联系不同中心词的枢纽。找到了这个题眼，就把握住了题目的核心；围绕这个核心构思，写作与表达活动中的主题、结构、题材、角度等问题就迎刃而解了。

3. 选题材

选题材就是明确写作与表达的具体内容。题材就是呈现在写作与表达内容中的现实生活具体领域中的材料。写作与表达是对现实生活中的人与事的描述与讨论，这些被描述、被讨论的对象就是题材。即使是那些纯理论的论述，看似抽象的推理论证，实际上也都有现实的基础，有现实的针对性，涉及现实的材料，因此也是有题材的。在审题活动中，选择适当的题材，就可以使写作与表达有明确的对象，有牢靠的抓手，这样就不至于无话可说。在材料作文中，题目更是与材料紧密相关，这些材料就是规定好的题材，需要充分利用。

4. 定题旨

定题旨就是确立写作与表达的主旨。主旨就是写作与表达的主要倾向、态度、立场、观点。写作与表达的题目中一定会包含对主旨的要求，这些要求往往没有明确说出来，而是需要写作者去领会。有时写作与表达的题目中对主旨有一个总的要求，具体如何落实到写作与表达活动中，仍然需要写作者去领会，把总的要求细化，并与具体的题材结合起来，只有这样才能把写作与表达的方向确定下来，才能根据主旨对具体表达哪些内容、结构如何安排这些具体的环节进行规划。

5. 明文体

明文体就是分清题目要求的写作与表达的样式。文体就是文章的样式，比如议论文、记叙文、说明文、诗歌、剧本等。口头表达中也有不同的样式，如演讲、辩论、报告、发言、讲话、评议、主持等。写作与表达最终都会以具体的语言作品的形式呈现出来，一次写作与表达活动总是通过语言媒介来完成的，这种语言作品就必然属于一种文体样式。在审题活动中，写作者需要根据题目的要求确定要完成的作品是什么样式的。只有确定了作品的样式，才算是完成了审题的任务，才能为展开实际的写作与表达活动提供依据。

二、审题的五个步骤的具体应用

审题任务的五个步骤，不仅可以在各类考试的作文试题中得到运用，而且在现实生活中也有实际的应用价值。在现实生活的不同场合，都会用到写作与表达。根据不同的场合、不同的用途进行写作与表达时，按照审题的任务与具体步骤进行审题，就可以有效地完成写作与表达工作。以个人的自我介绍的写作与表达为例，在写作中，书面的自我介绍一般以个人简历的形式呈现；在口头表达中，自我介绍往往用于面试、演讲、交友、迎新等场合。但无论是书面的个人简历还是口头的自我介绍，都需要有一个审题的环节。根据审题任务的五个步骤，个人简历的审题可以具体分解为以下几个环节。

第一，解题意。个人简历中，"个人"就是自己，"简历"就是简单介绍个人的经历。作为个人的自己是什么样的人，需要作者根据简历的用途、阅读对象进行设定，作者对自我的理解是需要按照简历接收方的要求来把握的。个人经历也需要根据简历接收方的要求进行提炼。无论是要求提供学习经历、工作经历、社会活动经历，还是要求提供国际交流经历、组织管理经历、学术研究经历等，都要按照接收方的要求，理解清楚。

第二，扣题眼。简历的"简"是简练、简洁，"历"是个人某些方面的经历，不是个人的全部历史。简历中的"简"是题眼，简历中所提供的信息一定要简洁明了，不能详细叙述，也不能提供细枝末节的琐碎材料。这种简洁明了虽语言简练，但是重要的信息不能少。用简练的语言呈现出个人的主要信息，读者通过看写作者的简历，就能够了解这个人的基本特点。

第三，选题材。个人的经历需要有选择地呈现，根据简历的投送对象与实际诉求，选择不同的内容。个人简历虽然写的都是自己的经历，题材范围看似很明确，但仍然需要确定具体的内容。一个人的经历其实有很多可写，哪些需要写，哪些不需要写，是应该根据要求进行细化的。比如，在升学用的简历中，一般就需要突出学习的经历，而求职的简历中则应该突出工作经历，至少应该写明自己的经历中有哪些活动与目前所谋求的职位有关。

第四，定题旨。写简历不仅是个人经历的事实的呈现、对自我形象的塑造，还是对自己的人生经历的反思。在实事求是的基础上，个人简历的写作者也需要根据接收者的要求展现自己的优点，塑造自己的美好形象。这些带有倾向性的信息就是简历的主旨，也是作者的主观意图。当然，在有些特定人物的简历中，我们也可以看到其奋斗的历程，这样的简历就成为一个励志的故事，给读者提供积极向上、不断进取的精神力量。这些因素也是简历的写作者在审题时应该关注的。

第五，明文体。个人简历本来就是一种具体的文体样式，但是这种文体样式也有不同的形态，有的只有基本信息，有的需要有不同阶段的经历，有的则要求突出某一方面的经验，有的则是突出个人特点的个性化介绍。所以，需要根据简历的用途与制作简历的目的进行区分。

具体而言，我们可以区分出四种不同形态的简历。

1. 基本信息式简历

即只提供个人的姓名、性别、民族、出生年月、政治面貌、学历等基本信息的简历，这些信息是简历最核心的内容，不同形态的简历都是在这些基本信息的基础上演变出来的。例如，《中国美术家人名辞典》中介绍苏州书画家谢孝思的词条是："谢孝思，一九〇五年生。又名仲谋。贵阳人。擅国画。苏州博物馆。"[1] 这个简历就提供了最基

---

[1] 俞剑华. 中国美术家人名辞典［M］. 上海：上海人民美术出版社，1981，附录（一）：51.

本的信息，但是这些信息作为书画家谢孝思的最核心的信息，为广大群众了解谢孝思提供了基本材料。

2. 履历式简历

即除了提供基本信息之外，还展示个人学习工作经历的简历。这种履历式简历的特点是呈现了个人在不同阶段的具体学习工作经历，突出了个人在学习与工作中重要的节点。如宗白华的自传①。

> 1897年12月22日生于安徽安庆市小南门方宅母亲的家中，祖籍江苏常熟县。原名宗之櫆。童年在南京模范小学读书。
>
> 1914年，到青岛德国人办的青岛大学学习德文四年，在语文科卒业。
>
> 1919年，"五四"运动时，参加"少年中国学会"，编辑在上海出版的《少年中国》月刊。同年，经巴黎赴德国留学，在佛兰府大学哲学系学习，第三学期转到柏林大学学习美学及历史哲学。
>
> 1921年3月，《看了罗丹雕刻以后》发表于《少年中国》2卷9期。
>
> 1923年12月，诗集《流云》由亚东图书馆出版。
>
> 1925年12月，由德国归来后，在南京东南大学哲学系任教。
>
> …………

3. 专长式简历

为了特定的需要而展示某个方面特长的简历即为专长式简历。比如申请读研究生时提交的简历，或求职时为申请特定的职位而制作的简历。这些简历一般都会根据所申请的事项的特点，展示个人与这些特点相关的某些专长，以便在申请时提高竞争力。例如：

> 我叫×××，女，江苏南京人，目前是四川大学文学与新闻学院研三的学生，预计毕业时间为2022年6月。我的专业为文艺学，研究方向是文学与文化批评理论，师从特聘教授×××。我对文学理论与文化批判理论十分感兴趣，在书写硕士毕业论文期间一直关注国内外文学理论研究的前沿动态，尤其对国内外的马克思主义文学理论与文化批判理论有浓厚的兴趣。
>
> 在成绩方面，我的本科和硕士阶段的综合成绩排名均为专业第一，学习能力和理解能力较强。求学期间获得过国家奖学金、四川大学"诵红色经典"比赛全校一等奖等奖项，以及四川省优秀大学毕业生、四川大学优秀毕业研究生等荣誉。
>
> 在研究生学习期间，我系统地学习了西方马克思主义，认真研读了葛兰西、阿多诺、本雅明和卢卡奇等理论家的著作。同时，我还阅读了张一兵老师所著的《文本的深度耕犁》、傅其林老师编选的《雅诺什的面孔——阿格妮丝·赫勒美学文选》及徐崇温先生编选的"国外马克思主义和社会主义研究丛书"。其中，葛兰西的"实践哲学"、本雅明的"纯语言"和"机械复制时

---

① 宗白华. 宗白华全集（第3卷）[M]. 安徽：安徽教育出版社，1994：598.

代的艺术作品"、哈贝马斯的"公共领域与合法性"及卢卡奇的"物化"思想和小说理论给我留下了深刻的印象。

在校期间，我参与了两次主题为"东欧新马克思主义批判理论"的国际性会议。在会上，我通过学习党圣元教授、张江教授、胡亚敏教授、张永清教授和金慧敏教授等著名学者的学术论文，大大拓宽了国际视野，也更加坚定了继续从事国外马克思主义研究的想法。通过系统的学术训练，我顺利完成了各科的课程论文，皆取得了不错的成绩。业余时间我还进行了论文写作，目前已在省级学术刊物发表论文3篇，C刊论文1篇。

硕士期间，我的研究方向一直集中在东欧马克思主义这一领域，同时我对国外文化批判理论也一直保持关注，非常想在这一领域深耕。因此，我非常愿意于博士期间在老师的指导下继续展开这个领域的深入研究。

这个简历是一名考生在申请博士研究生入学考试时提供的自我陈述，主要特点就是突出自己的学术专长，展示自己的学术背景、研究兴趣、学习成绩、科研成果、学术活动、获奖情况等，主题是证明自己具有从事学术研究的潜力。由于其目标是申请博士生入学考试，所以，简历中提供的主要是与自己报考的专业相关的信息。写作者在此展示的是自己的专业知识与学术能力，而其他方面的信息就省略了，这样就可以使自己的特长更加凸显出来。

这种专长式的简历在口头表达中也经常使用。例如，某大学生在参加学生会面试时，就使用了这种自我介绍：

尊敬的面试官，你们好！我叫×××，是××系××级××班的学生。我来自江西省，著名的南昌起义就发生在我的家乡，中国革命的摇篮井冈山也在我的家乡。我的家乡还有许多历史名胜，"飞流直下三千尺，疑是银河落九天"的庐山瀑布，"落霞与孤鹜齐飞，秋水共长天一色"的鄱阳湖都在我的家乡。在这样的环境中成长的我养成了为集体奉献、为大家服务的意识。同时，我从小学习绘画艺术，尤其擅长国画。我希望有机会在学生会承担宣传工作，发挥自己的特长，积极传播正能量！谢谢！

这个演讲中的自我介绍突出呈现的是演讲者的个人特长与所竞选的学生会宣传工作之间的联系。宣传工作需要竞选者具有正确的人生观、价值观、世界观，需要有文艺特长，最好还要熟悉中国的红色革命传统。这名竞选者首先突出强调了自己来自中国的红色革命根据地，从小受到红色革命精神的熏陶，然后强调自己家乡的历史文化底蕴，最后告诉面试官自己有绘画方面的特长。这些信息有效地与宣传工作对应起来，使人产生良好的印象，觉得竞选者很适合这个工作。因此，这个演讲所提供的简历是根据自己的目标设计的，以目标来对个人的特长进行介绍，产生了良好的效果。

4. 个性化简历

就是展现独特个性的简历，虽然简历中也提供了基本信息，但是在这些基本信息中体现出鲜明的个人色彩，呈现出不同于他人的特点。在个性化简历中，这些不同于他人的个人特点经过特别的设计后被凸显出来，甚至被刻意地呈现出来，从而形成与众不同的简历，显得别具一格，给人留下深刻的印象。

在审题的过程中，对于简历的这些不同形态的文体样式，需要根据简历的不同投送对象的要求进行选择使用，不能为了彰显个性而彰显个性，不分用途、不分场合、不按要求随意彰显个性往往会弄巧成拙，适得其反。

审题是写作与表达的第一步，也是关键的一步。明确审题的任务，除了要认清审题的具体步骤之外，更重要的是要树立审题的意识，即在写作与表达的起始阶段就自觉地对题目进行严谨的分析，对写作与表达的任务进行科学的判断，对写作与表达的具体工作进行合理的规划。只有在写作与表达一开始就自觉、规范、合理地进行审题，写作与表达才能事半功倍。

第二节　审题的技巧

审题看似只是写作与表达活动中的起始环节，而且只是一个在很短的时间内就要完成的环节，但是这个环节决定了写作与表达活动的成败。本节针对审题的五个步骤，提出了相应的实用技巧。

一、理解题意要从严

在理解题意的时候，应该注意中心词的准确含义，不能想当然地理解这些表达了题目的范围与立场的中心词，否则就可能对题目的内涵理解偏差，导致思考的方向出现误差，所写出来的内容就跑题了。例如，"慎独谈"这个题目，中心词是"慎独"。如果不理解这个中心词的含义，就无法提出自己的论点，更谈不上展开论述，写作与表达活动就卡在这个中心词上，无法进行下去。"'慎'：谨慎；'独'：单独，一个人。'慎独'的意思是一个人在没有他人监督的情况下，要奉公守法，检点自己的行为，不可胡作非为。明白了'慎独'的含义，为什么要慎独，如何慎独就好写了。"①

理解中心词的含义，还应该把握住中心词的多种含义中的核心含义。在审题时，有的题目中的中心词有多方面的内涵，或者包括的范围较广，如果面面俱到，每个方面的含义都谈，结果只会分散主题，显得凌乱。因此，在审题时就需要在理解中心词的各种含义的前提下，把握住核心的内涵，以此为基点，提炼中心观点，展开论述。例如，"试论以德治国"这个题目的中心词是"德"，但是"德"在中国传统哲学中含义很丰富，即使我们用简化的方式理解，"德"也"包含三个方面：社会公德、职业道德、家庭美德，若写千字左右文章，抓某个方面写为好，全面写来，力不从心，缺少重点"②。从这个例子来看，理解题意既要全面理解中心词的不同含义，也要选择其中的核心含义，只有以此为依据才能更好地提炼出中心论点，合理地安排结构，展开论述。

理解题意，还包括对题目给定的材料进行准确理解，从材料中概括出核心内涵。理

---

① 王太吉. 公选考试作文的审题技巧 [J]. 写作，2004（9）：44-46.
② 王太吉. 公选考试作文的审题技巧 [J]. 写作，2004（9）：44-46.

解材料的主要方法是化繁为简，就是根据题目的要求与提示，对材料进行准确概括，找出中心词，准确把握题目要求与材料之间的关系。既要找出题目要求所限定的边界，又要在材料中找出对论述有用的信息。例如：

> 2021年，中国科学院选举产生了65名中国科学院院士和25名中国科学院外籍院士。苏州大学迟力峰教授当选中国科学院院士。谈到自己的成果经验，迟力峰说："我觉得可能对年轻人来讲还是要少一些功利，多一些追求，从对科学的热爱上，脚踏实地去做好每一件小事，我觉得还是要保持最原始的好奇心去探索实践。"
>
> 请根据材料中迟院士对年轻人的建议，谈谈你对科研精神的理解。

审题时应该先找出中心词"科研精神"，提炼出迟院士的谈话中的核心观点："少一些功利，多一些追求""脚踏实地""保持最原始的好奇心"，这些观点也不能面面俱到地一一展开论述，而是应该选择其中的某一个观点，集中论述。把握住这些要素，写作就不会出现偏题、跑题问题。

二、寻找题眼，关注标题中决定写作与表达的展开脉络的关键词

关键词与中心词不同，关键词是作者具体展开写作与表达活动的抓手，而中心词是限定题目范围与立场的词语，所以，作为题眼的关键词是那些决定着题目如何展开、写作与表达具体如何操作的词语。当然，题眼有时也需要写作者根据题目的要求与给定的材料来分析判断，自己进行提炼。

就题目中有明确的提示，题眼已经出现在题目中的情况来看，审题时应该以题眼为突破口，展开具体的论述，完成写作与表达的任务。例如，以"我看乐观"为题的演讲，题目中出现了三个词，"乐观"是中心词，限定了演讲的范围，但题眼是"我看"，即需要说出自己独到的见解。"我"与"乐观"是相互限定的，演讲的内容必须是乐观，讲其他内容就跑题了；但是只讲乐观，不突出"我"的独特看法，也不符合题意。"我"也是对"乐观"的限定，是"我""看"，而不是别人"看"。所以，突出"我"才是抓住了题眼。

这种已有明确提示的题目在审题时需要特别注意词语之间的关系，不要错把中心词当成关键词。仔细辨别出中心词与作为题眼的关键词，抓住中心词与关键词之间的关系，是审题的核心问题。例如，演讲题目"强国有我"，审题时要明确意识到"强国"是中心词，"有我"才是关键词，是题眼。因此，既要理解"强国"的含义，也要抓住"有我"这个题眼，同时还要注意"强国"与"有我"之间的关系："强国"是前提，"有我"是在强国的限定之中的。忽视了"强国"这个前提，只谈"我"如何发挥自己的作用，展示自己的才华，就偏题了。但是，如果只谈"强国"，没有突出"有我"这个题眼，那可能只是泛泛而谈，没有落实到"我"在强国的过程中能发挥什么作用，就会出现更大的偏差。

就题目中没有出现明确的提示的情况来看，审题时需要写作者设计出一个题眼、设定一个关键词，这样才能形成一个有效的切入点、一个统一的线索，便于展开写作与表

达活动。例如，2021年福建省公务员考试申论通用试卷第3题：

"给定材料4"中提到"努力让民生服务更有'温度'，民生福祉更有'质感'，让人民群众的获得感更足"。请你深入思考这句话，联系实际，自选角度，自拟题目，写一篇文章。①

通过对这个题干的分析，我们可以找出"温度、质感、获得感"这三个中心词，这三个词都是围绕"民生服务"这一主题的，将这些中心词与主题联系在一起，可以"形成'优化民生服务，提升百姓幸福感'的标题。如何'优化民生服务，提升百姓幸福感'呢？从民生服务要'有温度、有质感、有获得感'三方面入手，将主题'民生服务'和题干中三个关键词'温度、质感、获得感'相结合，将'民生服务'的结果让百姓体会到。这样，三个分论点的确立，让文章结构框架清晰明确。行文结构参考如下：

优化民生服务　提升百姓幸福感（标题）
民生服务要让百姓感觉到温度。（分论点1）
民生服务要让百姓充满质感。（分论点2）
民生服务要让百姓有获得感。（分论点3）"②

从这个例子可以看出，对于材料作文的审题，题眼是可以根据题干的要求与材料中提供的信息进行分析，然后自己设定的。在这种情况下，设定题眼也是以准确理解题干与材料为前提的，如果题干理解出现偏差，或对材料的理解没有把握住重点，就不可能设定出合适的题眼。

三、题材的选择应该虚实相生

确定了写作的题眼之后，需要根据题目选择写作与表达的内容。题目是简洁的，根据这个题目具体表达哪些内容，也是审题时必须解决的问题。选择写作与表达的内容，基本技巧是虚实相生：如果题目是抽象的，则内容应该落实到实际的材料上；如果题目是具体的材料，则内容应该提升到更高层次的思考，使具体材料"虚化"。比如前面的两个例子中，"我看乐观"是一个抽象的题目，写作内容应该向"实"的方向思考，通过具体的例子来表达"我"对乐观的理解。迟院士的例子中，则应该向"虚"的方向提升，从迟院士的谈话和事例出发，深入讨论科研精神这个深层次问题；如果仍然大量写迟院士成长的故事，则偏题了。那么，什么是"实"的内容？什么是"虚"的内容？所谓"实"的内容就是"事实性材料，又称实证材料。事实性材料指反映现实存在的客观事物和具体事实的材料，包括人物、事件、时间、地点、过程、原因、结果、数据等"，"虚"的内容就是"观念性材料，来源于实践又为实践所验证了的知识、理论、思想等成果"。③ 在审题时，我们必须自觉地运用虚实相生的方法来安排表达的内容，其中关键的技巧就是在虚的题目中增加实的内容，在实的题目中增加虚的内容。"以理

---

① 辛建华. 例谈申论文章写作的审题技巧 [J]. 应用写作，2021（10）：49-51.
② 辛建华. 例谈申论文章写作的审题技巧 [J]. 应用写作，2021（10）：49-51.
③ 宋俊丽，王燕. 虚则实之 实则虚之：应用写作材料运用规律探索 [J]. 应用写作，2009（10）：6-10.

论阐述为主的文章,如学习某些政策精神的报告,往往现成的材料中虚的材料过多,那就一定要有意识地去深入实际寻找一些实的材料添加进来,如事例、数据、调查、经验等,以使文章不过于空洞——这就是'虚则实之'的规律。""以事实叙述为主的文章,如某些先进人物的经验总结,现成的材料中实的材料往往很多,成绩、奖项、事例一大堆。写这类材料不要钻在成绩、奖项堆中出不来,而是要有意识地去寻找一些虚的材料,如用几个格言、谚语穿插其中,或以一些理论性概括作为开头或结尾,把比较具体实在的成绩、奖项、事例等表述对象'虚化',使之生动、形象起来——这就是'实则虚之'的规律。"① 在审题时掌握这种虚实相生的技巧,可以帮助我们有效地构思文章的结构,快速找到有用的材料,为顺利完成写作与表达任务打下良好的基础。

四、运用逆向思维,设计出有创意的主题

写作与表达需要有新意的主旨、新颖的主题思想。新意就是打破常规思维产生的创新性思想。采用逆向思维是产生新颖主题思想的好方法。逆向思维是指从不同的角度思考问题,而不是故意唱反调。陈旧的思想观点一般都是因循守旧的思考方法导致的结果,调整思考的角度,换一种思考方法,就容易产生新颖的主题思想。比如"我看乐观"这个题目,我们可以从乐观与悲观的比较入手,思考乐观与悲观的辩证关系,就可能产生新意;我们还可以从盲目乐观入手,反向说明什么样的乐观才是真正的乐观,也会产生新意。

这种逆向思维的本质是创造性思维,就是力求从所写的事物中挖掘出别人没发现或尚未发表过的新思想、新观点、新见解、新感受、新经验,给人以耳目一新、不同凡响之感。这就要求作者具有敏锐的眼力,善于"见他人之所未见,发他人之所未发";深入实际,找出事物相互区别的个性特征据以确立主题(论题);同时,还要善于选择新的表现角度,从不同的侧面具体地说明主题,发挥主题。② 具体而言,就是要突破既有的思维定式,从不同的方向来思考问题,形成与众不同的新颖观点。

五、根据题意与题干要求确定文章体裁与样式

有些写作与表达任务明确对文章的体裁样式提出了要求,我们应该按照这些要求去完成写作与表达活动。这就需要了解不同文体的特点,掌握不同文体的写作与表达的要领。常见的文体有议论文、记叙文、说明文、应用文等,其在写作与表达活动中的要求具体分析如下。

议论文的基本要求是要有论点、论据和论证三要素。从写作角度看,议论文的写作关键是要有完整的逻辑框架。审题时厘清了这个逻辑框架,就可以顺利地展开论述。议论文的所有文字都应该被组织到这个逻辑框架中。句子与句子之间、段落与段落之间都要有逻辑关系,主要包括因果关系与层次关系。提出观点与展开论证之间,从内容方面说就是因果关系,观点是"果",论证是要说明"因";从结构方面说,段落之间应有

---

① 宋俊丽,王燕.虚则实之 实则虚之:应用写作材料运用规律探索[J].应用写作,2009(10):6-10.
② 陈金松.意在笔先 深思熟虑:谈文章立意[J].秘书之友,1995(6):26-27.

不同的层次，构成层层递进的关系，这样的论证才会更严密。例如，2017年国考省级以上（含副省级）职位申论试卷中有这样一道题：

"给定资料3"中画线句子写道"我们只有通过'水'的意象，才能最真切地体味到'儒'之'柔'"。这句话内涵丰富。请你根据"给定资料3"，谈谈对这句话的理解。（15分）要求：（1）准确、全面，逻辑清晰；（2）不超过300字。

这道题的答题逻辑，"可先表明自己的观点态度，写水之性质、儒之品格，再联系中国文化特点及其影响进行分析，最后总结提升"①。这样的审题活动就是采用了厘清逻辑框架的技巧，有了这个逻辑框架，实际写出来的文章就可以做到思路清晰、表达连贯。

记叙文的基本要求是围绕中心组织材料，其中的关键是确立记叙的线索。线索清晰了，材料就会构成整体，记叙的事件就会集中在一个中心，这样的记叙文在写作方法上就成功了。什么是线索？"所谓线索，指的是把文章的全部材料贯穿成为一个有机整体的脉络。""记叙性文章以叙事、记人、写景、状物为其主要内容，又往往融入作者的主观意识，所以它的线索既与叙事、写景、状物的内容有关，又与作者对人、事、景物的观察与认识有关。根据这些特点，记叙性文章常见的线索有时、空线索，人、物线索，感情线索等。"② 根据时、空线索，人、物线索，感情线索把材料组织起来，形成完整统一的脉络，记叙文就可以具有整体感，不至于散乱，也就达到了记叙文的基本要求。

说明文的基本要求是条理清楚。有了清楚的条理，对说明对象的特性、样貌、构成状况、形成过程、功能等各个不同的方面就可以进行清晰的解说，读者就能够清楚地了解说明对象。说明文是以介绍一个具体的事物为主要内容的，其核心特征就是呈现认识这个事物的过程，按照认识的过程来组织写作与表达的内容就是关键。我们认识事物可以从不同的方面进行，但是无论从哪个角度入手，都必须有一个清晰的条理。由表及里，由认识事物的外观、构成、特点到了解事物的使用方法是我们认知事物的基本条理。写说明文介绍一个事物时，把握住这个条理，就容易说得明白。

应用文的基本要求是遵守规范。应用文都有实用功能，与现实生活密切相关。产品使用说明书这样的应用文就是教使用者如何使用产品的，如果说明书不规范，就很难起到这个作用。存入档案的个人简历、入党申请书、申报项目的项目论证、医生写的病历、请假条等都属于正式的文书，具有规范性甚至法律效力，所以必须严格遵守规范。写作正式的文书，是不可以随心所欲、任意发挥的。以医院里的门（急）诊病历为例，其基本规范是：

1. 形式完整齐全，首页、病历记录、化验单（化验报告）、医学影像学检查等材料要齐全；

2. 病历书写要客观、真实、准确、及时、完整；

---

① 肖飞. 以水为师，树立大生态理念：2017年国家公务员考试申论A卷简析[J]. 应用写作，2017（2）：50-53.

② 杨永红. 文章结构"线索"三题[J]. 中山大学学报论丛，1998（1）：130-134.

3. 病历书写应当使用规范的中文和医学术语，通用的外文缩写和没有正式中文译名的症状、体征、疾病名称等可以使用外文；

4. 病历应当使用蓝黑墨水、碳素墨水，也可以使用蓝或黑色油水的圆珠笔；

5. 实习医务人员、试用期医务人员书写的病历，应当由在本医院合法执行业务的医务人员审阅、修改并签名；

6. 书写过程中出现错字、错句时，应当按照规范要求改正，并在修改处签署名字与时间。

当然，这些只是病历的基本书写规范，具体到更专业的医学规范、医院管理规范，还要遵守国家的相关文件规定。

既然我们了解了不同文体的基本写作要求，那么审题时如何判断选择何种文体呢？针对那些没有明确文体要求的题目，审题时需要根据题目的含义及提示，结合写作与表达的惯例与经验来进行判断。

以抽象的概念或一个观点为题的，一般应写成议论文。前者如"乐观""平凡""理解""宽容"等，后者如"我们需要更多的理解与宽容""善良是人最可贵的品质"等。虽然这样的题目没有明确要求写成议论文，但题目本身的含义是抽象性的，按照惯例是应该就这些抽象的观念进行探讨的，所以写成议论文比较合适。

有些题目已经有了提示，应该按照提示确定相应的文体。比如"说乐观""谈平凡""呼唤理解""躺平之我见"等，都已提示写作者应该发表自己的观点，所以应该写成议论文。而"记××大学2022年秋季运动会""××大学2022年新生报到侧记"之类的题目，则提示写作者应该写成新闻报道类的记叙文。

有些题目没有明确的提示，也没有明确的要求，题目本身很有弹性，写作者可以根据自己的立意来确定文体。比如"春天""秋天""路""树"等，一般要根据立意确定文体。以"路"为例，如果立意为弘扬脚踏实地、积极进取的精神，则可以选择写一个人物的奋斗历程，把这个人物的奋斗历程比喻成"路"，写成记叙文。如果立意为不同的路指向不同的方向，导致不同的结果，则写成议论文更合适。这样的题目一般都不应该写成说明文或应用文。说明文与应用文一般在题目的说明中都是有明确要求的。

另外，我们需要根据写作与表达活动的语境及活动性质确定文体。有些写作活动虽然没有明确的文体要求，但是已经确定了活动的性质，写作者应该根据这个语境和活动的性质来确定写作的文体。比如参加一次主题明确的演讲比赛，那么应该根据比赛活动的主题来确定文体，如是学习先进人物还是纪念重要节日等，主题不同，具体的语境不同，应该写成相应的不同文体。

本讲小结

审题是命题写作中的关键一步，是写作的起点，决定着写作的成败。审题的任务不仅是理解题目的意思，还要把握题眼、题旨、题材、样式，因此审题是一系列环节的总称，分为不同的步骤。完整准确地完成审题的任务，才能为随后的具体写作活动奠定基础。其实，审题的关键不是技巧问题，而是自觉的审题意识问题。在树立自觉审题的意识、自觉遵守写作与表达的规范的基础上，掌握审题的技巧才会更好地提高写作与表达的水平。当然，审题的技巧是在实践中慢慢学习和积累的，只有多运用，审题的技巧水平才会提高。

课后练习

1. 写一篇 500 字左右的自我介绍。
2. 以"我看科研精神"为题，写一篇 500 字左右的议论文。

知识拓展

立论和驳论

议论文是作者把自己所主张的判断来加以论证的东西，可分为两种：一种是作者自己提出一个判断来说述的，一种是对于别人的判断施行驳斥的。前者叫作立论，后者叫作驳论。

前面曾经说过，凡是议论，都有敌论者，至少应该有敌论者在作者预想之中的。立论和驳论都有敌论者，立论的敌论者范围很广泛，并没有特定的对象；驳论的敌论者是有特定的对象的。作者为了对于某人的某一判断觉得不以为然，这才反驳他。所以就大体说，立论是对于一般世间判断的抗议，驳论是对于某一人（或某一团体）的判断的抗议。

驳论是以一定的敌论者为对象的，我们对于敌论者所主张的判断，尽可认定论点，据理力争，却不该感情用事，对敌论者作讥笑谩骂的态度。如前所说；我们发议论的动机，也许出于感情的驱迫，但议论本身彻头彻尾是立脚在理智上的，丝毫不能凭借个人的感情。尤其是写作驳论的时候该顾到这一层。假定你的敌论者是张三，你在过去为了某种事件曾对他有不快，你对于他的主张写作驳论，只准就他的主张讲话，不该牵涉和本问题无关的旧怨。驳论的读者一种是敌论者，一种是旁观的审判者。就前者说，写驳论等于写书信，书信上的礼仪照样应该适用。就后者说，我们写驳论，希望得到大众的赞同，更应该平心静气地说话，轻薄的讥嘲、毒辣的谩骂，反促使大众发生反感减少同情的。

【资料来源：夏丏尊，叶圣陶．文话七十二讲［M］．北京：中华书局，2007：148-149．有改动。】

第二讲

选 题

【教学目标】学习如何根据写作与表达任务的具体要求,选择独特的角度以提炼新颖的题目;了解选题的不同类型,掌握选题的任务,通过具体案例学会选题的技巧;掌握被动选题中根据材料与任务提炼选题的方法,以及自主选题中根据自己的思想观点与主观态度提炼选题的方法。

案例导入

全域旅游的狂想[①]

近日,国家旅游局领导在听取我市旅游工作汇报时指出,衢州要以更高标准、更严要求创建国家全域旅游示范区。全域旅游,让每个衢州人振奋不已、浮想联翩。

毋庸置疑,从打响旅游发展战役以来,我市旅游业取得了长足进步,国家公园、A级景区和乡村休闲游等的建设热火朝天。然而,我们不得不承认,衢州依旧没有真正有实力、有知名度的景区、景点,旅游业依旧算不上衢州的强项。

笔者以为,以五大发展理念为统领,借发展全域旅游之东风,我们应该在旅游营销上有创新,在手段上出奇招,方能在当前竞争异常激烈的旅游市场上一招制胜。这一招就是"全域景区免门票"。

有时,一条新闻抵得上千万元的广告。当衢州成为全国首个全域景区免门票的地市时,衢州旅游将会在很长一段时间内成为舆论焦点,从而实现最大值的社会效应。从经济效应考虑,只要我们能事先做好顶层设计,做好各景区免门票后的旅游配套产业规划,将新经济增长点谋划到位,对景区和旅游相关产业主体的扶持政策给足给全,蜂拥而至的游客带来的消费,很快就会补上门票的损失,随后的增值效应也是完全可以预见的。当年有西湖景区免门票增收益的成功案例,如今又有凤凰古

---

① 杨林涛. 时政小评论的选题技巧 [J]. 应用写作,2020 (1):26-29.

城大门票取消之实证。五大发展理念为我们变"绿水青山"为"金山银山"提供了最好的路径指南,跳出旅游做旅游,冲破门票门槛制约,向更高层次的旅游产业转型升级,契合的正是创新、协调、绿色、开放、共享之要素融合。

这个案例是一个根据当地新闻所写的时事评论。它是针对现实生活中发生的新闻事件而展开的评论。但无论是哪种类型,都需要走平民化的路线,选那些群众关心的问题进行评论,从群众的角度展开评论。这里涉及的就是选题的分类与任务问题。实践中,不仅新闻评论存在选题的分类与任务问题,写作与表达活动中也普遍存在这一问题。

第一节 选题的分类与任务

一、选题的分类

写作与表达活动中,选题就是选择题目,具体而言包括选择表达对象与提炼出一个明确的标题两个部分。选择表达对象就是选择什么样的主题、内容、事件来讨论或描写,这是确定写作与表达范围的问题;而提炼标题则是在具体的写作与表达活动中对所要探讨或描写的内容进行概括。一般而言,在写作与表达活动中,都是先确定写作与表达的对象范围与内容,再概括提炼出一个标题。

选题可以分为被动选题和主动选题两种类型,它们在选题的具体环节上略有不同。被动选题指写作者被安排了写作与表达任务却没有具体标题的写作活动中对文章标题的选择与设计;主动选题指写作者完全按照自己的意愿自主写作时对标题的选择与设计。在被动选题中,由于写作与表达的内容已经限定,所以选题的过程就剩下提炼标题了。而在主动选题中,由于写作与表达的内容完全由写作者决定,所以在选题过程中需要先确定表达的对象、内容、主题等因素,然后根据这些因素概括提炼出恰当的标题。

(一)被动选题

被动选题的特点有两个,其一是受到写作与表达任务要求的限制,写作者只能在这个任务要求的范围内完成写作与表达活动,这些限制既包括题材、主题,也包括文体样式。例如,工作单位要求写的年终总结就是一种被动选题,写作者只能写过去一年内自己的工作情况、思想状况、取得的成绩与存在的不足,表达方式也有规范的格式。其二是需要在限定的任务中运用创新性思维,发掘限定的写作与表达任务中潜在的新意。在被动选题中,写作与表达的任务限定了一个范围,写作者就需要在这个范围内发挥自己的创造力,这就形成了一种聚焦性的创新特点,即集中在限定的范围内寻找创新点,在规定的范围内进行创新。聚焦在规定的范围,从不同的角度提炼出新颖的标题,就成为被动选题的特征。例如,关于某次会议的新闻报道就是一个有明确任务限定的被动选题，如何提炼出一个新颖的标题，将一篇新闻稿写得引人关注，就需要写作者发挥自己的创造力。增强新闻的可读性，标题和导语的写作非常关键。理想的会议新闻标题应简洁直观，一语中的。消息《看了签到单很辛酸》是获第17届中国新闻奖三等奖的作品。新闻以全国"安全生产万里行"总指挥的感叹语为标题，既遵循了客观性原则，又突显了记者的传播视角，简洁地概括了新闻事实。该新闻的导语是："'二十多个相关部门参会，竟然只有3位局长到场，多数单位的安全生产第一责任人到哪里去了？'昨日（12日）上午，在泸州市政府安全生产汇报会上，全国'安全生产万里行'总指挥、国家安监总局宣教中心主任金磊夫手持会议签到单，神色严峻。"这则导语采用了疑问句式，突破了会议消息的固有模式，在有新意的同时也传达了受众必须获得的会议信息，既增强了新闻的可读性，又保证了信息量，更重要的是激发了受众的情感共鸣。① 从这个例子可以看出，一个被明确地限定了对象的写作任务也可以通过发挥写作者的创造性写出精彩的作品，其中的关键是找到新颖的角度，提炼出精彩的标题。

（二）主动选题

主动选题的特点则有明显的不同。其一，主动选题具有自由灵活的特点。主动选题是写作者按照自己的兴趣或需要而选择一个对象、提炼标题的活动。写作者决定了到底写什么内容、提炼什么样的标题。这些对象既可以是自己的内心情感，也可以是社会生活中发生的具体事件；既可以是媒体中报道的事件或阅读中的感想，也可以是自己通过观察所得到的独特发现。这种选题范围的自由灵活性是主动选题与被动选题的主要区别。

其二，主动选题也是会受到约束的，并不是完全自主的。因为写作与表达是需要与其他人交流的，具有社会性。写作者必须考虑到读者的需要、社会的需要，甚至媒体的需要，以及表达的场合与语境的规范、要求。这些因素都具有约束力，对写作与表达的选题产生影响。表面上看主动选题没有一个明确的任务，没有明确的要求，但实际上，潜在的要求与规范还是存在的，以隐形的方式对写作与表达活动进行约束与规范。因此，有人提出写作要有市场意识，实际上，市场意识即读者意识。讲市场意识，一些人觉得刺耳；讲读者意识，总不至于反感吧？你的文章好，没有人要，总不是好事吧？所以，读者第一，是选题的要则。古代一些诗人在诗作'发表'前要请老百姓'鉴赏'，念给他们听，他们觉得好，就'定稿'，觉得不好，就进行修改。那不是为了卖个好价钱，而是为了让诗在群众中有'市场'。所以，写文章，尤其是写理论文章，甚至是写学术论文，不要老是考虑'文本价值'，还要考虑'人本价值'，要看读者需要不需要。选题要讲社会价值，而读者需要就是社会价值。没有读者的文章能说是好文章吗？当然读者是分层次的，越是分层次，越要注意文章的读者定位：你究竟是写给哪些人看的？总之，根据社会的需求，市场的需求，读者的需求，确定写还是不写，以及写什么，是所谓选题的市场意识的要旨。② 这种市场意识就是指写作者必须综合考虑多种因素对写作与表达选题的影响，不能自说自话。因此，主动选题也不是为所欲为地想写什么就写

---

① 段宏，戈广安. 会议新闻的选题及表达技巧 [J]. 新闻爱好者（大众版），2008（12）：33.
② 思今. 把握与决断：选题五要 [J]. 应用写作，2003（12）：12-13.

什么，而是受到多种潜在因素的影响。

总之，无论是被动选题还是主动选题，都是在写作者的创造性与社会的约束力的辩证关系中进行的。写作者必须处理好两者之间的关系。无论是哪种类型的选题，都需要在确定对象范围的基础上提炼出一个恰当的标题，这是选题活动的两个环节。写作者只有自觉地意识到选题活动中的目标，才能顺利地找到好的选题。

二、选题的任务

选题是写作与表达活动中对标题的选择与设计，既包括对所写的对象范围的规划，也包括对主题与文体样式的设计。选题的目标是提炼出一个明确的标题，以呈现对主题、对象、文体的选择。明确写作与表达的对象、设计新颖的主题、选择适当的文体、提炼准确的标题这四个方面就是选题的任务。

（一）明确写作与表达的对象

不论是被动的任务型写作与表达，还是主动的自主型写作与表达，选题首先要解决的问题就是明确写作与表达对象的范围，即确定这次写作与表达的内容是什么。对于被动选题而言，需要理解清楚写作与表达的具体任务与要求，比如是针对某个新闻报道写一篇评论，还是接受政府部门的委托就某项政策展开调研，写一篇调查报告；是写一篇关于某位重要人物的报道，还是对一项科研成果进行介绍；是写一篇节庆活动中的主题演讲，还是写一份工作单位规定的年终总结；等等。只有确定了写作的对象范围，写作者才能针对这个对象，选择合适的标题。对于主动选题而言，需要在众多的现实事件与复杂的内心感受中确定选题的对象范围。确定了选题的对象范围，才可能针对这个具体的对象展开表达活动，或分析评论，或描写介绍，或抒发感想。主动选题中的对象范围虽然是广阔的，但是在具体的写作与表达活动中，选题范围又是具体的、有限的，必须经过选择。选择什么样的对象来表达，在一定程度上决定了写作与表达的成败。以新闻评论为例，主动选题就是要选择合适的评论对象，只有选择了合适的对象，评论才能有效展开。正如新闻从业者所说："在出现某些新闻时，群众往往是自发的评议人员，他们在茶余饭后相互交换着自己的看法，往往能很敏锐地发现事件可能具有的各种社会联系，找到问题的症结，给专业的新闻评论员以深刻的启发。在关注群众的评议话题时，评论员要注意的是，自己不仅仅是大众舆论的收集者，同时还扮演着舆论引导的角色，对事件也要作分析，并不是所有的'呼声'都能拿出来评论，任何时候、任何媒体的评论题目都是有选择的，都是有所评，有所不评的。"① 这个经验之谈说明，新闻评论的主动选题是一种自觉的选择，确定评论的对象范围是关键。这种对对象范围的选择当然不仅出现在新闻评论写作中，在其他的写作与表达活动中也是如此。

（二）设计新颖的主题

选题的核心任务是找到一个新颖而深刻的主题。主题的新颖性来自创意。在选题活动中，创意是思考的过程。在思考的过程中采用了独特的角度、运用了创新思维，就可能形成新颖的主题。这个思考的过程当然是以对材料的分析为基础的，主题是通过分析

---

① 邱明. 浅议新闻评论如何选题 [J]. 新闻传播，2012（4）：213.

材料并深入思考而发现的一个观点、立场、态度。因此，要获得新颖的主题，就需要写作者发挥创造力，对材料进行独特的分析，在材料中发现别人没有发现的意义。主题的深刻性取决于写作者思想的深度。写作者只有具有深刻的思想，才可能在选题时对材料进行深入的分析，提炼出有深度的主题，形成深刻的见解。以秘书的调查报告写作为例，具有丰富经验的人指出："秘书写作的选题，直率地说就是捕捉问题。如果随意抓到一点就写，往往只是触及皮毛、表象，写不到点子上，文章就缺乏指导实际的价值。所以抓问题就要抓本质、抓症结所在。秘书写作的功能是针对问题、指导实际。秘书的精力应该用在对问题的深度透视中选取题目。"① 这个例子告诉我们，选题的深度在选题中是非常重要的。其实，在各种类型的写作与表达活动中都是如此，只有设计了有深度的主题，选题才算是成功的。那么，在选题时为什么主题的设计是一个核心任务？首先，主题是统领写作与表达的内容的，它是写作与表达活动中所有文字的灵魂，所有的文字都是围绕主题展开的，在选题时只有设计好了主题，内容才有了中心与主旨。其次，在选题中，有了主题才可能形成恰当的标题。标题是对主题的精练表达，先确定了主题，才能用精练的词句把主题表达出来，形成标题。如果还没有设计好主题，就不能形成标题。反过来看，有些标题之所以显得模糊、空洞，主要是因为主题不明确，呈现在标题中的是含糊的词句，让人无法理解。所以，有了新颖的、深刻的主题，选题就有了明确的方向。

（三）选择适当的文体

选题与文体之间有着密切的联系，设计标题时应该考虑要写成何种文体。每一次具体的写作与表达活动都会落实到文体的选择上，只有想清楚文章要写成什么体裁，在最后确定标题时才会有明确的表述方式。比如"谈乐观""拒绝道德绑架"之类的一般都写成议论文；"春天里的一场美丽邂逅""父亲的沉重脚步"之类的一般会写成记叙文。为什么选择适当的文体对于选题具有重要意义呢？首先，文体是文章的具体样式，是文章呈现出来的形态，它可以直接影响选题将演变成什么样的文章。"在实践中，文体是在写作活动积淀而成并被遵从或恪守的文章类型，是体裁、结构、格式等方面所要求的规范、格式的总和，承载着文章不同的内容和功用，体现为不同的形式特征。写作活动中，文体影响着'写什么''怎么写'和'为什么写'等书写行为的规则和范式。"② 从这个角度看，只有明确了文体，选题才落到实处。其次，文体也是选题的社会性的具体体现，在特定的情况下，选题必须符合具体的场合、具体的社会规范，选择相应的文体就能够使写作与表达的选题符合具体的规范与要求，从而为写作与表达活动提供有利的基础。"古今中外的写作实践告诉我们：写作意图与文体之间、表达需求与文体之间、题材与文体之间存在着制约关系。……在应用写作活动中，则显得严格甚至苛刻。如什么对象写起诉状、什么对象写答辩状、什么问题写请示、什么问题写报告、什么场合致欢迎词、什么场合致祝酒词等，这样的一些情境或背景没有任何的自由度或灵活性，只

---

① 王华俊. 问题意识，秘书写作的选题导向：选题方法谈 [J]. 秘书之友，1992（8）：12-13.
② 尉天骄. 写作学角度的文体辨识和实践应用 [J]. 广播电视大学学报（哲学社会科学版），2022（3）：73-81.

有一种文种供你选择。"① 在这样的情形下，选题就直接与文体选择联系在一起，先选择好文体，才能确定具体的选题。

（四）提炼准确的标题

选题工作的最终成果，即一个具体的标题，可能是一个词语、词组，也可能是一个句子。找到了具体的标题，选题的工作就完成了。为什么提炼标题是选题活动的目标？首先，标题是任何一个写作与表达活动必备的要素，作为书面表达的写作活动，无论写什么内容，只要是一篇完整的文章，总要有一个标题，甚至有时还要加副标题；作为口头表达的演讲、发言、致辞等也都会有一个标题，所以选题时就需要在明确了表达的主题与具体内容后，提炼出一个标题，把选题时思考的成果用简短的词句标示出来。其次，标题是选题和具体写作与表达活动的衔接点，从写作与表达的过程看，选题时对主题的设计、对内容的筛选、对表达思路与线索的安排这些构思的成果要用语言文字呈现出来，就需要先提炼成一个标题，然后从这个标题出发，把构思的内容用具体的词句一一表达出来。标题是选题时所思考的各项内容的凝聚，又是动笔写作、开口表达的起点，定下这个衔接点是在选题阶段必须完成的任务。

在选题过程中，提炼标题需要处理好以下几种关系：一是标题与内容之间要匹配，标题应该准确概括内容。写作者是在已经确定写作与表达的内容之后提炼标题的，虽然此时写作与表达的最终成果还没有完成，但是写作者是明确地知道自己要表达的内容的，提炼标题时写作者对于写作与表达的内容已经了如指掌。因此，在心中有数的前提下提炼标题，就应该让标题与内容相符，否则就会出现文不对题的情况。当然，写作者在写作的过程中可能调整、修改原来的构思，在文章写完之后再对标题进行调整。但无论如何，调整的目标还是让标题与内容匹配。二是标题与主题之间应该保持一致。一般而言，标题就是对主题的简练表达，这两者之间是一致的。但是这种一致性是需要写作者自觉地建立的，写作者在提炼标题时必须使选择的词句能够准确地表达主题，避免出现词不达意的情况。在这个意义上，提炼标题就是选择精准的词句表达主题的活动。三是标题与文体之间也应该保持一致。提炼标题时应该有明确的文体意识，并在标题中体现出对文体的规定。比如使用"评""谈""议""论""说""我看""之我见"之类的词语，就是议论文的标志。在拟定标题时明确使用标识文体的词句，实际上也是写作者对文体的明确预设，是写作者文体意识觉醒的体现。

总之，选题是写作与表达活动的重要环节，无论是被动选题还是主动选题，都需要完成确定内容的范围、设计主题、选择文体这三项任务，并最终提炼出恰当的标题。因此，选题不是只选择一个语句作为标题，而是在一系列的思考活动之后用一个语句表达思考的结果。标题中包含了作者多方面的思想活动，看似简单，实际上却是精心构思、审慎选择的结果。

---

① 柳宏，孙永良．写作教学与文体意识［J］．写作，2008（1）：19-21．

第二节 选题的技巧

选题是一个复杂的系统性活动,涉及内容范围、主题设计、文体选择、标题提炼等具体环节,为了更好地完成这些环节,写作者就需要掌握一些技巧。在被动选题与主动选题中,这些技巧既有共同性,也有一定的差异,下面分别进行分析。

一、被动选题的技巧

被动选题是为了完成写作与表达的任务而选择标题的活动。有了写作与表达任务的限制,被动选题就只能在任务的限定范围内进行,所以,选题的具体技巧都是为了完成这个任务而使用的方法。

(一) 领会写作与表达的任务要求是前提

被动选题虽然没有明确的标题,但是写作与表达的要求是有的,包括主题、范围、文体等,因此必须先准确领会这些要求的具体内容,才能为成功选择恰当的标题提供保证。比如在公文写作这样有明确任务的写作活动中,就必须先领会公文的内容、意图、对象、目的等具体要求,才能给公文拟定一个准确规范的标题。"在标题中直截了当地把将要部署的工作、设计的活动、布置的事项等内容向公众交代清楚。例如,《中共中央办公厅 国务院办公厅关于加大脱贫攻坚力度支持革命老区开发建设的指导意见》"①,这样拟定标题的要点是"明确项目安排,就是要在拟定公文标题之前,切实搞清楚安排部署的任务到底是什么,与其他工作存在什么样的关联,在全局工作中处在什么样的位置,进而在公文标题中简略地告诉人们将要部署开展的是什么性质、规模和层次的活动。明确面向的对象,就是要在拟定公文标题时,讲清楚部署安排的活动针对的是谁,或者说要由哪些人员来承担、落实和完成,通常应当具体到党政军民学等不同社会群体及不同社会群体的不同层次、不同岗位、不同类别。需要说明的是,面向整个社会或本系统本单位本部门全体人员的,可以不在公文标题中标明对象范围;但是面向特定对象、少数人员的,则必须在标题中直接注明对象范围,以便引起相关对象的重视,同时也有助于防止对象泛化或者模糊。明确限定要求,就是可以把担负、执行和落实相关任务需要坚持的标准、达到的程度等方面的要求,概括为简洁形象的定语、状语或补语,加进标题的合适位置,使任务由谁来完成、完成到什么水平等标准、要求变得更加清晰明朗"②。这个例子说明,在任务型的被动选题中,只有准确领会任务的要求,充分考虑任务所涉及的各种因素,才能找到合适的标题,且这样的标题才是严谨准确的。

(二) 选择角度是关键

准确理解写作与表达的任务要求后,写作者应该在这些要求的范围内进行选题的设

---

① 张文学. 公文拟题立意五法 [J]. 应用写作,2019 (7):10-12.
② 张文学. 公文拟题立意五法 [J]. 应用写作,2019 (7):10-12.

计规划，其中的核心问题是选择写作与表达的角度，即从某个视角思考写作与表达的主题，分析写作与表达的材料与对象，安排文章的结构。如何才能选择好角度？基本的技巧有三个。

1. 运用创新思维，设计新颖的角度

选择不同寻常的视角来观察对象、思考主题。具体而言，包括求异思维、逆向思维、发散思维三种方式。"所谓求异思维，就是求新求异，广开思路，打破常规，全面思考，立体分析，揭示事物新奇、独特、深刻的一面，从中发现信息。说通俗点就是找'不同'、找'亮点'、找'闪光点'"，"逆向思维就是从相反的方向来观察事物，颠倒过来进行思考的方法。当顺向思维不能发现信息的着力点时，不妨换一个角度，从与通常相反的方向进行思考和分析"，"发散思维是以一个问题为中心，向四面八方拓展出去，在多方向、多角度、多层次、多维度上展开思考"。① 在求异思维中，通常采用比较的方法。面对要完成的写作与表达任务，写作者可以对这个任务与以往的任务、其他任务进行比较，找出现在的任务的不同之处。面对现在的任务中需要分析的材料，也可以找出这个材料与其他材料的不同，发现它的特色，这样就容易产生新意。在逆向思维中，则需要从反方向来分析写作与表达任务，在理解任务要求的前提下，从反方向来思考问题。例如，在一个以反对形式主义为主题的演讲活动中，一般的思维方式是列举形式主义的种种危害，接着提出反对形式主义的具体方法。这样的演讲可以很生动，但是往往讲不出新意。如果采用逆向思维，提出反对形式主义的方法要落到实处、真正解决问题这个观点，以"莫以形式反形式"为题，就可能产生不一样的效果。在发散思维中，从不同的角度思考问题，多角度地分析问题，也可以形成新颖的选题。例如，在检察信息的写作中，"发散思维用到信息选题上，就是在反映成绩或问题的时候，不要单从一个方面来看，要多角度、多层次地写。譬如公诉工作，一个基层院写他们连续5年公诉案件有罪判决率100%，从加强与侦查和审判部门的配合、加强监督制约、全面审查证据、研究总结经验四个方面切入；一个院也是写连续4年确保公诉案件有罪判决率，但他们从三个机制写起：健全公诉引导侦查取证机制，内部监督制约机制，诉后审判监督机制；还有一个院也写公诉案件质量问题，他们的切入角度是正确处理五个关系：正确处理与被告人的关系、与被害人的关系、与证人的关系、与辩护人的关系、与审判人员的关系。这就是多向思维"②。这里的三个例子，每一个都运用了发散思维，都是围绕"成绩"这个中心问题来写的，但是它们都分别联系了不同的部门、机制、人员，从一个中心点发散到其他方面。同时，三个例子各有特色，同中有异，也是一种发散思维的表现。

2. 运用深度分析

选题需要有深度的主题，要透过表象揭示对象的本质，而不是停留在表面。因此，要选择可以透视对象的视角，而不是只能看到表面的视角。有深度的主题不一定是哲理的思辨，并不是只有晦涩的语句才是深刻的，而是要能够见微知著、小中见大，从个别

---

① 陈慧. 创新思维巧选题：检察信息选题初探 [J]. 秘书工作, 2005 (10): 27-28.
② 陈慧. 创新思维巧选题：检察信息选题初探 [J]. 秘书工作, 2005 (10): 27-28.

现象中看出一般规律。例如，新闻评论写作就需要从个别的新闻事件中发现一般的规律，或全局性、普遍性的问题，"评论选题既要关注当前国家动态或者重大社会问题，尤其还应该要注意观察发生在人民群众周围那些习以为常的小事，从普通人、普通事、普通生活细节中发现大的症结，始终坚持从大处着眼，胸怀全局，小处落笔，挖掘深刻的内涵，抒发新意。因为许多受众其实关心的恰恰是发生在他们身边和生活中的小事，所以新闻评论选题如果能够深入生活，深入群众，适时地反映一些小事情、借小事阐发有广泛深刻意义和价值的思想见解，能从个别看到一般，适当地从这些小事情中表现出大的主题，就能够赢得受众的关注，使评论给受众带来启迪，给予帮助，起到正确的导向作用"①。这样以小见大的评论选题就可以避免就事论事，避免现象描述，而是从表面的个别的现象中发现更深层次的普遍规律。这个例子说明，选题活动中运用透视思维能解决选题的深刻性问题。

3. 选择切实可行的切入点

选题时所选的角度要便于组织文章材料，便于安排文章结构，便于展开线索、思路。因此，要选择可以写出来的视角，而不是写不下去的视角。在选题活动中，我们可以找到多种不同的角度对材料展开分析，概括、提炼出深刻的主题，但是这些角度中有些过于抽象，有些过于偏狭，不利于组织文章的结构，不利于展开表达。这样的角度就不具有组织文章框架结构的价值。我们应该选择便于打开思路，便于组织文章内容、结构的有效角度，作为写作与表达的切入点。这样的角度像是一个窗口，从这个窗口可以看到园中的美景。一般而言，这样的切入点常见的有以下几种：一是写作与表达任务中的关键词，这些关键词不仅规定了写作与表达任务的主题、范围，还是完成任务的突破口。以关键词为切入点，围绕这个关键词分析材料，安排结构，形成中心句、主题句，统领全篇。二是各种矛盾的焦点。有些选题是以解决矛盾为主要任务的，抓住各种复杂矛盾的焦点，就可以深入展开分析，揭示冲突的原因，找到合理的解决方法。按照这样的思路来安排文章的结构，也就便于表达的顺利展开。三是具有典型意义的具体细节或实例。这些细节或实例不是个别的，而是普遍的，包含丰富的信息和深刻的内涵。所以，以这些细节或实例为切入点，就可以有话可说，容易打开思路、展开表达。无论是叙述还是论述，都可以从这个切入点顺利展开。

（三）提炼标题是目标

对写作与表达要求的领会和对写作角度的选择，最终要落实到对标题的提炼概括上。提炼出一个新颖独特的标题，是被动选题的成果。标题的要求主要有四个：其一是简练，即标题应该用简洁的词语、词组或凝练的语句来表达。按照通常的经验，在一般的写作与表达中，标题最好控制在 15 个字以内，超过 15 个字容易给人冗长的印象。当然，在重要的公文中，特别是论述重大问题的重要文件中，由于表述严谨性、准确性的需要，标题可以不受字数限制。在个人写作与表达中，标题一般越简练越好。其二是概括，即标题要能够涵盖文章的全部内容，或者说把写作与表达的题材范围用简洁的表述呈现出来。在选题阶段，写作者对于写作与表达的内容范围已经比较明确，特别是在被

---

① 孙玉双. 浅谈新闻评论选题视角的新颖性 [J]. 写作，2008（5）：37-39.

动选题中，内容的范围一般是有明确要求的，写作者需要根据自己对这些要求的理解，规划写作与表达的题材与内容，并用凝练的词语或词组、语句呈现出来，不能有所遗漏。如果标题无法涵盖内容，从选题的角度说，就是词不达意；从阅读效果看，就是跑题了。其三是准确，即标题要能够清晰表达文章的主题。在被动选题中，主题是写作者根据写作与表达任务的要求确定的，确定主题是一个思考的过程，标题就是思考的成果。在提炼标题的阶段，写作者需要用准确的语言把主题表达出来，而准确性是提炼标题的关键。如果不能表达思考的成果，不能把主题清晰地表达出来，那么这样的标题就是有所欠缺的，写作者按照这种不够准确的标题进行写作与表达，就会偏离自己的思考，出现偏题的现象。只有标题准确了，写作与表达才能按照选题时规划好的主题展开。其四是暗示，即标题要能够启发读者打开思路，预想文章的内容。被动选题虽然是为了完成任务而进行的写作与表达活动的重要环节，但是仍然需要引起读者的阅读兴趣，因此在提炼标题时就需要从阅读效果的角度进行设计，使其能够调动读者的阅读积极性。对于读者而言，最先读到的就是标题，好的标题应该能够吸引读者继续读下去。这种暗示不是"标题党"的故弄玄虚，而是建立在充实的内容与深刻的主题基础上的。提炼出具有暗示性的标题，是提高写作与表达效果的一种必要手段。这种通过标题提高表达效果的情况在演讲中有鲜明的体现，正如某学者所说，演讲稿的标题，是演讲稿不可缺少的有机组成部分，是一篇演讲稿的定音之弦。新颖的、具有吸引力的标题，具有大幅度、高强度振动听众心弦的功能。因此，写演讲稿，就必须千方百计地拟制一个鲜明生动、富有吸引力的演讲标题，使演讲一开始就以新奇取胜，以美妙夺人。这里所说的就是标题的暗示性所产生的效果。不仅演讲稿的标题需要暗示性，其他类型的写作与表达活动也是如此。

二、主动选题的技巧

主动选题与被动选题的不同之处在于它拥有更大的自主性。写作者可以自主选择自己感兴趣的内容，表达自己的独立思考，写自己想写的文体。这就使得主动选题的具体环节和要求与被动选题的有所不同，选题的技巧也更具特色。

（一）选择有意义的主题

主动选题拥有更多的自由，但是写作者也不是想写什么就可以写什么，而是仍然要在社会规范的要求内进行表达。自主的写作与表达活动的目的是与读者交流思想情感，是一种社会性活动，因此必须符合社会规范。其中，最基本的规范是必须弘扬积极正面的社会价值。所以，主动选题首先要解决的是如何选择主题的问题。在实际的写作与表达实践中，我们应该选择的主题范围主要包括以下几个方面。

1. 弘扬社会主义核心价值观

社会主义核心价值观包括富强、民主、文明、和谐，自由、平等、公正、法治，爱国、敬业、诚信、友善。这些内容是人类文明发展的目标，也是社会进步价值的集中体现，写作者在自主写作与表达活动中自觉以这些内容为主题，就能够引起读者的认同，获得读者的肯定。

2. 追求真善美

追求真善美是人类永恒的使命,从古至今无论哪个时代、哪个民族,写作与表达活动都是以追求真善美为价值目标的。"真"既包括真理,也包括真实与真诚;"善"既包括品德的善良,也包括事物的完善与生活的美好;"美"既包括事物发展的完美,也包括形式的美妙。对真善美的追求,是写作者的理想的表达。

3. 抒发家国情怀

这是写作者对所处具体时空环境的情感表达。写作者处在具体的时代、具体的社会环境中,而自觉地维护自己国家的利益、保卫自己的家园不受侵略是一种责任。热爱自己的国家也是一种自然而然的情感。从选择写作与表达的主题角度看,抒发这种情感也是感染读者的必选主题之一。

4. 呼唤和平与包容

这是在面对不同文化之间的差异时应该持有的态度,呼唤和平是指支持采用非暴力的方式处理矛盾纠纷,呼唤包容是指面对差异时采用尊重与平等的态度。无论是和平还是包容,都是一种有利于文明发展的智慧,也是一种全人类共同价值。我们在写作与表达中选择这样的主题就能够引起更多读者的共鸣。

5. 赞美社会正能量

社会正能量是那些在社会生活中能够激发全社会积极进取、推动形成更美好的社会氛围的社会力量。在社会生活中出现的见义勇为、乐于助人等好人好事,坚持道德规范、恪尽职守的楷模等都能够传递这种社会正能量。以这样的社会正能量作为写作与表达的主题,能够给读者带来鼓舞与激励,也能够产生震撼人心的效果。

6. 探究人生的意义与价值

人生的意义与价值是人类面临的永恒问题之一,每个人在不同的人生阶段都会进行不同的思考。以人生的意义与价值为主题的写作与表达就找到了一个既吸引人关注又永无止境的话题。对这个问题的探讨,写作者既可以表达出自己的真切感受与独特思考,也可以启发读者,激发读者的阅读兴趣。同时,这个主题因为有无数的解答方式,也使写作者有更多的思考空间,不至于无话可说,因此成为写作与表达中常写常新的主题。

7. 歌颂亲情、友情、爱情

情感是人类生活的重要组成部分,其中亲情、友情、爱情中有很多美好的、积极的情感,在写作与表达活动中歌颂这些美好的情感,不仅可以打动读者,还可以引导读者肯定这些积极情感,培养这些积极情感,从而让人的内心世界充满积极向上的力量。所以,选择歌颂亲情、友情、爱情可以表现写作者的内心感受,也是写作者的一种责任。

8. 歌颂劳动与创造

劳动与创造是人类基本的生存实践活动,没有劳动与创造,人类就会失去生存的基础。肯定劳动与创造也是对人类自身的肯定。因此,歌颂劳动与创造就是对人类的自我价值的肯定。这样的主题会让读者感受到发自内心的自信与自豪。

当然,这里列举的这些选题范围并没有涵盖写作与表达的全部主题,写作与表达的主题范围是无法穷尽的。随着时代的发展,人们总是会发现更多新的主题。但是无论选择什么样的主题,都必须是表现积极的、正面的能量的。只要持正面的、积极的态度,写作者对具体的主题就可以有自己的理解，也可以表达自己独到的见解。

(二) 选择新颖的题材

写作与表达要有新意，选择新的表现对象是一个有效的方法。新事物是以前没有出现过的事物，新题材是以前没有被写过的题材，这些新的表现对象为写作与表达的成功奠定了基础。选择新颖的表现对象的意义主要有两个。其一是这些新的对象为写作与表达带来新鲜感，可以激发读者的阅读兴趣。讨论这些新的对象让读者感到新奇，在求知心理的驱动下，读者就会对这些新鲜事物产生了解的兴趣。其二是新的对象中必然包含新的意义，给人们带来新的启发、新的冲击、新的挑战。所以，写作与表达活动中这些新的对象可以引发人们对生活的新思考。在写作与表达活动中，选择新的对象就会产生一系列新的变化。

如何发现这种新的题材？首先是对社会生活保持敏锐的关注，及时捕捉现实中出现的新事物、产生的新现象。新题材是从现实生活中产生的，现实生活是处在不断变化中的，新事物总是不断涌现的，所以，只有持续不断地对现实生活保持敏锐的观察，才可能及时发现新事物，捕捉到新的题材。其次是保持积极探索世界的好奇心。现实世界的新事物层出不穷，只有积极探索世界的人才能发现这些新事物，探索世界需要好奇心，因为好奇心可以使人主动寻找新事物，所以，一旦有新事物出现，具有好奇心的人就会迅速发现它们。最后是养成比较思维的习惯。新事物是在与旧事物的比较中呈现出新特点的，运用比较思维就容易发现一个事物与其他事物的差异，也就容易在已有的事物中发现新事物。在纷繁复杂的世界里，可以作为写作与表达题材的事物很多，要选择有新意的事物就必须运用比较思维，一方面通过比较让新事物从旧事物中脱颖而出；另一方面通过比较发现哪些题材是前人还没有写过的，从而在写作与表达的历史脉络中把握新题材，写出新内容。

(三) 选择独特的角度

主动选题除了在主题与题材的选择上有更大的自主性外，在写作与表达的角度选择上也拥有更大的自由度。这就为写作与表达活动提供了更大的发挥空间。因此，主动选题中更需要选择独特的角度，写出独创性作品。具体而言，在对材料的分析与主题的概括方面，从非习惯性视角可以发现对象的独特一面，从而找到新颖的主题，让自己的写作与表达具有独创性。主动选题中常用的独特角度设计方法主要有如下几种。一是逆向思维，即从平常人们习惯的角度相反的方向看观察对象，思考问题，从而产生出人意料的效果。二是换位思考，即从被观察者的角度来看问题。在这种换位思考方法中，写作者化身为被观察的对象，所思考的问题、形成的观点，甚至所看到的场景都与写作者本身的视角有所不同，常常可以产生新颖的效果。比如，当我们叙述一所有百年历史的校园的沧桑变化时，就可以从一栋老建筑的角度展开，由它来讲述自己所经历的历史风云变幻。三是从边缘旁观者的角度来选题，即从一个被忽视的微不足道的边缘角度看问题。从这种角度不仅可以发现新的问题，还可以形成新的主题，也往往可以产生出其不意的效果，比如从一棵树或一只鸽子的角度看城市的变化，从一个宠物的角度看家庭关系，等等。总之，独特角度的关键在于独特，需要写作者对观察点进行有创意的设计，不断创新。选题的独特角度是无穷的，更没有标准答案。主动选题的自由度决定了选题角度的多样性、开放性与独特性。

（四）选择自己擅长的文体形式

自主写作与表达是主动表现自己的情感与观点的活动，由于没有任务和具体的外在要求，为了准确表达出自己的思想情感，写作者应该选择最擅长的文体形式。因此，选题时应该有明确的文体意识，进行表达形式的规划。从写作与表达的操作层面看，写作与表达的意图最终要落实到具体的字句上，也就必然要呈现在具体的文体形式中。所以，选题时必须预先设计好文章的文体，才有利于顺利完成写作。文体选择的技巧主要有如下几个方面：

其一，对自己的写作与表达能力要有明确的认识，找到自己擅长的文体。每个人在写作与表达方面的能力都是有差异的，很少有人能够诸体兼备，各种文体都擅长。所以，对自己所擅长的文体有清醒的认识是至关重要的。在认识自己的写作与表达能力时，写作者必须清楚，自己真正擅长的文体与自己喜欢的文体是不同的。喜欢的文体不一定能写好，寻找自己擅长的文体也需要经验的积累，反复实践。

其二，以自己擅长的文体为框架，从这种文体的角度观察生活。这就是要求写作者形成特定的文体意识，自觉地运用这种文体中包含的思维框架看待生活，把生活中的事物纳入这种文体的架构中，这样就可以在生活中处处发现可写的题材。

其三，对自己擅长的文体进行深入研究，熟练掌握这种文体的写作与表达手法。进行这种研究与训练不仅是为了磨炼自己的写作与表达的技巧，还是为了形成以文体意识提高选题效率的方法。当我们形成了从自己熟悉的文体角度进行选题的习惯，我们就能在面对一个素材时顺利地完成选题，形成一个具体的写作与表达思路，完成一篇作品。

（五）提炼个性化的标题

自主写作的关键是要有新意，有创新。在标题的设计方面，就是体现出个性化。若能设计出一个独特的标题，写作就成功了一半。标题的个性化没有标准答案，但有一些具体的方法可以启发我们提炼出个性化的标题。常见的提炼个性化标题的方法有如下几种：一是借题发挥。就是以已有的标题为依据，变换个别字词，形成新的标题。比如鲁迅有一篇文章，标题是《论"费厄泼赖"应该缓行》，王蒙借用这个标题写了一篇《论"费厄泼赖"应该实行》，就是运用这种借题发挥的方法。二是运用具体的意象，暗含新颖的寓意。在一些表达抽象观念的写作与表达活动中，如果直接用抽象的概念作标题，往往会给人晦涩难懂甚至空洞的印象；如果用具体的名词形成一个意象，赋予其新颖的含义，就比较容易给人留下生动且深刻的印象。比如纪念甲午战争的文章，可以用"历史的沉船"为题。这就是运用了这种具体意象法。三是运用形象化的词语，形成画面感。就是对形象化的词语进行组合，产生视觉效果。比如歌颂林则徐的家国情怀可以"虎门城头的身影"为题，把林则徐虎门销烟的历史功绩用形象化的语言表达出来，使标题产生视觉冲击力。四是运用疑问句。就是在探讨一些深刻的主题或提出不同观点的文章中，直接把问题呈现在标题中。这种方法可以产生发人深省的效果，也常常可以形成独特性。比如，讨论人生意义的文章，"诗意安在？"就是一个吸引人的标题；批评一些人出售假冒伪劣产品，"良心岂能出卖？"就是一个有震撼力的标题。五是化用诗词名句。就是对具有丰富内涵的诗词名句进行改造，或借用经典的词句，形成具有文化内涵的标题。比如表达个人的宏伟志向，可化用唐代诗人缪氏子的"时人莫道蛾眉小，三五团圆照满天"诗句，提炼出"莫道蛾眉小，团圆照满天"的标题，既表达自己的志向，又体现出文化底蕴。

当然，个性化的标题是由写作者的真实感受与独特思考决定的，只要写作活动还在继续，就不可能穷尽。但是我们仍然可以通过学习已有的经验，培养出提炼个性化标题的能力。

本讲小结

选题是写作与表达活动中的关键一步。无论是被动选题还是主动选题，都需要完成确定对象范围、设计主题、选择文体、提炼标题的任务。在被动选题中，理解写作与表达的要求需要写作者在规定好的任务中创造性地体现自己的才能，选择新颖的角度、提炼恰当的标题；在主动选题中，写作者应该发挥创新能力，选择弘扬正能量的主题、发掘新颖的题材、选择独特的角度、确定擅长的文体、提炼个性化标题。当然，写作者在主动选题活动中还是会受到写作与表达的规范及社会生活中的规范的制约。选题活动需要在社会规范、写作与表达的话语规范、读者的阅读习惯等多种因素的约束中完成，从确定选题的范围开始，经过提炼写作与表达的主题、规划写作与表达的文体，最终落实到形成一个凝练的标题。选题的每一个环节都有具体的规范与相应的技巧，这些规范与技巧是已有的写作与表达经验的总结，虽然有经验材料作为基础，但是不能代替写作与表达的实践。这些经验只有与具体的写作与表达实践相结合，才会对提高我们的写作与表达能力发挥作用。

课后练习

1. 选择最近发生的一个社会新闻事件，写一篇500字左右的评论。要求针对事件背后的原因与意义进行分析，弘扬社会正能量。

2. 以自己所在城市的一个建筑为例，写一篇800字左右的评论，谈谈你对美的理解。

知识拓展

题的选择

文字中，有先有题目，后有文字的；有先有文字，后有题目的。旧式文字往往先有题目，随题敷衍。其实好的文字都是作者先有某种要写的事物或思想情感，如实写出，然后再加题目的。特别地在小品文应该如此。

题目应随文的内容而定，自不容说。但陈腐的题目不能令人注目，有时因题目陈腐，本文也惹了陈腐的色彩。过于新奇呢，又易使读者读了本文失望。所以题目非推敲斟酌不可。

举例来说：前节所列春日写景的文字，如果要定起题目来是很多的，"春野""春景""游春"等都可以。但我以为不如定为"藉草"来得切实而不落陈套。

在小品文中，文字须苦心制作，题目也须苦心制作。题的好坏，有时竟有关于文的死活。尽有文字普通，因了题目的技巧，就生出生气来的。

> 今天母鸡又领了一群小鸡到篱外来了。其中最弱的一只，赶不上其余的，只是郎当地在后跟着。忽然发出异常的叫声，挣扎飞奔，原来后面来了一只小狗。母鸡回奔过来，绕在那小鸡后面，向小狗做着怒势。小鸡快活地奔近兄弟旁边去，小狗慑于母鸡的威势，也就逃走了。——《亲恩》

这文材料很普通，文字也没有十分大了不得，但"亲恩"这题目实有非常的技巧。因了题目好的缘故，平凡的本文也成了奇警了。这是用题目来振起全文的一例。

【资料来源：夏丏尊，刘薰宇．文章作法［M］．天津：天津人民出版社，2020：129-130．有改动。】

题与文

作文，还可以自己标题。自己标题，文无限，题也无限，很难具体说应该怎么办。大致说要注意这样几个原则：(1) 要切合文意。内容是西瓜，标"东瓜"当然不对，标"瓜"也不恰当，一定要标"西瓜"。(2) 要能明白显示文意，不劳读者猜测。就是说，过于晦涩迷离不好。(3) 要能引人入胜，使读者看到题目就想知道内容。但要注意，不可浮夸、轻佻，使读者有不郑重的印象。(4) 要典重，稍有含蓄。这是暗示读者文章内容有分量，值得仔细研读。(5) 标题还要注意声音的和谐。这同题目长短有关系，一般说，过长过短都不好。还同音节数目甚至平仄有关系，如"长城游记"（2、2）比"八达岭游记"（3、2）好，"香山古寺"（平平仄仄）比"香山新亭"（平平平平）好。

自己写文，标题不是什么难事，但恰恰做到好处也并不容易。这要多向名作家（如鲁迅先生，标题花样就特别多）学习，并多体会、尝试，求渐渐能够神而明之。

【资料来源：张中行．作文杂谈［M］．北京：人民教育出版社，1984：128-129．有改动。】

第三讲

结构与衔接

【教学目标】本讲聚焦写作中的实用性写作,以应用文为教学案例,认知文章写作结构与主题的关系,理解结构与衔接的实用价值和时效原理,结合常见的几类应用文文种解析结构与主题的逻辑关系,认知文章的外部格式结构、内部层次段落句法结构和情感结构。

案例导入

应用文中对事务的处理大致有两种情况:一种是单向交流,如通知、公告等;另一种是双向配合,如签订合同、招标等。这两种处理事务的思路在应用文写作中表现出不同的结构规律,具体概括为以下三类结构。

一、宣告式。此类应用文旨在宣布事项、告知情况,让接收者了解政策思想、工作要求等。通知、通报、决定、公告、通告、请示、批复、商请函等均属于这类应用文,它们的层次结构基本表现为以下三个方面:

一是发文原因,旨在让接收者了解发文的必要性。具体内容往往涉及发文依据、与事项相关的现状、发文目的三个层面。例如,就业是民生之本、财富之源。当前我国就业形势保持总体平稳,但国内外风险挑战增多,稳就业压力加大。为全力做好稳就业工作,现提出以下意见。

二是宣告具体事项。这部分的写作内容主要由事项的复杂程度决定。如人事的任免、表彰等,内容简单明了,只须公布任免、表彰内容即可。而涉及工作安排、意见的文章,内容就相对复杂,须详细写出具体的安排方案或各种工作意见。

三是要求或希望。主要是对下级提出具体要求、遵循的原则等,这部分的写作相对灵活。例如,中小学生是祖国的未来,他们的学习和活动安排,要有利他们的学习和身心健康。今后各地区、各部门都必须严格执行国家的有关法规和规定,不得擅自停课或随意组织中小学生参加各种迎送或"礼仪"活动，如确有必要组织的，须报经省级教育行政部门批准。这是一则通报的结尾，它对下级提出的工作要求即严格禁止利用中小学生搞各种迎送或"礼仪"活动。

二、分析式。此类应用文旨在对客观事件进行回顾并研究其发生的原因，为社会提供借鉴。总结、工作报告（总结部分）、调查报告均属于这类应用文。其内容可分为四个层次：

一是开头点明分析对象，揭示主题。往往围绕事件发生背景、过程（时间、地点、人、起因、经过、结果）展开。由于是开头段，必须写得简练。例如，过去一年是全面贯彻党的十九大精神开局之年，是本届政府依法履职第一年。我国发展面临多年少有的国内外复杂严峻形势，经济出现新的下行压力。在以习近平同志为核心的党中央坚强领导下，全国各族人民以习近平新时代中国特色社会主义思想为指导，砥砺奋进，攻坚克难，完成全年经济社会发展主要目标任务，决胜全面建成小康社会又取得新的重大进展。这是一篇政府工作报告的开头段，指出分析对象是本届政府于2018年履行职责所做的工作，具体写出了背景、时间、人物、经过、结果。

二是情况回顾。对过去发生的情况进行回顾，具体内容涉及情况发生的经过，侧重于采取的行动和结果。

三是原因分析。对过去发生的事件进行分析，探究其原因，为今后提供借鉴。

四是建议和计划。对今后的工作做出初步打算或向相关部门提出建议。这部分篇幅不宜过长，一般不超过全文篇幅的20%，且安排在文章的结尾。

三、互联式。此类应用文涉及的事务对双方都有要求，需要双方配合参与，从而保证双方进一步的联系与合作。因此，文中往往要规定双方的权利义务，提出双方应具备的条件等。合同、求职信、招标书、邀请函等都属于此类应用文，其层次结构基本表现为以下三个方面：

一是成文原因。这个部分往往是文章的开头段，在内容上要表明成文原因、揭示主题、引出下文，行文上要简明扼要。例如，为进一步美化校园环境，提升学校精细化管理水平，经学校研究决定，以招标的形式向社会招聘符合资格条件的企业为学校部分公共区域提供保洁服务。现将有关事项公告如下。

二是双方的条件、权利和义务。具体写作中，因写作目的不同，侧重点也不一样。有的侧重于写己方的条件，如求职信，除了必要表达对对方单位的赞美之外，其余内容都是己方具备的条件。有的侧重于写对对方的要求，如一保洁服务项目招标，己方信息只须写清服务项目的内容和预算价格，而大多数内容如服务范围、服务期限、资格审查合格条件及办法等都是对对方的要求。

三是联系方式。此类应用文在结尾部分要写出联系方式，以便双方进一步合作。

以上三种典型结构体现了大多数应用文的结构特点，在具体写作时也较容易掌握。但是由于社会分工细致，事务的专业性强，很多应用文的结构比较独特。如新闻消息，它主要报道新近发生的事实，作者针对受众的特点，在具体写作实践中创造了独特的倒金字塔结构。因此，在具体写作时，应结合实际情况，灵活把握结构，写出真正有用的应用文。①

第一节　围绕文章结构学习的几个知识概念

一、概念梳理

我们对写作的理解容易不自觉地偏向于写作是依托想象力的艺术创作行为，如对诗歌、小说、散文、戏剧的创作等。事实上，在人类文明早期，所谓"文"指的是应用文，一种人们在处理公私事务、沟通信息时经常采用的具有惯用格式和直接实用价值的实用性文体，它以直接的现实功用为根本特征。

现有的考古发现和文化研究将人类文字和文明记载、书写总体描述为：生产力的发展促使早期人类经历实物记事、图画记事到创造文字标记、处理公共事务，即文字的诞生和早期书写标志着人类文明时代的开启。人类文明的历史发展促进了应用文的历史发展。作为一种缘事而发的文字书写，随着社会的发展，这类写作根据不同的写作目的和任务进一步发展出不同的文种，如西周时期出现的诰（君王对臣民训诫）、命（赏赐、任命、传旨）、誓（誓告军旅）等，而至春秋战国时期，新的国家政治生活和时代风貌又催生出如檄文（征战号召、揭露敌人、颁布军纪）、移书（国家间往来）、玺书（加封晋爵）、盟书（国家间订立盟约）、上书（上行文）等新文种——这条历史的线索一直贯穿到现代中国。应时代的要求，新的文种不断产生，一些旧的文种逐渐退出历史舞台。应用文的书写是以具体文种为呈现方式的。伴随着各式各样的目的性书写，人类的文明进程基于文字的表达和交流功能也衍生出另一种精神性的、审美的文字书写，即我们所熟悉的文学写作。

---

① 程仁君. 谈谈应用文的三种典型结构［J］. 应用写作, 2020（4）: 9-11.

应用文写作包括公务写作和私人写作；文学写作包括非虚构类写作和虚构类写作。凡是以公共事务为写作任务和对象的，如我们国家党政机关现行的十五种法定公文，以及各个单位为了事务性沟通工作如总结、计划、简报、调研报告等都属于应用文写作中的公务写作。与其相对应，围绕写作者个人生活的私人写作，如书信、札记、请柬、贺信、祝词等，其所处理的是个人的、事务性的交流与表达。无论是公务写作还是私人写作，都强调书写的目的性，即写作是为了解决、沟通某个具体的问题；具有使令性，指导、规约社会现实里的实际行动。

文种，指的是应用文文章的具体种类，如我国党政机关现行的十五种法定公文中的通知、通告、通报、请示、报告、纪要、函等。文种承担着表意、施动的实际功能，准确选定文种是应用文写作过程中的一个重要环节；应用文的写作教学从一般的宏观规律讲授来说，就是某种意义上的文种教学，即在不同文种共同遵守基本的应用文写作规律之外，同一文种内部的立意、结构、材料、语言和外部格式具有相对明确的规范性标准。

作为表意功能的这一实用性文字写作，应用文写作面对的是明确的写作任务，呈现为直接明了的写作效果，这决定了它区别于一般文学创作的写作要求和审美范例。

应用文写作的可教授性是指其具有相对完整、固定的写作过程，是一种程序化的写作行为。

二、作者—文本—读者

合理高效地设计结构前，需要准确地把握应用文写作的一组关系，即作者、文本和读者。

读者与作者的关系在应用文写作与文学写作这两种不同的写作范畴中有着不一样的状态。我们熟悉的文学写作是作者通过艺术性地用文字构筑审美的意境、情节、结构激发读者的审美性共情，最终实现情感的、思想的诗意交流。文学的经验常常会使我们在日常的沟通表达中不自觉地陷入一种对文学艺术效果的自觉想象和追求中，从而忽视了非文学写作活动中具体的任务和目标。

从知人论世说到接受美学，再到新批评，文学研究中的思潮和流派足以证明文学作品中的作者、文本、读者三者相比应用文是可以单独分割开来的，换言之，对于一篇文学作品的接受，作者、文本的本义及阐释接受历史之间并不具有确定的、有机的必然联系。文学写作和文学接受及文本自成体系。对于一位作家来说，他只面对他的作品，写完即代表完成。应用文写作在这个问题上与文学创作截然相反，它的目的性、时效性决定了其本身是一个动态的信息记录、传递和完成的事务处理过程，即写作者（作者）、文本和接受者（读者）三者组成一个完整的事务处理过程，于是在这样一个文字的信息处理和事务办理闭环中，三者不仅不能够分开，而且在大多数情况下，写作必须明确写作者和接受者的确定视角和身份关系，否则文本难以最终实现它的目的和功能。

（一）作者

应用文写作的作者大致包括个人作者和法定作者两大类。所谓的个人作者，是指那些以个人身份书写的、代表个人意图并且由个人承担责任的文章，如私人信函、讲话稿、个人声明等。法定作者主要是指区别于具体个人的、抽象的具有法人资格的组织，常见于机关组织行政公务文书和一些如规则、协议、合同等专业文书写作中。法定作者指的是文章的署名者，是文章权责的承担者。

无论是个人作者还是法定作者，应用文文本的作者身份必须是明确的、固定的，它关系到整个文本信息的传递与接收。举例来说，读者是否知道小说《变形记》的作者是奥地利作家弗朗兹·卡夫卡，以及是否了解这位作家，对阅读和理解《变形记》本身没有决定性的意义。但一份请柬、一封书信、一则通知，如果其作者身份不明确，读者将无从知晓信息的出处，文本的信息传递功能将无法实现。

应用文文本的作者具有社会性。社会性的角色对文本写作中的语言、结构都有所约束和限制，它要求写作者在一种社会关系的秩序中使用合适的、合意的语言及约定俗成的结构，高效准确地输出信息。

（二）读者

应用文的读者可分为指定性读者和自由读者两类。应用文是由明确的、固定的作者写给范围（身份）确定的某一类（个）读者的文章，那么被明确指向的这类（个）读者就是文章的指定性（定向性）读者。这类（个）读者对于文章的阅读和接受最终完成了这篇应用文的使命。自由读者是指那些在指定性读者以外的、某种自发的、偶然的读者，他们不直接参与文章的整个施动和受动过程，严格意义上这部分读者不能算作应用文的接受者，因为他们不负责完成（实践）文本的书写意图和信息要求，他们的阅读而非接受具有偶然和随意的性质。从应用文写作的目的性、时效性来说，应用文的阅读和接受行为本身具有强制性，要求读者在相对预设（规定）的时间里通过文本接受写作者发出的信息，并给予信息的回应和行动的执行。

特别需要注意的是，随着公共关系时代的到来，基于文本媒介的拓展所带来的应用文自由读者数量、规模及随之而来的潜在的接受影响力即舆论效应，应用文书写须认真地考虑这部分读者的阅读接受效果。

（三）文本

从写作的角度来说，应用文写作强调文字的表意功能，要求在有限的文字篇幅中高效率地阐明问题、沟通意见。以实用性、目的性为根本特质的应用文写作，对语言的要求显然与重审美且常以间接的方式、有距离地再现和审思人类生存状态与表达人类理想诉求的文学写作不同。应用文写作由于需要针对既定的问题给出确定的行动指令，必须使用明晰的语言，写作中要求减少对形容词和副词的依赖，通过使用准确的动词表明句子意思，方便读者更为顺畅地接收全部信息。与此同时，应用文的结构也相应地采取按照事物发展、事件展开的一般规律写作，除了少数如新闻稿等宣传性文种外，大部分文章多用顺序的方法结构全文。

1. 语言

（1）准确

汉语在其表情达意功能方面具有显著的丰富性。应用文写作需要在确定作者身份的基础上通过文本准确地给出读者确定的行动指令，也即它本身的表达内容是明晰的，它是一种确定性书写。书写过程中对语言的使用要注意准确地描述、分析对象，减少在这一过程中信息的损伤，适度减少对形容词和副词的依赖，善用准确的动词强化表意，方便读者更为顺畅地接收到文本中的所有信息。

（2）得体

应用文写作具有职业化、社会化的性质，确定的作者—读者关系及具体的文本写作内容要求其语言包容、符合社交礼仪，能够以一种体面的形式实现信息的规定性传输与交流。具体来说，不同的文种对语言有着不同的要求。法定行政公文由于处理的是国家行政事务，其语言要求庄重典雅、凝练简洁，同时注意不同行文方向文种的语言语气差别。信札、请柬等一些因循传统的文种更为强调在书写过程中通过形式（格式）虚拟一种礼仪场景，相应地在语言得体方面需着意更多。语言的得体除了语意层面的准确、合意、高效外，还要注意历史、政治、文化、礼仪方面的传统习俗和时代道德情感要求。

（3）专业

应用文写作涉及大量不同的文类、文种，指向不同的写作任务和读者受众，这要求文章在语言储备上具备相关专业的专业知识，准确使用专业性术语。

2. 句法

文本表意是否准确，除了语言因素之外，句法是又一个关键点。应用文写作更多地考虑效率而非趣味，较少着意于如何通过有意味的表达策略吸引读者。好的应用文以准确高效为标准，应注意减轻读者的阅读负担，降低接受难度，排除语义障碍，在较为固定的结构中使用准确的语言文字和句法结构。

准确的句法使用，首先建立在对汉语语言的良好认知基础上，如对词性、词义、句法等相关知识的掌握。具体在写作中可以建立两步表达法，即第一步：主—谓—宾；第二步：（定语）主—［状语］谓—宾语〈补语〉。两步表达法有助于写作者切入句子内部，紧扣句子本身所承担的表达内容，有次序地呈现信息。

3. 结构

我们一般意义上理解的文章结构即应用文的结构，包括小结构和大结构。所谓小结构，既指句法结构，也包括一个段落内句子的起始、衔接、结尾的有机组合。大结构即文章的段落、层次甚至章节的安排。

一篇文章为了完成其主旨要求，一般分为几个层次，层级的划分以支撑和体现主题为原则，通过层次间的并列、递进等逻辑组合，完成文章的写作任务。层次由一个或多个段落组成，段落与段落之间的先后衔接、并列推进和思想内容逻辑演绎递进，组成文章的一个层次。段落由句子组成，通过句子之间的先后衔接、并列推进和句意递进，实现完整的表意目标。一个完整、科学的句法结构能够保证句意的准确。

从句子内部到句与句之间再到组成一个段落、段落衔接、层次安排，应用文的结构安排基本上是按照事物发展、事件展开的一般规律，结合人的认知心理顺序性排布、逻辑性结构，如常呈现为"为什么—是什么—怎么样"的思维结构模式。

除此之外，很多文章尤其是叙述说理性文章如讲话稿或者报刊评论，除了内在的可视的大结构、小结构之外，还体现出一种语言的、叙述的情感结构，即我们常常谈论的"节奏"。

三、评价标准

应用文对写作者和读者都提出较高的写作、阅读要求。我们常用"好"来标记一部文学作品，但同样的习惯显然不适用于应用文。应用文的实用和时效特点要求有明确、有效的评价标准，明确、有效的文章评价标准建立在一种文化的"共识"和"集体经验"积累的基础上，以传递信息和办理事务效用结果为检验标准，而非个人的、经验的、审美的主观评价。

应用文的评价标准即对文章写作任务的完成情况考核，即是否准确、高效地完成写作任务；是否准确理解文种内涵并遵守文种的格式规范；是否实现了文章的"文"，表现为是否文从字顺、逻辑合理、情感合意地呈现了写作行为的艺术性。将评价标准要素化、过程化，即依据写作任务，对主题与结构、段落与层次、语法与句法、材料与语言及形式规范几个方面进行评价。

例文赏析"贺辞"：

敬呈钱谷融教授[①]

去年六月七日，华东师大举行盛会，为钱谷融教授祝九秩大寿。诸老欢聚，群贤毕至，令人难忘。吟诗一首，献与寿翁，愿钱先生南山东海之寿福。今又一年过去，六月诞辰临近，我身在香港讲学，特借晚报一角发表祈福，钱先生人格之高洁，精神之淡泊，思想之独立，心灵之自由，足为后人楷模。特赞曰：

夏雨春风九十秋，人生散淡亦风流。
招魂海上标人学，续命河汾踞上游。
称懒因时忙更乱，少言自愤剑悬头。
诸葛枉有隆中策，平地卧龙最自由。

2008年6月7日吟就

结构分析的具体方法

本节从静态和动态两个方面解读文章结构。所谓文章的静态结构，是指我们阅读、理解一篇文章时，结构对于主题的实现和完成状态；相应的动态结构，是指在选题和审题之后，如何结构起主题。关于学习"何为结构""如何结构"，本节继续以应用文为例，要求同学们通过"过程化写作"结构性地分析文章，结构性地理解主题，结构性地认知写作任务。

一、过程化的写作行为

写作是对事物的一次合乎逻辑的认知过程，是一次按照固定程序的事情的程式化办

[①] 陈思和. 敬呈钱谷融教授［N］. 新民晚报，2009-05-20.

理过程。

（一）作者—文本—读者

当接收到一个写作任务，作者首先需要考虑的是"我"在这个写作活动中扮演什么角色，"我"是谁。其次是此次写作任务针对的是什么问题，并围绕这个问题开展相应的调研工作。最后是读者是谁。

（二）为什么—是什么—怎么样

这样的结构模式与人类的认识模式相合，便于人们接受。

如何才可以将写作对象轻松、迅捷、准确地呈现给指定读者，方便读者的理解和接受，是这类写作训练中非常重要的问题。"为什么"是作者在文章开头交代写作缘由或者论断依凭；"是什么"则需要直接写明文章的观点、看法，它是文章的核心内容；"怎么样"则是对具体操作的一种解释，在涉及一些抽象性问题时，常按照人体认知—反应规律来写，如大脑—身体四肢—外部环境配合—镜子反观。

二、写作过程的两个层次

（一）第一个层次

应用文写作以文字来处理实际事务，它主要针对的是具体的事情，它的展开和完成关涉到信息的传递、接受和问题的解决。应用文写作以通过文字顺利传递信息、解决实际问题为存在目的。应用文写作所面对的写作任务都是具体的、确定的，即应用文写作的第一个层次指的是围绕它的写作任务而开展的相关准备工作活动。比如一则会议通知。写作者首先要知道这是关于什么的会议，以及会议的具体安排。换言之，写作者需要知道写的内容是什么，还需要知道以什么样的身份写，以及将要写给谁。只有明确了写作者的身份和具体的接受者，写作者才有可能以精准到位的视角、文字、语气切入具体的写作内容。

"我"是谁？应用文写作是一个"去我"的过程，写作者无法从写作中孤立和独立出来。在发出—传递—接受这整个过程中，人们必须知晓文章的法定作者（责任作者）是谁，即信息是谁发出的；必须知晓具体的写作者和文章法定作者之间的关系是什么。应用文在写作者这个问题上有个比较复杂的情况，即常常实际的写作者并不是文章的署名人，只有署名的人才为整篇文章负责。例如党政机关法定公文，×市交通局发出一篇关于封路修路的通告，这篇通告的署名者一定是×市交通局，它的具体写作者就不是它的署名者。在写作过程中，写作者需要厘清自己与文章法定作者之间的关系，以法定作者的名义、视角、语气进行写作。一篇应用文的传递与接受过程，还依赖于写作者对于读者与自己情感（辈分、级别等）关系的辨认，不同的关系，决定了在传达信息、分析问题及提供对策（提出要求）上不同的言语方式。在不断地对写作角色与身份认知的过程中，具体的"我"就在这个写作任务中被暂时性地搁置（重置）了。

在应用文写作中，一旦有了确定的写作任务，确定的写作模式就相应地被写作者从记忆中调取出来。例如一篇会议通知，一定包含主办者、时间、地点、会议主题及注意事项等要素。复杂一点的写作任务是指那些需要写作者去调研资料的题目。再如某县审计局《关于上班期间禁止饮酒的通知》，在这个写作任务中，写作者必须明确该通知写作针对的具体问题，仔细探究问题的特殊性，明确组织上对于这个问题的态度，唯有这样，才可以规范地、有见地地写出一篇合目的、具有可行性的通知。

读者意识是指在应用文的写作中，作者要在"作者—文本—读者"这一信息沟通交流结构中的认知、接收环节，明确读者是谁、文章的接受者是谁、作者与读者的关系是什么。从某种意义上来说，应用文是以文字来取消人们交流的空间限制。所以，写作者在书写的过程中，需要心中"看到"文章的读者，并且适时地转换角色，从读者的角度考虑问题，以实现良好的、有效的沟通和交流。

（二）第二个层次

应用文写作的第二个层次就是我们常常理解的写作的具体过程，围绕题目的所有准备与思考都在这个写作层次得以确切的呈现。所谓应用文写作是一种模式化写作，指的也就是在这一层面，写作常以固定的逻辑顺序结构文章，如"为什么—是什么—怎么样"。

1. 为什么

应用文的阅读和接受不同于文学作品（诗歌、小说、戏剧等），它具有强烈的目的性、时效性，而它对审美体验没有直接的要求，一种有关阅读和接受的焦虑感存在其中。读者对于一篇应用文的阅读，首先要急切了解它是关于什么事情、与"我"有什么关系、"我"为什么需要阅读、文章为什么如此立论等相关问题。从写作者的角度，针对读者这样的接受疑问，文章内容中首先要回应如上"为什么"。"为什么"常常有两种：一种是为什么写这篇文章；另一种是为什么要做如下的判断、决定。唯有在这部分解决了接受者（读者）的疑问，以及他们悬置的焦虑，才有可能引导接受者（读者）顺畅进入文章的下一部分内容。

2. 是什么

文章的核心内容，须逻辑严密、条理清晰。根据不同的写作任务，这部分有不同的写作策略和程式。在一些如学术论文、法律合同等专业文书写作中，这部分内容难度较大，需要写作者对于问题有透彻认知且具有良好的语言文字表达能力。在如法定公文、事务文书等应用文写作中，这部分内容或有惯用的写作套路，或内容较为简单，常由几句话写就。

3. 怎么样

"怎么样"是对"是什么"的一种补充。在以行政公文为代表的公务应用文中，这部分内容常常比"是什么"还要重要，它需要通过文字指导（指挥）读者如何行动。当读者接受了"是什么"，如何将这样的观点（判断）指导实际的行动，在这部分写作中，常常可以用到一个写作公式做参考，即人的认知行为规律。人对事物的接受，是大脑的认知接受—身体四肢接收并执行大脑的指令—身体作用于外部事物（环境），完成动作—镜照环节，即外界的评价或自我的省察。参照（比拟）这样的认知规律，根据不同的写作任务，写作者可做类似的诸如思想—内部组织—外部协调—检查监督等程式化写作。在一些私人应用文写作中，这部分内容相对公文写作更为具体和直接，如讣告。一篇讣告的写作包括两部分：逝者基本情况，送别仪式的时间、地点等信息（怎么样）。

三、结构解析

结构服务于主题，结构的目的在于支撑和完成主题。"结构"既是一个名词，呈现为静态的文章建筑架构；也是一个动词，体现为文章主题思想内容合情合理、完整严密的衔接组织方法。在充分理解文章主题的前提下，对文章静态结构的赏析是科学认知结构的第一步。

书信（文种外部格式结构）

文本结构即正文部分内在于这一形式结构中。

例文：党政机关现行法定公文（文种外部格式结构+内在大结构、小结构）。

**省教育厅等十四部门印发《关于加强家庭经济困难
学生发展型资助育人工作指导意见》的通知**[①]

苏教助〔2023〕3号

各设区市教育局、工业和信息化局、民政局、财政局、人力资源和社会保障局、文化和旅游局、卫生健康委、乡村振兴局、总工会、团委、妇联、残联、科协、慈善总会，各高校，各省属中职学校：

  为深入贯彻落实党的二十大报告关于"完善覆盖全学段学生资助体系"的要求，根据中办国办《关于构建优质均衡的基本公共教育服务体系的意见》（中办发〔2023〕24号）、教育部党组《高校思想政治工作质量提升工程实施纲要》（教党〔2017〕62号）和《江苏省"十四五"教育发展规划》（苏政办发〔2021〕115号）关于建立健全发展型资助政策体系的部署，省教育厅会同省有关部门研究制定了《关于加强家庭经济困难学生发展型资助育人工作指导意见》，现印发给你们，请各地各校认真贯彻落实。

省教育厅 省工业和信息化厅 省民政厅
省财政厅 省人力资源和社会保障厅 省文化和旅游厅
省卫生健康委员会 省乡村振兴局 省总工会
共青团江苏省委 省妇女联合会 省残疾人联合会
省科学技术协会 省慈善总会
2023年7月12日

[①] 资助管理中心.省教育厅等十四部门印发《关于加强家庭经济困难学生发展型资助育人工作指导意见》的通知.(2023-07-17)[2024-09-20].https://jyt.jiangsu.gov.cn/art/2023/7/17/art_77616_11034627.html.

关于加强家庭经济困难学生发展型资助育人工作指导意见

为贯彻新发展理念，落实党的二十大报告关于"完善覆盖全学段学生资助体系"的要求，根据中办国办《关于构建优质均衡的基本公共教育服务体系的意见》（中办发〔2023〕24号）、教育部党组《高校思想政治工作质量提升工程实施纲要》（教党〔2017〕62号）和《江苏省"十四五"教育发展规划》（苏政办发〔2021〕115号）关于建立健全发展型资助政策体系的部署，现就加强家庭经济困难学生发展型资助育人工作提出如下意见。

一、发展型资助育人的重要意义和工作目标

习近平总书记指出，要通过教育阻断贫困代际传递，让每一个孩子都对自己有信心、对未来有希望，实现"生活改变了我，我也改变了生活"。中共中央、国务院要求在全面推进义务教育区域、城乡、校际优质均衡发展的同时，通过教育关爱制度化缩小群体教育差距、保障群体公平发展。教育部党组明确将资助育人作为"十大"育人体系重要内容，实施发展型资助育人行动计划，构建物质帮助、道德浸润、能力拓展、精神激励有效融合的资助育人长效机制。我省现有资助政策已基本实现不因贫失学，但受成长环境所限，家庭经济困难学生往往会伴随关爱缺失、机会缺失、素养缺失、能力缺失，在道德品行、身心健康、学业水平、综合素养等方面发展滞后或出现各种发展问题。当前，学生资助工作一定程度存在着育人导向偏弱、局限于经费发放等情况，亟待统筹建立教育系统全员参与、各部门配合、教育教学各环节协调联动的资助育人机制。

发展型资助育人是指围绕立德树人根本任务，以家庭经济困难学生身心健康发展为核心，在保障经费和物质资助基础上，同步开展的资助育人工作，并重点针对面临身心发展、学业修习、素养提升、入学就业等困境的学生，由相关业务部门联合提供更加精准有效的教育服务。通过系统性制度设计，在全省构建起支持差异发展、服务个性化成长的教育生态，赋予学校和教师基于个体需求实施课程改革的责任和自主权，为家庭经济困难学生提供安全友善、资源可及、解决急难愁盼问题的成长环境。各地各校普遍建立发展型资助育人机制，构建保障型资助与发展型资助并重的一体两翼资助服务体系，形成"解困—育人—成才—回馈"的良性循环，发挥教育在保障学生健康成长和推动社会共同富裕中应有的基础性、战略性作用。

通过3—5年的努力，全省家庭经济困难学生的学前和高中阶段教育普及率不低于总体普及水平；各学段家庭经济困难学生的体质健康、心理健康水平与总体水平大体相当；义务教育和普通高中教育阶段家庭经济困难学生的学业水平、综合素养与同龄人群的差距显著缩小；中等职业学校家庭经济困难学生发展均衡程度不断提高，在升学就业、获得表彰奖励等方面的表现显著提升；高等院校家庭经济困难学生身心发展更加健康、综合素质更加全面，毕业率、优秀率等保持良好态势。各学段家庭经济困难学生的教育安全感、获得感和幸福感显著增强，成长为自尊自爱、自信自强、能够创造美好生活、立志在中华民族伟大复兴历史进程中贡献青春力量的时代新人。

二、发展型资助育人服务对象

（一）发展型资助育人一般服务对象

发展型资助育人的一般服务对象包括现有资助体系中已经认定的家庭经济困难学生。

（二）发展型资助育人重点帮扶对象

发展型资助育人重点帮扶对象是指家庭经济困难学生中同时叠加成长困境的学生，包括存在家庭教育缺失的、存在心理健康隐患危机的、受不良环境影响出现品质或行为偏差的、有特殊教育需要的、学业成绩严重落后的、在入学和就业方面有突出困难等学生。重点帮扶对象的育人工作，根据所遭遇的困境类型不同，由各地各校各部门纳入相应育人体系予以重点关注，资助管理部门做好统筹协调。

全省重点关注家庭经济困难学生发展相对薄弱的基础教育和中职教育学段，关注乡村、家庭经济困难学生较多和教育发展水平较弱的地区和学校。高等教育阶段重点关注出现心理危机问题较多的高校。

（三）重点帮扶对象的认定

完善上述各类重点帮扶对象的精准摸排机制，做好重点帮扶对象认定，从源头上落实教育关爱制度化。

1. 提出申请。由家庭经济困难学生本人、家长（监护人）或教师提出发展型资助重点帮扶申请，明确申请的发展型资助内容（见附件），并陈述事实和理由。随时发现，随时申请，随时启动。

2. 集体评议。由学校资助管理部门（人员）组织集体评议，确认重点帮扶的必要性和可行性。

3. 对象确定。经学校研究正式确认，形成本校发展型资助重点帮扶对象名单，以及可提供的相应发展型资助内容。

发展型资助育人重点帮扶对象的确定按需进行，无须公示、禁止公布。发展型资助育人重点帮扶对象实行动态管理，达到或超过正常发展水平的，经集体评议可退出重点帮扶对象名单。

三、发展型资助育人工作机制

全面统筹办学治校各领域、教育教学各环节、人才培养各方面的育人资源和育人力量，探索和完善发展型资助育人机制。

（一）建立常规工作机制。充分发挥资助管理部门在家庭经济困难学生发展中的需求梳理、组织协调、资源汇聚、追踪评价、助力发展等作用以及业务部门的育人主体作用，建立各相关部门协同、根据职责分工联合育人的工作机制。在学校成立学生资助工作领导小组，并设立学生发展支持中心，资助管理部门（人员）定期与相关业务部门（人员）共同交流和研究家庭经济困难学生发展情况，落实各部门发展型资助育人责任。尊重家庭经济困难学生因生长发育、家庭和成长环境形成的个性差异，因材施教。将发展型资助育人最大程度融入日常教育教学活动、融入普通学生群体、融入精准资助全过程，严格保护家庭经济困难学生隐私，实施无痕化管理。

（二）建立救助清单制度。为重点帮扶对象提供教育救助服务清单，将家庭教育指导、心理健康援助、品德行为矫治、学业辅导、特殊教育、入学和就业帮扶等发展型资助内容列入清单，供家庭经济困难学生及其家长选择。各地各校可根据自身实际和重点帮扶对象个体发展需求，细化和灵活调整发展型资助的具体内容和方式。充分调动和利用学校内外各种教育资源，丰富救助清单，共同帮扶家庭经济困难学生成长。建立重点帮扶对象成长档案（可匿名）制度，记录重点教育救助内容和关键成长事件。

（三）建立育人导师制度。根据重点帮扶对象所需要的发展型资助内容，配备具有相应专长的经验丰富的教师作为导师，确保重点帮扶对象人人有导师。导师配备应尊重帮扶对象的意愿，实行双向选择。导师与其他教育师资协同合作，全面关心和指导帮扶对象的生活、学习、社交等，注重精神引领和发展支持，做好家校协同。中小学为重点帮扶对象配备适合的成长伙伴，高校帮助重点帮扶对象寻找适合的成长伙伴或朋辈导师，融入"一站式"学生社区综合管理模式。鼓励聘请退休教师、优秀家长或社会人士担任导师。

（四）建立专项研究制度。发布资助育人省级规划课题，开展发展型资助专项研究，将育人融入学校总体课程方案、校园一日生活、课堂教育教学、见习实习与就业培训、教育常规管理、师资专业发展等各个环节。加强对心理学各分支、脑与认知科学、社会学、法律等专业的了解与衔接，将发展型资助育人纳入常规教研，针对各类成长问题集中攻关，提高应对复杂性教育工作的能力。坚决避免将家庭经济困难学生的发展型资助片面窄化为单个教师的职责、某个学科的教学、以升学考试为主要目标等。

（五）建立监测预警机制。各地各校应常态化分析研判家庭经济困难学生成长情况，发现危机苗头第一时间发出预警，并及时组织学校、家庭、社会各方力量，协调人、财、物等资源，开展有效干预，帮助家庭经济困难学生尽快摆脱危机。探索与各类教育管理系统和数据库相衔接，监测各地各高校家庭经济困难学生的入学就学、体质健康、心理健康、特殊教育、学业质量、入学就业以及表彰奖励等情况，对家庭经济困难学生发展存在明显问题的地区发布警示，并采取相关干预措施。

四、发展型资助育人保障措施

各地各校应全面规划发展型资助育人工作，省教育厅将在现有精准资助长效机制改革试点单位基础上，根据现有各地各校资助事业规模、工作成效和试点申报情况，动态调整试点地区和学校名单，支持富有创新精神和改革能力的地区。

（一）加强党的领导。各地各校要加强党对学生资助工作的全面领导，把一体推进保障型资助和发展型资助作为促进共同富裕的有效途径，从保障入学机会公平到维护教育过程公平,将教育公平融入到深化教育领域改革的各方面各环节。在各项重大决策和各类活动中,要充分考虑家庭经济困难学生的利益。各级党组织应将家庭经济困难学生中的孤儿、事实无人抚养、严重疾病、严重不良行为等群体的教育作为重要工作抓实抓好,通过高质量、过程性学生资助不断缩小群体之间的差距,确保"一个都不少""一个都不落"。充分发挥各级党组织的战斗堡垒作用和党员先锋模范作用,深入关心家庭经济困难学生的学习和生活,纾困解难,让他们在党的哺育下健康成长。

(二)健全师资队伍保障。各地各校应有负责学生资助工作的机构并配备专兼职师资,学校资助师资或特殊教育专职教师担任学生发展支持中心日常工作负责人,资助工作纳入教师工作量予以认定。尊重教师、遵循教育规律,切实保障教师陪伴家庭经济困难学生的育人工作时间。导师每人每学期负责一定数量的重点帮扶对象,在资助育人重点帮扶方面的工作量和实践成效,可作为职称评定、评比表彰等的重要参考。将不同类型重点帮扶对象的育人方法纳入教育管理者和教师培训,提高资助工作者的教育专业化能力。将资助育人纳入教师基本功大赛内容,为教师专业成长搭建发展平台。

(三)完善经费投入保障。学生资助标准根据经济发展水平、财力状况、物价水平、收费标准等因素,实行动态调整。各类学校按规定从事业收入或学费收入中足额提取经费用于奖助学生,以及对重点帮扶对象实施发展型资助。各地各校应按照预算管理有关规定和学校发展实际需要,在年度预算中统筹安排资助工作经费。可通过多种方式调动社会教育资源,解决学校专业能力不足等问题。积极鼓励和募集社会资金用于设立奖助学金、支持各类资助育人项目开展。

(四)加强协同联合育人。教育部门牵头负责发展型资助育人工作,定期召集各相关部门协商解决学校资助育人工作中面临的实际困难,各部门依法建立与家庭经济困难学生相关的困难认定、家庭变故、重大疾病等信息共享机制。各级卫生健康行政部门要在家庭经济困难学生中开展先天性心脏病等疾病筛查和救治,提高儿童青少年心理医疗和康复服务能力,协助教育部门开展心理健康监测和特需学生教育评估,提供干预指导、师资培训等相关技术支持。各级人社、文化和旅游、科协等部门应支持做好公益、研学、科技教育等各类综合实践活动,探索应用社保卡"一卡通"支持家庭经济困难学生社会实践活动。各级妇联积极推动城乡社区家长学校等家庭教育指导服务站点提升服务质效,着力为重点帮扶对象提供针对性的家庭教育指导。各级团委将重点帮扶对象纳入"爱心暑托班"服务范围,为孤儿或事实无人抚养对象建造"梦想小屋",会同有关部门做好未成年人犯罪预防。各级人社、工信、总工会、残联等部门积极关心并支持教育部门做好家庭经济困难学生实习见习、就业创业工作。鼓励各类公益慈善机构通过多种方式支持发展型资助育人工作。苏南各市做好对口支援苏北五市发展型资助育人工作。

（五）系统谋划有序推进。各地各高校应制定本地本校发展型资助育人工作意见，全面部署、分步实施，试点先行、重点推进。省将依托高校成立发展型资助研究中心，组织专家团队与试点地区和学校开展协同实践，重点内容项目化推进，调研家庭经济困难学生发展情况并形成研究报告。在现有学生资助管理信息系统和各类教育管理系统、相关教育数据库的基础上，探索研制发展型资助信息系统。开展优秀资助工作者、资助工作先进单位、优秀工作案例、"最美资助人"等评选活动，推广实践经验，引领全省发展。省将按照修订程序，将发展型资助育人主要内容纳入资助工作年度绩效考核；各相关业务部门将发展型资助工作有机融入日常管理，作为各类监测、创建与评估考核的必要内容；将发展型资助育人工作落实情况纳入教育督导评价内容和省属高校高质量发展综合考核。

该通知是江苏省教育厅主颁的 2023 年第 3 号公文，是由江苏省教育厅联合省工业和信息化厅等十四个同级部门共同下文，通知各设区市教育局、工业和信息化局、民政局、财政局、人力资源和社会保障局、文化和旅游局、卫生健康委、乡村振兴局、总工会、团委、妇联、残联、科协、慈善总会，各高校，各省属中职学校印发《关于加强家庭经济困难学生发展型资助育人工作指导意见》。在这个文本形式中，我们能够看到党政机关现行法定公文外部规范格式和结构痕迹，包括公文标题、主送对象、正文、发文机关署名、成文日期及附件。

正文结构呈现为：发文缘由—行文依据—行文目的—行文要求。

正文相关解读《〈关于加强家庭经济困难学生发展型资助育人工作指导意见〉政策问答》的文本结构总体由"为什么"、"是什么"（第一段）和"怎么样"组成（党政机关公文的"怎么样"往往是主要内容）。该公文的"怎么样"结构为：

一、发展型资助育人的重要意义和工作目标
二、发展型资助育人服务对象
三、发展型资助育人工作机制
四、发展型资助育人保障措施

如上写作程式化结构：思想—内部组织—外部协调—检查监督等。

本讲小结

本讲在主题学习的基础上，以结构为重点，通过概念厘清应用文及应用文写作的作者、读者与文本的有机关系等相关问题，过程性地解析文章的书写结构，帮助学生在以写作实践为情境的教学阅读中认知"何为结构""如何结构"，并从知识概念和写作过程两方面展开主题的结构训练。

课后练习

选一篇文章：
1. 分析其文本结构，并评价该文本结构对文章主题的实现情况。
2. 从结构的角度，解析该文章的写作过程。

知识拓展

本志罪案之答辩书

本志经过三年，发行已满三十册；所说的都是极平常的话，社会上却大惊小怪，八面非难，那旧人物是不用说了，就是呱呱叫的青年学生，也把《新青年》看作一种邪说、怪物，离经叛道的异端，非圣无法的叛逆。本志同人，实在是惭愧得很；对于吾国革新的希望，不禁抱了无限悲观。

社会上非难本志的人，约分两种：一是爱护本志的，一是反对本志的。这第一种人对于本志的主张，原有几分赞成；惟看见本志上偶然指斥那世界公认的废物，便不必细说理由，措辞又未装出绅士的腔调，恐怕本志因此在社会上减了信用。像这种反对，本志同人是应该感谢他们的好意。

这第二种人对于本志的主张，是根本上立在反对的地位了。他们所非难本志的，无非是破坏孔教，破坏礼法，破坏国粹，破坏贞节，破坏旧伦理（忠、孝、节、义），破坏旧艺术（中国戏），破坏旧宗教（鬼神），破坏旧文学，破坏旧政治（特权人治），这几条罪案。

这几条罪案，本社同人当然直认不讳。但是追本溯源，本志同人本来无罪，只因为拥护那德莫克拉西（Democracy）和赛因斯（Science）两位先生，才犯了这几条滔天的大罪。要拥护那德先生，便不得不反对孔教、礼法、贞节、旧伦理、旧政治。要拥护那赛先生，便不得不反对旧艺术、旧宗教。要拥护德先生又要拥护赛先生，便不得不反对国粹和旧文学。大家平心细想，本志除了拥护德、赛两先生之外，还有别项罪案没有呢？若是没有，请你们不用专门非难本志，要有气力、有胆量来反对德、赛两先生，才算是好汉，才算是根本的办法。

社会上最反对的，是钱玄同先生废汉文的主张。钱先生是中国文字音韵学的专家，岂不知道语言文字自然进化的道理？（我以为只有这一个理由可以反对钱先生。）他只因为自古以来汉文的书籍，几乎每本、每页、每行，都带着反对德、赛两先生的臭味；又碰着许多老少汉学大家，开口一个国粹，闭口一个古说，不由声明汉学是德、赛两先生天造地设的对头；他愤极了才发出这种激切的议论，像钱先生这种"用石条压驼背"的医法，本志同人多半是不大赞成的；但是社会上有一班人，因此怒骂他，讥笑他，却不肯发表意见和他辩驳，这又是什么道理呢？难道你们能断定汉文是永远没有废去的日子吗？

西洋人因为拥护德、赛两先生，闹了多少事，流了多少血，德、赛两先生才渐渐从黑暗中把他们救出，引到光明世界。我们现在认定，只有这两位先生可以救治中国政治上、道德上、学术上、思想上一切的黑暗。若因为拥护这两位先生，一切政府的压迫，社会的攻击笑骂，就是断头流血，都不推辞。

　　此时正是我们中国用德先生的意思废了君主第八年的开始，所以我要写出本志得罪社会的缘由，布告天下。

（转载自1919年1月15日《新青年》第6卷第1号，有改动。）

开头与结尾

【教学目标】本讲通过对教学材料的全文赏析，引导学生对材料进行审题、结构的整体性思考，再次认知结构与主题的关系，分析教学案例文种外部格式的程式化结构，内部包括层次、段落和句法的框架结构，以及文章的叙述节奏即情感结构、应用文写作的评价标准问题，并通过写作的情境式训练，从结构和表达效果两个方面理解应用文开头与结尾的结构要义和艺术魅力。

> **案例导入**
>
> 开头与结尾是文章整体性的重要组成部分，它影响写作者的主体思维，与文章的信息传递和意义沟通的实际效果关系密切。下面以2012年诺贝尔文学奖获得者、中国作家莫言在瑞典学院发表的文学演讲《讲故事的人》[①]一文的开头和结尾为例。
>
> （开头）通过电视或者网络，我想在座的各位对遥远的高密东北乡，已经有了或多或少的了解。你们也许看到了我的九十岁的老父亲，看到了我的哥哥姐姐、我的妻子女儿和我的一岁零四个月的外孙女。但是有一个此刻我最想念的人，我的母亲，你们永远无法看到了。我获奖后，很多人分享了我的光荣，但我的母亲却无法分享了。
>
> （结尾）我是一个讲故事的人。因为讲故事我获得了诺贝尔文学奖。我获奖后发生了很多精彩的故事，这些故事，让我坚信真理和正义是存在的。在今后的岁月里，我将继续讲我的故事。谢谢大家。

结构问题是文章写作的重要技术问题，通过认知结构和主题的关系，在理论学习写作相关知识内容的基础上，我们需要反复训练主题的结构框架生成及结构内部层次段落逻辑搭建和语法句法的准确使用。本讲延续第三讲内容，尝试通过整体性地、案例性地

---

① 莫言.讲故事的人.（2012-12-08）[2024-09-20]. https://www.chinawriter.com.cn/2012/2012-12-08/148723.html.

写作与表达十二讲

呈现现代汉语写作与表达的历史发展,帮助同学们理性认知文章写作的技术难题,分析结构技巧,引导同学们在进行文章框架结构、层次段落和句法语法练习的同时,进一步学习作为文章结构的开头和结尾所具有的结构意义和情感影响力。

 现代汉语的建设与文章的写作过程

了解应用文写作和文学创作的区别能帮助我们确立对写作的基本认知,在进一步学习关于应用文和文种等相关知识概念、拆解写作的基本过程、认知应用文写作的评价标准、学习结构如何实现主题之后,我们对"结构"及"如何结构"的学习基本完成。本节简要回溯现代白话文章的建设过程,理论性地总结文章写作的过程,引导同学们在文章结构问题上进一步思考文章的开头和结尾两部分,并认知这两部分在文章中的重要地位。

一、现代汉语的建设

文言文到现代白话文的转变过程是现代汉语的一个建设过程。语言的变革背后有着复杂的文化社会心理和时代历史因素,整体性地了解这一言文转变对文章的影响,引导同学们从语言、句法、结构、材料、主题等方面全面地理解写作过程中的环节,还可帮助同学们通过对经典教学范文的精读,对写作的可能性有更为自觉的独立思考。写作中的很多实际困难,除了主题和结构上的思想和技术问题之外,大多来源于评价标准。一般来说,应用文的评价标准是围绕文章的要素,即主题、结构、材料、语言等方面进行的。我们可以把这样一个相对来说在每次写作任务中可以明确的标准称为基本标准。换言之,应用文写作的文章标准在满足这个基本标准的前提下,还有着更高的文学标准,包括主题的艺术性呈现、结构的独具匠心、语言的精练准确、材料的恰如其分等,全文应和谐、浑然一体,寓情理于信息之中,叫人读来酣畅淋漓。了解现代汉语的建设过程,有助于同学们理论性地认知文章评价标准。

现代汉语的建设过程从思想层面可以追溯自晚明的思想解放到晚清的经世致用。从晚清以来世界格局的变动激发国内有识之士的保种忧患到清末的亡国危机,几乎所有的政治、思想和文化变革都关涉到现代汉语的建设要求。也就是说,对现代汉语的建设背后是19世纪以来中国的现代家国想象。语言的变革意义重大,这里简单罗列白话文取代文言文的历史背景:首先,文言文基本上以先秦两汉的语言为标准,在两千多年的发展中,始终是士大夫安身立命的资源;其次,媒介的发展尤其是机器印刷和现代出版技术条件支持下的报纸刊物的市场化运营;再次,文言、浅近文言、古白话和白话四种语言并存;最后,东西方文化交流,包括语音、语汇、语法在内的一种新的白话正在形成。结合同学们对于五四文化运动的了解,一种新的现代汉语经过了19世纪末的报刊运动,出现了诸如梁启超这样有影响力的"梁任公体",到1918年鲁迅用白话文发表小说《狂人日记》,现代汉语基本上完成了历史生成,取代了文言文。但是现代汉语的建设不止于此,我们每一次写作都是在从事和参与现代汉语的建设活动,同学们不仅要大

概了解现代汉语建设过程中的言文转变,还要自觉地认知写作活动的语言建设行为。

我们选取并精读胡适发表于 1917 年 1 月 1 日《新青年》第 2 卷第 5 号上的《文学改良刍议》(节选),重返现代汉语早期建设时期:

> 吾以为今日而言文学改良,须从八事入手。八事者何?
> 一曰须言之有物。
> 二曰不摹仿古人。
> 三曰须讲求文法。
> 四曰不作无病之呻吟。
> 五曰务去滥调套语。
> 六曰不用典。
> 七曰不讲对仗。
> 八曰不避俗字俗语。
>
> 一曰须言之有物
>
> 吾国近世文学之大病,在于言之无物。今人徒知"言之无文,行之不远",而不知言之无物,又何用文为乎?吾所谓"物",非古人所谓"文以载道"之说也。吾所谓"物",约有二事。(一)情感。《诗序》曰:"情动于中而形诸言。言之不足,故嗟叹之。嗟叹之不足,故咏歌之。咏歌之不足,不知手之舞之,足之蹈之也。"此吾所谓情感也。情感者,文学之灵魂。文学而无情感,如人之无魂,木偶而已,行尸走肉而已。(今人所谓"美感"者,亦情感之一也)(二)思想。吾所谓"思想",盖兼见地、识力、理想三者而言之。思想不必皆赖文学而传,而文学以有思想而益贵。思想亦以有文学的价值而益资也。此庄周之文,渊明、老杜之诗,稼轩之词,施耐庵之小说,所以夐绝于古也。思想之在文学,犹脑筋之在人身。人不能思想,则虽面目姣好,虽能笑啼感觉,亦何足取哉。文学亦犹是耳。
>
> 文学无此二物,便如无灵魂、无脑筋之美人,虽有秾丽富厚之外观,抑亦末矣。近世文人沾沾于声调字句之间,既无高远之思想,又无真挚之情感,文学之衰微,此其大因矣。此文胜之害,所谓言之无物者是也。欲救此弊,宜以质救之。质者何?情与思二者而已。
>
> 二曰不摹仿古人
>
> 文学者,随时代而变迁者也。一时代有一时代之文学:周秦有周秦之文学,汉魏有汉魏之文学,唐宋元明有唐宋元明之文学。此非吾一人之私言,乃文明进化之公理也。
>
> 三曰须讲求文法
>
> 今之作文作诗者,每不讲求文法之结构。其例至繁,不便举之,尤以作骈文、律诗者为尤甚。夫不讲文法,是谓"不通"。此理至明,无待详论。
>
> 四曰不作无病之呻吟
>
> 此殊未易言也。今之少年往往作悲观。其取别号则曰"寒灰""无生""死灰"。其作为诗文,则对落日而思暮年,对秋风而思零落,春来则惟恐其

速去,花发又惟惧其早谢。此亡国之哀音也。老年人为之犹不可,况少年乎。其流弊所至,遂养成一种暮气,不思奋发有为,服劳报国,但知发牢骚之音、感喟之文。作者将以促其寿年,读者将亦短其志气,此吾所谓无病之呻吟也。

五曰务去滥调套语

今之学者,胸中记得几个文学的套语,便称诗人。其所为诗文处处是陈言滥调,"蹉跎""身世""寥落""飘零""虫沙""寒窗""斜阳""芳草""春闺""愁魂""归梦""鹃啼""孤影""雁字""玉楼""锦字""残更"之类,累累不绝,最可憎厌。其流弊所至,遂令国中生出许多似是而非、貌似而实非之诗文。今试举吾友胡先骕先生一词以证之:

"荧荧夜灯如豆,映幢幢孤影,凌乱无据。翡翠衾寒,鸳鸯瓦冷,禁得秋宵几度。幺弦漫语,早丁字帘前,繁霜飞舞。袅袅余音,片时犹绕柱。"

此词骤观之,觉字字句句皆词也。其实仅一大堆陈套语耳。"翡翠衾""鸳鸯瓦",用之白香山《长恨歌》则可,以其所言乃帝王之衾之瓦也。"丁字帘""幺弦",皆套语也。此词在美国所作,其夜灯决不"荧荧如豆",其居室尤无"柱"可绕也。至于"繁霜飞舞",则更不成话矣。谁曾见繁霜之"飞舞"耶?

吾所谓务去滥调套语者,别无他法,惟在人人以其耳目所亲见亲闻、所亲身阅历之事物,一一自己铸词以形容描写之。但求其不失真,但求能达其状物写意之目的,即是工夫。其用滥调套语者,皆懒惰不肯自己铸词状物者也。

六曰不用典

吾所主张八事之中,惟此一条最受友朋攻击,盖以此条最易误会也。吾友江亢虎君来书曰:"所谓典者,亦有广狭二义。"

此论甚中肯要。今依江君之言,分典为广狭二义,分论之如下:

(一) 广义之典非吾所谓典也。广义之典约有五种。

(甲) 古人所设譬喻,其取譬之事物,含有普通意义,不以时代而失其效用者,今人亦可用之。

(乙) 成语。

(丙) 引史事。

(丁) 引古人作比。

(戊) 引古人之语。

以上五种为广义之典,其实非吾所谓典也。若此者可用可不用。

(二) 狭义之典,吾所主张不用者也。吾所谓"用典"者,谓文人词客不能自己铸词造句,以写眼前之景,胸中之意,故借用或不全切,或全不切之故事陈言以代之,以图含混过去。是谓"用典"。

用典之弊,在于使人失其所欲譬喻之原意。若反客为主,使读者迷于使事用典之繁,而转忘其所为设譬之事物,则为拙矣。

七曰不讲对仗

今日而言文学改良,当"先立乎其大者",不当枉废有用之精力于微细纤巧之末。此吾所以有废骈废律之说也。即不能废此两者，亦但当视为文学末技而已，非讲求之急务也。

八曰不避俗字俗语

上述八事，乃吾年来研思此一大问题之结果。远在异国，既无读书之暇晷，又不得就国中先生长者质疑问题，其所主张容有矫枉过正之处。然此八事皆文学上根本问题，一一有研究之价值。故草成此论，以为海内外留心此问题者作一草案。谓之刍议，犹云未定草也。伏惟国人同志有以匡纠是正之。

细读这篇文章有关当时文学改良所提的"八事"之具体解析，如言之有物的"物"之所指，无病呻吟、滥调套语、文法、用典、对仗及俗字俗语等，有助于同学们不只着眼一个具体的写作任务，而是从建设现代汉语的角度，独立思考如何写作。

二、文章的写作过程

说清、讲透、换位，一般被认为是评价一篇文章的标准。如果我们能够将文章的写作过程程序化地展开，那么无论是写作的可教授性还是实际写作训练中的可操作性都会得到保障。第三讲我们在学习应用文的结构时，将写作分成两个层次（步骤），其重在理解文章如何框架其实现主题的结构。下面我们从写作的实际展开，将一次具体的写作活动概括为四个步骤。

（一）厘清身份

写作实践中最常见的问题多与写作者对自身写作角色的认知不清有直接关系。例如，要为校长准备一篇学生毕业典礼上的演讲稿，如果在这篇演讲稿的写作过程中，写作者没有真正认识到大学校长的角色问题，没有认真思考毕业典礼对大学教育和大学毕业生的意义，以及作为具体的代言作者在此次写作行为中的地位等问题，那么写作内容不仅难以契合作为演讲者的校长的气质，也不可避免地会避重就轻，甚至偏离主题，导致写作内容无法跟演讲对象产生真正的沟通，无法完成大学最后一堂课这样的任务。再如一篇政府相关部门关于节假日免收中小型车辆高速通行费的通知，如果该公文的实际写作人员没有准确把握自己在整个事件中应处的位置、应有的立场和态度，就无法想象和理解写作任务本身所针对的实际情境和意图，写作也将难以避免地会出现各种问题。事实上，在今天的事务文书写作中，如何写，即技术性地立意谋篇，已经不是第一位的问题，取而代之的是如何思考问题、分析问题，准确地领会精神、把握意图。

身份问题展示的是一种写作的素养，即如何在具体的写作行为中摆脱书写者真实自我的诸种情绪干扰，找到书写者的态度、立场，就事论事，准确到位地完成文字的信息传递。

身份问题不仅仅是要想象和体认写作者的自我角色与写作角色，还要想象文本接受者（读者）的心智状态和现实处境。顾及读者身份不仅有助于选择文本表达的语言语气，还有助于思考、书写所指涉的事件与问题。

（二）独立思考，就事论事

我们所讨论的应用文写作很多时候可理解为一种听命（受命）写作，即写作者唯有在写作活动中独立思考，就事论事，分析领导用意，针对具体的问题有见地地书写，才能出色地完成写作工作。在厘清书写角色与身份之后，写作者必须对"事"有充分的思考和认识，这是整个书写过程中最重要的一个环节，它决定了书写能否围绕问题有效地完成写作任务。

AI（Artificial Intelligence，人工智能）技术给文学写作带来了新的问题，如高度的生活同质化加之信息的爆炸化传播与覆盖造成文学写作里的题材匮乏，随之对写作的想象力提出更高的要求。事实上，应用文写作与时代现实生活的关系比文学写作更为直接，它必须在写作中对问题有正面的回复、处理。写作者需要通过不断地丰富和完善自我的知识储备，培养和淬炼自我的独立思考能力，结合书写行为中的身份角色对写作对象展开思考，厘清思绪，辨明议题，就事论事，完成动笔前的准备工作。

（三）文字表达

这部分内容在写作中分为两步：一是确定主旨，根据主旨的要求选择相应的材料；二是谋划文章的外在形式、结构篇章。

1. 主旨与选材

主旨即文章的中心，可比作一篇应用文的头脑。文章的主旨要在分析问题的基础上确定，必须准确、深刻。主旨规定了行文的意图与方向，在一定程度上决定了应用文写作中其他部分（如材料、结构）。

明确的主旨需要充分的、有说服力的材料加以填充。材料是一篇文章的肌肤，读者通过各类具体可感的材料关联、理解文章的主旨。材料的选择经常会影响主旨的传递效果，选择真实典型（光滑材料，顺势而为，在已有的认知基础上加以强化）、新颖独特（粗糙材料，通过阻断或减慢读者的阅读进程，引起读者注意，从而增强文章的说理力量）的材料对于一篇应用文来说相当重要。

在充分思考和理解行文主旨的基础上，尽可能地调查搜集与主旨有关的所有材料，并加以分析整理（材料有时又会带来写作者对于主旨的再次思考与调整），着眼于行文的意图与对象，最终选定最具有说服力和感染力的材料服务主旨。

2. 谋篇与结构

所谓的谋篇即围绕文章的主旨，安排文章的层次、结构，搭起骨架。一般认为常见的应用文结构有总分式、递进式、并列式。我们还可以从另一个角度来学习应用文的结构，即说与听的情境模式下的"为什么—是什么—怎么样"。

当我们将写作理解为写作者向指定的读者写一篇文章以传递特定信息、阐发道理、情理沟通时，写作的思维结构就已经被确立了，即"为什么—是什么—怎么样"，这样的书写结构模式可以快速帮助写作者以一种写作的惯式厘清思绪。

（四）切换角色，核查反馈

如何才算完成了一篇应用文？直至读者通过文本顺利地接收信息，文章写作才最终结束。应用文的功用性就在于它是写作者意志的传递与体现，它连接着信息发出者和接收者。那么，对于具体的写作过程来说，完成文本的最后一步则是切换角色，以预设读者的身份，回读文本，查缺补漏。

三、思维能力和理论储备

应用文写作本身即可视作一次具体的事件办理，写作者的身份定位在这个事件办理过程中至关重要。写作者首先要明确自己的身份,即在这次书写行为中实际写作的"我"所扮演的角色是什么。不同的角色身份带来不同的视点、判断及语言风格,决定了文章的主题。

在具体的写作过程中,写作者需要具有良好的对象化思维和换位思维能力。对象化思维针对应用文的缘事而发,写作者就事论事,围绕事情展开分析、梳理原因、提出对策,客观直接地写作。换位思维则是更多地从接受者的角度考虑,反思事件在文字中的处理模式和结果,帮助写作者对写作内容本身有更为全面、周到的认识,同时也照顾到读者的理解和认知能力,更为科学有效地将意图和指令准确传达给不同的对象。

大量的应用文写作指涉的多是公共事务,这样的写作任务要求写作者具有不同于文学写作的相应素质,如政策理论素养、专业知识储备及辞章建构能力。政策理论素养确保写作者能够宏观地把握国家的主流指导思想,消化、吸收上级的政策理论文件,并且顺利地应用到实际的写作中。专业知识储备确保写作者能够准确理解专业内容,熟悉行业术语,切实地对实际问题提出有效的解决方法。辞章建构能力帮助写作者合理布置篇章结构,明白、畅达地使用文字表达各种问题,减少读者的阅读负担,帮助读者尽快地理解文章承载的信息,提高办事效率。文章如何言简意赅,下面以《由范仲淹罢庸吏想到的》一文为例。

由范仲淹罢庸吏想到的[①]

北宋庆历新政期间,在一次地方人事考核中,有个主管路政的官员因能力不足,工作毫无建树,考核结果为不称职。范仲淹从严把关,决定给予撤职调换。这个官员很廉政,家境一贫如洗,因而很多人同情他。有人对范仲淹说:"大人,您一笔勾下去,一家人都会哭啊。"范仲淹说:"一家人哭总好过一个地方的百姓哭。"范仲淹的做法,今天仍值得思考。

权力不是荣誉,而是责任。权越大,责越大。岗位调整,能力需要转换;职务提升,能力需要递增。没有才干,就缺乏干事创业的底气。有的人很清廉,做到了洁身自好,但抱着"没有功劳有苦劳,没有苦劳有疲劳"的思想,工作四平八稳,虽没出什么事,也毫无建树,这与那个路政官员的为政之道有何区别?占着位子却不作为,不出成绩,职务越高,产生的负面影响就越大。

"功以才成,业由才广。"党的好干部不但要政治上靠得住、作风上足够硬,还要工作上有本事。能力不足,处基层而不能带领官兵圆满完成任务,在机关而不能出谋划策运筹帷幄,如此就会面临考试"不及格",不仅难堪大用,而且有碍于党和人民事业发展的需要。

习主席强调,党和人民的事业要不断发展,就要把各方面人才更好使用起来,聚天下英才而用之。用英才,就要祛庸才,向平庸开刀。选贤任能,职位与能力相配,能力与责任同行。所以,党员干部要常怀"本领恐慌",经常用合格党员标准量一量自己、用好干部条件比一比自己。须知,推进国防和军队改革呼唤英才,拒绝庸才,挑不起担子,扛不起重任,就适应不了深化改革的

[①] 李占杰. 由范仲淹罢庸吏想到的 [N]. 解放军日报,2016-09-08.

要求。既能干净干事，又能干事成事，才是党的事业需要的合格干部。

这篇文章主题明确，结构清晰，有情有思，短小精悍，形象生动。故事化、导入式的标题既激发了读者的阅读兴趣，也艺术化地将文章的题目纳入实现主题的结构层次里，巧妙地引出了史料"范仲淹罢庸吏"。围绕"官员考核应选贤任能"的主题，该文第一段简述范仲淹罢庸吏的历史史实；第二段在评价材料的基础上提出观点"权力是责任""履职就要出成绩"；第三段在叙事节奏上徐徐展开，内容方面进一步展开、深化第二段的观点"功以才成，业由才广""好的干部不仅要政治上作风上过硬，还必须有成绩"；第四段总结全文，概括升华文章主题，从"罢庸吏""用英才"到真正地实现文章的主题，即"常怀本领恐慌""拒绝庸才""做好党的事业需要的合格干部"。

第二节　结构性的开头与结尾

进入开头和结尾的学习篇章，我们的写作教学已经从怎么写成一篇文章到怎么写好一篇文章。在中学阶段的语文标准化教学中，以作文为例，关于开头、结尾常有"龙头凤尾猪肚子"的说法。"龙头、凤尾"表示写出一篇好文章需要特别重视开头和结尾部分。在中学阶段的作文训练基础上，同学们需要对文章的开头和结尾再次进行思考。为什么开头和结尾很重要？只有在真正理解了其缘由之后，我们才能有效地思考和学习如何写好开头和结尾。

我们将文章的开头和结尾并置，主要考虑到它们的对应性之于结构一篇文章来说的所谓"首尾呼应"。"首尾呼应"本身既承担结构的要义，也包含着文章传递效果的情感效率。本小节特选取梁启超的《少年中国说》（1900年）、桐城古文大家吴汝纶为严复《天演论》（1898年）所作的序言和提出译事"信、达、雅"一说的严复在该书正文前所附的《译例言》这三篇在现代文发展史上有名的文章作为教学材料，供同学们从结构的角度赏析和理解文章的开头和结尾。

一、以《少年中国说》为例

梁启超在历史上曾先后提出"文界革命""诗界革命""小说界革命"，抓住了文言文松动的历史时机，在当时的《时务报》《新民丛报》上发表的文章影响很大，被称为"时务文""新文体"。他在《清代学术概论》中言："启超夙不喜桐城派古文，幼年为文，学晚汉魏晋，颇尚矜炼。至是自解放，务为平易畅达，时杂以俚语、韵语以及外国语法，纵笔所至不检束，学者竞效之，号新文体。老辈则痛恨，诋为野狐。然其文条理明晰，笔锋常带感情，对于读者，别有一种魔力焉。"这里选取其《少年中国说》一文，在一种浅近文言的骈文化结构中，分析梁文的主题与结构，感受言文变化，体味其畅达明晰、浓烈感情，品味其中丰富的时代词汇和富有深意的修辞手法，认知这一"新文体"与后来"五四"文体的一脉相承。

少年中国说①

日本人之称我中国也,一则曰老大帝国,再则曰老大帝国。是语也,盖袭译欧西人之言也。呜呼!我中国其果老大矣乎?梁启超曰:恶!是何言?是何言?吾心目中有一少年中国在!

欲言国之老少,请先言人之老少。老年人常思既往,少年人常思将来。惟思既往也,故生留恋心;惟思将来也,故生希望心。惟留恋也,故保守;惟希望也,故进取。惟保守也,故永旧;惟进取也,故日新。惟思既往也,事事皆其所已经者,故惟知照例;惟思将来也,事事皆其所未经者,故常敢破格。老年人常多忧虑,少年人常好行乐。惟多忧也,故灰心;惟行乐也,故盛气。惟灰心也,故怯懦;惟盛气也,故豪壮。惟怯懦也,故苟且;惟豪壮也,故冒险。惟苟且也,故能灭世界;惟冒险也,故能造世界。老年人常厌事,少年人常喜事。惟厌事也,故常觉一切事无可为者;惟好事也,故常觉一切事无不可为者。老年人如夕照,少年人如朝阳。老年人如瘠牛,少年人如乳虎。老年人如僧,少年人如侠。老年人如字典,少年人如戏文。老年人如鸦片烟,少年人如泼兰地酒。老年人如别行星之陨石,少年人如大洋海之珊瑚岛。老年人如埃及沙漠之金字塔,少年人如西比利亚之铁路。老年人如秋后之柳,少年人如春前之草。老年人如死海之潴为泽,少年人如长江之初发源。此老年与少年性格不同之大略也。任公曰:人固有之,国亦宜然。

梁启超曰:伤哉,老大也!浔阳江头琵琶妇,当明月绕船,枫叶瑟瑟,衾寒于铁,似梦非梦之时,追想洛阳尘中春花秋月之佳趣。西宫南内,白发宫娥,一灯如穗,三五对坐,谈开元、天宝间遗事,谱《霓裳羽衣曲》。青门种瓜人,左对孺人,顾弄孺子,忆侯门似海珠履杂遝之盛事。拿破仑之流于厄蔑,阿剌飞之幽于锡兰,与三两监守吏,或过访之好事者,道当年短刀匹马驰骋中原,席卷欧洲,血战海楼,一声叱咤,万国震恐之丰功伟烈,初而拍案,继而抚髀,终而揽镜。呜呼,面皴齿尽,白发盈把,颓然老矣!若是者,舍幽郁之外无心事,舍悲惨之外无天地,舍颓唐之外无日月,舍叹息之外无音声,舍待死之外无事业。美人豪杰且然,而况于寻常碌碌者耶?生平亲友,皆在墟墓;起居饮食,待命于人。今日且过,遑知他日?今年且过,遑恤明年?普天下灰心短气之事,未有甚于老大者。于此人也,而欲望以擎云之手段,回天之事功,挟山超海之意气,能乎不能?

呜呼!我中国其果老大矣乎?立乎今日以指畴昔,唐虞三代,若何之郅治;秦皇汉武,若何之雄杰;汉唐来之文学,若何之隆盛;康乾间之武功,若何之烜赫。历史家所铺叙,词章家所讴歌,何一非我国民少年时代良辰美景、赏心乐事之陈迹哉!而今颓然老矣!昨日割五城,明日割十城,处处雀鼠尽,夜夜鸡犬惊。十八省之土地财产,已为人怀中之肉;四百兆之父兄子弟,已为人注籍之奴,岂所谓"老大嫁作商人妇"者耶?呜呼!凭君莫话当年事,憔

---

① 李兴华,吴嘉勋. 梁启超选集[M]. 上海:上海人民出版社,1984:122-126.

悴韶光不忍看！楚囚相对，岌岌顾影，人命危浅，朝不虑夕。国为待死之国，一国之民为待死之民。万事付之奈何，一切凭人作弄，亦何足怪！

任公曰：我中国其果老大矣乎？是今日全地球之一大问题也。如其老大也，则是中国为过去之国，即地球上昔本有此国，而今渐渐灭，他日之命运殆将尽也。如其非老大也，则是中国为未来之国，即地球上昔未现此国，而今渐发达，他日之前程且方长也。欲断今日之中国为老大耶？为少年耶？则不可不先明"国"字之意义。夫国也者，何物也？有土地，有人民，以居于其土地之人民，而治其所居之土地之事，自制法律而自守之；有主权，有服从，人人皆主权者，人人皆服从者。夫如是，斯谓之完全成立之国，地球上之有完全成立之国也，自百年以来也。完全成立者，壮年之事也。未能完全成立而渐进于完全成立者，少年之事也。故吾得一言以断之曰：欧洲列邦在今日为壮年国，而我中国在今日为少年国。

夫古昔之中国者，虽有国之名，而未成国之形也。或为家族之国，或为酋长之国，或为诸侯封建之国，或为一王专制之国。虽种类不一，要之，其于国家之体质也，有其一部而缺其一部。正如婴儿自胚胎以迄成童，其身体之一二官支，先行长成，此外则全体虽粗具，然未能得其用也。故唐虞以前为胚胎时代，殷周之际为乳哺时代，由孔子而来至于今为童子时代。逐渐发达，而今乃始将入成童以上少年之界焉。其长成所以若是之迟者，则历代之民贼有窒其生机者也。譬犹童年多病，转类老态，或且疑其死期之将至焉，而不知皆由未完成未成立也。非过去之谓，而未来之谓也。

且我中国畴昔，岂尝有国家哉？不过有朝廷耳！我黄帝子孙，聚族而居，立于此地球之上者既数千年，而问其国之为何名，则无有也。夫所谓唐、虞、夏、商、周、秦、汉、魏、晋、宋、齐、梁、陈、隋、唐、宋、元、明、清者，则皆朝名耳。朝也者，一家之私产也。国也者，人民之公产也。朝有朝之老少，国有国之老少。朝与国既异物，则不能以朝之老少而指为国之老少明矣。文、武、成、康，周朝之少年时代也。幽、厉、桓、赧，则其老年时代也。高、文、景、武，汉朝之少年时代也。元、平、桓、灵，则其老年时代也。自余历朝，莫不有之。凡此者谓为一朝廷之老也则可，谓为一国之老也则不可。一朝廷之老且死，犹一人之老且死也，于吾所谓中国者何与焉。然则，吾中国者，前此尚未出现于世界，而今乃始萌芽云尔。天地大矣，前途辽矣。美哉我少年中国乎！

玛志尼者，意大利三杰之魁也。以国事被罪，逃窜异邦。乃创立一会，名曰"少年意大利"。举国志士，云涌雾集以应之。卒乃光复旧物，使意大利为欧洲之一雄邦。夫意大利者，欧洲之第一老大国也。自罗马亡后，土地隶于教皇，政权归于奥国，殆所谓老而濒于死者矣。而得一玛志尼，且能举全国而少年之，况我中国之实为少年时代者耶！堂堂四百余州之国土，凛凛四百余兆之国民，岂遂无一玛志尼其人者！

龚自珍氏之集有诗一章，题曰《能令公少年行》。吾尝爱读之，而有味乎其用意之所存。我国民而自谓其国之老大也，斯果老大矣；我国民而自知其国之少年也，斯乃少年矣。西谚有之曰："有三岁之翁，有百岁之童。"然则，国之老少，又无定形，而实随国民之心力以为消长者也。吾见乎玛志尼之能令国少年也，吾又见乎我国之官吏士民能令国老大也。吾为此惧！夫以如此壮丽浓郁翩翩绝世之少年中国，而使欧西日本人谓我为老大者，何也？则以握国权者皆老朽之人也。非哦几十年八股，非写几十年白折，非当几十年差，非挨几十年俸，非递几十年手本，非唱几十年喏，非磕几十年头，非请几十年安，则必不能得一官、进一职。其内任卿贰以上，外任监司以上者，百人之中，其五官不备者，殆九十六七人也。非眼盲则耳聋，非手颤则足跛，否则半身不遂也。彼其一身饮食步履视听言语，尚且不能自了，须三四人左右扶之捉之，乃能度日，于此而乃欲责之以国事，是何异立无数木偶而使治天下也！且彼辈者，自其少壮之时既已不知亚细亚、欧罗巴为何处地方，汉祖唐宗是那朝皇帝，犹嫌其顽钝腐败之未臻其极，又必搓磨之，陶冶之，待其脑髓已涸，血管已塞，气息奄奄，与鬼为邻之时，然后将我二万里山河，四万万人命，一举而界于其手。呜呼！老大帝国，诚哉其老大也！而彼辈者，积其数十年之八股、白折、当差、挨俸、手本、唱喏、磕头、请安，千辛万苦，千苦万辛，乃始得此红顶花翎之服色，中堂大人之名号，乃出其全副精神，竭其毕生力量，以保持之。如彼乞儿拾金一锭，虽轰雷盘旋其顶上，而两手犹紧抱其荷包，他事非所顾也，非所知也，非所闻也。于此而告之以亡国也，瓜分也，彼乌从而听之，乌从而信之！即使果亡矣，果分矣，而吾今年七十矣，八十矣，但求其一两年内，洋人不来，强盗不起，我已快活过了一世矣！若不得已，则割三头两省之土地奉申贺敬，以换我几个衙门；卖三几百万之人民作仆为奴，以赎我一条老命，有何不可？有何难办？呜呼！今之所谓老后、老臣、老将、老吏者，其修身齐家治国平天下之手段，皆具于是矣。西风一夜催人老，凋尽朱颜白尽头。使走无常当医生，携催命符以祝寿，嗟乎痛哉！以此为国，是安得不老且死，且吾恐其未及岁而殇也。

　　任公曰：造成今日之老大中国者，则中国老朽之冤业也。制出将来之少年中国者，则中国少年之责任也。彼老朽者何足道，彼与此世界作别之日不远矣，而我少年乃新来而与世界为缘。如僦屋者然，彼明日将迁居他方，而我今日始入此室处。将迁居者，不爱护其窗棂，不洁治其庭庑，俗人恒情，亦何足怪！若我少年者，前程浩浩，后顾茫茫。中国而为牛为马为奴为隶，则烹脔鞭棰之惨酷，惟我少年当之。中国如称霸宇内，主盟地球，则指挥顾盼之尊荣，惟我少年享之。于彼气息奄奄与鬼为邻者何与焉？彼而漠然置之，犹可言也。我而漠然置之，不可言也。使举国之少年而果为少年也，则吾中国为未来之国，其进步未可量也。使举国之少年而亦为老大也，则吾中国为过去之国，其澌亡可翘足而待也。故今日之责任，不在他人，而全在我少年。少年智则国智，少年富则国富，少年强则国强，少年独立则国独立，少年自由则国自由，少年进步则国进步，少年胜于欧洲则国胜于欧洲，少年雄于地球则国雄于地球。红日初升,其道大光。河出伏流,一泻汪洋。潜龙腾渊,鳞爪飞扬。乳虎啸谷,百兽震惶。鹰隼试翼,风尘翕张(又作风尘吸张)。奇花初胎,矞矞皇皇。干将发硎,有作其芒。天戴其苍,地履其黄。纵有千古,横有八荒。前途似海,来日方长。美哉我少年中国,与天不老!壮哉我中国少年,与国无疆!

"三十功名尘与土,八千里路云和月。莫等闲,白了少年头,空悲切。"此岳飞《满江红·怒发冲冠》词句也,作者自六岁时即口受记忆,至今喜诵之不衰。自今以往,弃"哀时客"之名,更自名曰"少年中国之少年"。

感受梁文浅近文言和骈文化结构,不难发现,该文层次分明,逻辑紧密,环环相扣,材料丰富,情感饱满,文辞优美,思想动人。首段巧妙地自日本人等"他者"的声音提出疑问"我中国其果老大矣乎",转而由疑问而否定,在否定中提出"吾心目中有一少年中国在!"如此开头,既完成了开头部分的结构任务,即解释选题、提出观点、引出下文,又艺术地以角度之新、情感之真、节奏之流畅紧凑为读者打开了阅读文章的情感大门,为下文以理服人做好了以情动人的重要准备。由人之老少观国之老少,得"欧洲列邦在今日为壮年国,而我中国在今日为少年国";再回溯历史,由龚自珍诗章《能令公少年行》动情地写"吾为此惧!夫以如此壮丽浓郁翙翙绝世之少年中国,而使欧西日本人谓我为老大者,何也?"以"制出将来之少年中国者,则中国少年之责任也""使举国之少年而果为少年也,则吾中国为未来之国,其进步未可量也""美哉我少年中国,与天不老!壮哉我中国少年,与国无疆"说少年中国,再由末段作者自六岁起诵读岳飞的"三十功名尘与土","至今喜读不衰",个人的、情感的、画面的、生命的、历史的结语"少年中国之少年",回环往叹,感人至深。

二、关于《天演论》的两篇文章

晚清时期,翻译对于现代汉语的建设做出了不可低估的贡献。严复先生作为中国传统士大夫翻译西书,影响极大。他在中日甲午战争之后,以其深厚的西学知识功底和饱满的社会时代家国情感开始通过译书进行思想启蒙工作,其中影响了"五四"一代的《天演论》最初于1895年出版。本节特选了桐城古文大家吴汝纶为《天演论》所作的序言和提出翻译讲求"信、达、雅"一说的出版前言《译例言》两篇文章为教学材料。

通过对这两篇从古文到白话文之过渡时期的文章的形式对比,再次认知现代文的层次清晰、逻辑严密、详略有序的结构特点,赏析结构如何指挥情感、安排材料、支撑主题。

吴汝纶先生的序,通篇一体,先序缘何撰文,因严复译书以示并求"为我序之",观书"凡赫胥黎氏之道具如此,斯以信美矣。抑汝纶之深有取于是书,则又以严于之雄于文,以为赫胥黎氏之指趣,得严子乃益明"——再从译西书一事,侃侃而谈严译之功。文章的结构自成一体,辞达意厚。相比起来,严复《译例言》则显示出明确、自觉的结构意识,由结构来架构文章,组织语句材料,读来更加明白晓畅。开篇一句"译事三难:信、达、雅"直接入题、言辞朴实、就事论事,后2—6段解释翻译过程中的三难,末"是编之译""与同学诸子相课""例言""识缘"终。

吴汝纶序《天演论》①

严于几道既译英人赫胥黎所著天演论，以示汝纶，曰："为我序之。"天演者，西国格物家言也。其学以天择、物竞二义，综万汇之本原，考动植之蕃耗，言治者取焉。因物变递嬗，深研乎质力聚散之义，推极乎古今万国盛衰兴坏之由，而大归以任天为治。赫胥黎氏起而尽变故说，以为天下不可独任，要贵以人持天。以人持天，必穷极乎天赋之能，使人治日即乎新，而后其国永存，而种族赖以不坠，是之谓与天争胜。而人之争天而胜天者，又皆天事之所苞，是故天行人治，同归天演。其为书奥赜纵横，博涉乎希腊、竺乾、斯多噶、婆罗门、释迦诸学，审同析异而取其衷，吾国之所创闻也。凡赫胥黎氏之道具如此。斯以信美矣！抑汝纶之深有取于是书，则又以严子之雄于文，以为赫胥黎氏之指趣，得严子乃益明。自吾国之译西书，未有能及严子者也。凡吾圣贤之教，上者，道胜而文至，其次，道稍卑矣，而文犹足以久；独文之不足，斯其道不能以徒存。六艺尚已！晚周以来，诸子各自名家，其文多可喜。其大要有集录之书，有自著之言：集录者，篇各为义，不相统贯，原于《诗》《书》者也；自著者，建立一干，枝叶扶疏，原于《易》《春秋》者也。汉之士争以撰著相高，其尤者，《太史公书》，继《春秋》而作，人治以著。扬子《太玄》，拟《易》为之，天行以阐，是皆所为一干而枝叶扶疏也。及唐中叶，而韩退之氏出，源本《诗》《书》，一变而为集录之体，宋以来宗之。是故汉氏多撰著之编，唐宋多集录之文，其大略也。集录既多，而向之所为撰著之体，不复多见。间一有之，其文采不足以自发，知言者摈焉弗列也。独近世所传西人书，率皆一干而众枝，有合于汉氏之撰著。又惜吾国之译言者，大抵弇陋不文，不足传载其义。夫撰著之与集录，其体虽变，其要于文之能工，一而已。今议者谓西人之学，多吾所未闻，欲瀹民智，莫善于译书。吾则以谓今西书之流入吾国，适当吾文学靡敝之时，士大夫相矜尚以为学者，时文耳、公牍耳、说部耳！舍此三者，几无所为书。而是三者，固不足与文学之事。今西书虽多新学，顾吾之士以其时文、公牍、说部之词，译而传之，有识者方鄙夷而不知顾，民智之瀹何由？此无他，文不足焉故也。文如几道，可与言译书矣。往者释氏之入中国，中学未衰也，能者笔受，前后相望，顾其文自为一类，不与中国同。今赫胥黎氏之道，未知于释氏何如？然欲侪其书于太史氏、扬氏之列，吾知其难也；即欲侪之唐、宋作者，吾亦知其难也。严子一文之，而其书乃骎骎与晚周诸子相上下，然则文顾不重耶？抑严子之译是书，不惟自传其文而已，盖谓赫胥黎氏以人持天，以人治之日新，卫其种族之说，其义富，其辞危，使读焉者怵然知变，于国论殆有助乎？是旨也，予又惑焉。凡为书必与其时之学者相入，而后其效明。今学者方以时文、公牍、说部为学，而严子乃欲进之以可久之词，与晚周诸子相上下之书，吾惧其舛驰而不相入也。虽然，严子之意，盖将有待也，待而得其人，则吾民之智瀹矣，是又赫胥黎氏以人治归

---

① 赫胥黎. 天演论［M］. 严复，译. 北京：北京理工大学出版社，2010：1-2.

天演之一义也欤!? 光绪戊戌孟夏桐城吴汝纶叙。

译例言①

译事三难：信、达、雅。求其信已大难矣，顾信矣不达，虽译犹不译也，则达尚焉。海通已来，象寄之才，随地多有，而任取一书，资其能与于斯二者，则已寡矣。其故在浅尝，一也；偏至，二也；辨之者少，三也。今是书所言，本五十年来西人新得之学，又为作者晚出之书。译文取明深义，故词句之间，时有所颠倒附益，不斤斤于字比句次，而意义则不倍本文。题曰达旨，不云笔译，取便发挥，实非正法。什法师有云：学我者病。来者方多，幸勿以是书为口实也。

西文句中名物字，多随举随释，如中文之旁支，后乃遥接前文，足意成句。故西文句法，少者二三字，多者数十百言。假令仿此为译，则恐必不可通，而删削取径，又恐意义有漏。此在译者将全文神理融会于心，则下笔抒词，自善互备。至原文词理本深，难于共喻，则当前后引衬，以显其意。凡此经营，皆以为达，为达即所以为信也。

《易》曰：修辞立诚。子曰：辞达而已。又曰：言之无文，行之不远。三者乃文章正轨，亦即为译事楷模。故信、达而外，求其尔雅。此不仅期以行远已耳，实则精理微言，用汉以前字法、句法，则为达易；用近世利俗文字，则求达难。往往抑义就词，毫厘千里，审择于斯二者之间，夫固有所不得已也，岂钓奇哉！不佞此译，颇贻艰深文陋之讥，实则刻意求显，不过如是。又原书论说，多本名数格致及一切畴人之学，倘于之数者向未问津，虽作者同国之人，言语相通，仍多未喻，矧夫出以重译也耶？

新理踵出，名目纷繁，索之中文，渺不可得，即有牵合，终嫌参差。译者遇此，独有自具衡量，即义定名。顾其事有甚难者，即如此书上卷导言十余篇，乃因正论理深，先敷浅说，仆始翻"卮言"，而钱塘夏穗卿曾佑病其滥恶，谓内典原有此种，可名"悬谈"。及桐城吴丈挚甫汝纶见之，又谓"卮言"既成滥词，"悬谈"亦沿释氏，均非能自树立者所为，不如用诸子旧例，随篇标目为佳。穗卿又谓：如此则篇自为文，于原书建立一本之义稍晦。而悬谈、悬疏诸名，悬者玄也，乃会撮精旨之言，与此不合，必不可用。于是乃依其原目，质译"导言"，而分注吴之篇目于下，取便阅者。此以见定名之难，虽欲避生吞活剥之诮，有不可得者矣。他如物竞、天择、储能、效实诸名，皆由我始。一名之立，旬月踟蹰，我罪我知，是在明哲。

原书多论希腊以来学派，凡所标举，皆当时名硕，流风绪论，泰西二千年之人心民智系焉，讲西学者所不可不知也。兹于篇末，略载诸公生世事业，粗备学者知人论世之资。

穷理与从政相同，皆贵集思广益。今遇原文所论，与他书有异同者，辄就谫陋所知，列入后案，以资参考。间亦附以己见，取《诗》称嘤求，《易》言

---

① 赫胥黎. 天演论[M]. 严复, 译. 北京：北京理工大学出版社, 2010: 5-6.

丽泽之义。是非然否，以俟公论，不敢固也。如曰标高揭己，则失不佞怀铅握椠，辛苦迻译之本心矣。

是编之译，本以理学西书，翻转不易，固取此书，日与同学诸子相课。迨书成，吴丈挚甫见而好之，斧落征引，匡益实多。顾惟探赜叩寂之学，非当务之所亟，不愿问世也。而稿经沔阳卢君木斋借钞，劝早日付梓。邮示介弟慎之于鄂，亦谓宜公海内，遂灾枣梨，犹非不佞意也。刻讫寄津覆斠，乃为发例言，并识缘起如是云。

光绪二十四年岁在戊戌四月二十二日严复识于天津尊疑学塾

三、重视开头与结尾

对于文章写作来说，开头与结尾具有结构的重要意义，承担着打开与完结文章的结构责任。事实上，文章的开头部分决定了文章写作的角度、如何切题，同时还定型了全文的叙事节奏，甚至语言风格，整体显示作者作文时的文韬武略。从文章接受的角度来说，开头部分影响着读者的阅读兴趣。开篇如何接住标题，如何起承转合引出文章主题，既是作文的技巧和艺术，也事实上影响着文章的阅读和接受效果。赏析那些看似平易朴素，实则能够很好地激发读者阅读兴趣，逐字逐句地留住读者，引领读者的目光去追寻行文旨要的文章开头。文章的结尾包括内容和思想两方面。内容的结尾就是在层次段落的组合安排中信息完结，它需要做到能够在这一系列的句子、材料和情感层面全部完结。更难能可贵的是思想的结尾。一篇文章从观点立论、材料导入、文辞说理、情感交融，它本身就具有了生命的形式，于是一篇好的文章应该有生长性，不能仅仅满足于主旨，应该有对主旨的深化能力，能够在思想上面对主旨有新的掘进，取得思想上的意义。正如鲁迅先生的《祝福》一文，其开头"就托出他沉吟思考的人生根本问题，即祥林嫂所探寻的'人死后有没有灵魂'"，而结尾"似乎松了一口气：'我在这繁响的拥抱中，也懒散而且舒适，从白天以至初夜的疑虑，全给祝福的空气一扫而空了，只觉得天地圣众歆享了牲醴和香烟，都醉醺醺地在空中蹒跚，预备给鲁镇的人们以无限的幸福。'其实颇具讽刺意味"。[①]

本讲小结

本讲通过从现代汉语的建设角度再思现代汉语文章，以讲清、说透、换位导向，赏析五篇范文，学习文章开头和结尾的书写艺术。

课后练习

请就本讲所涉及的教学文章，择其中一到两篇，评析其开头和结尾。

[①] 黄乔生. 1924：流离者鲁迅的"彷徨"[N]. 文艺报，2024-05-20.

写作与表达十二讲

知识拓展

为人民服务

我们的共产党和共产党所领导的八路军、新四军,是革命的队伍。我们这个队伍完全是为着解放人民的,是彻底地为人民的利益工作的。张思德同志就是我们这个队伍中的一个同志。

人总是要死的,但死的意义有不同。中国古时候有个文学家叫做司马迁的说过:"人固有一死,或重于泰山,或轻于鸿毛。"为人民利益而死,就比泰山还重;替法西斯卖力,替剥削人民和压迫人民的人去死,就比鸿毛还轻。张思德同志是为人民利益而死的,他的死是比泰山还要重的。

因为我们是为人民服务的,所以,我们如果有缺点,就不怕别人批评指出。不管是什么人,谁向我们指出都行。只要你说得对,我们就改正。你说的办法对人民有好处,我们就照你的办。"精兵简政"这一条意见,就是党外人士李鼎铭先生提出来的;他提得好,对人民有好处,我们就采用了。只要我们为人民的利益坚持好的,为人民的利益改正错的,我们这个队伍就一定会兴旺起来。

我们都是来自五湖四海,为了一个共同的革命目标,走到一起来了。我们还要和全国大多数人民走这一条路。我们今天已经领导着有九千一百万人口的根据地,但是还不够,还要更大些,才能取得全民族的解放。我们的同志在困难的时候,要看到成绩,要看到光明,要提高我们的勇气。中国人民正在受难,我们有责任解救他们,我们要努力奋斗。要奋斗就会有牺牲,死人的事是经常发生的。但是我们想到人民的利益,想到大多数人民的痛苦,我们为人民而死,就是死得其所。不过,我们应当尽量地减少那些不必要的牺牲。我们的干部要关心每一个战士,一切革命队伍的人都要互相关心,互相爱护,互相帮助。

今后我们的队伍里,不管死了谁,不管是炊事员,是战士,只要他是做过一些有益的工作的,我们都要给他送葬,开追悼会。这要成为一个制度。这个方法也要介绍到老百姓那里去。村上的人死了,开个追悼会。用这样的方法,寄托我们的哀思,使整个人民团结起来。

【资料来源:毛泽东.毛泽东选集(第三卷)[M].北京:人民出版社,1991:1004-1005.】

第五讲

主　题

【教学目标】通过本讲学习，学生能了解主题的定义与特点、主题的作用、主题形成的过程；掌握主题的提炼，明确主题的要求，学会主题提炼的方法，如归纳概括、追根溯源、纵横联系、对比联系、逆向思维等；在生活、学习和调研活动中，悉心感悟，勤于思考，凝练深刻、鲜明、新颖独特的主题。

案例导入

朱自清在散文《背影》中如此写道：

（开头）"我与父亲不相见已二年余了，我最不能忘记的是他的背影。"

（结尾）"我北来后，他写了一信给我，信中说道，'我身体平安，惟膀子疼痛利害，举箸提笔，诸多不便，大约大去之期不远矣。'我读到此处，在晶莹的泪光中，又看见那肥胖的，青布棉袍，黑布马褂的背影。唉！我不知何时再能与他相见！"[1]

《背影》短小得只有千余字，却给读者留下了深刻印象。全篇自始至终在刻画"背影"里的父爱，字里行间渗透着父亲对儿子仁慈的至爱和儿子对老父无限眷恋的深情，父子之爱、人间亲情的主题感人至深。主题是文章内容的主体和核心，是写作构思的中心环节。唐代诗人杜牧在《答庄充书》中主张："凡为文以意为主，以气为辅，以辞彩章句为之兵卫。"[2] 清代剧作家、戏剧理论家李渔在《闲情偶寄》中谈到戏剧创作时说："古人作文一篇，定有一篇之主脑。主脑非他，即作者立言之本意也。"[3] 这些观点都明确地阐述了主题在写作中的重要作用。

---

[1] 朱自清. 朱自清经典散文 [M]. 济南：山东文艺出版社，2018：23-25.
[2] 任继愈. 中华传世文选　文苑英华选 [M]. 长春：吉林人民出版社，1998：519.
[3] 李渔. 闲情偶寄 [M]. 诚举等，译注. 昆明：云南大学出版社，2003：9.

第一节  主题的特点、作用与形成

主题是写作者在说明问题、发表主张或者反映生活现象、抒发情感时通过全部文章内容表达出来的基本观点、中心思想或某种情感。写作者写作都有明确的目的，或表达对人与事物的看法，或抒发对某种生活现象的感想与情感，总之有一种要表达出来的强烈欲望，就写作动机来说就是有感而发，告诉读者其观点是拥护还是反对、是爱还是恨、是肯定还是否定等，这种贯穿在文章中集中反映与表达的意见、思想就是主题。主题是写作者审慎严谨的思维成果，是写作者通过对现实生活的观察体验和研究、对材料的严格分析而总结提炼的思想结晶，是对生活的评判、对理想的表现，反映了写作者的现实生活认识、价值判断与美学理想。

一、主题的特点

不论何种写作文体，其主题都有相似的特点，总结起来主要有以下几点。

（一）客观性

人类的情感和感受来自客观世界，主题也是如此。主题不是随心所欲、随意产生的想法，而是在写作者对日常生活的长期认识与了解中产生的，是从积累和选择的全部材料中提炼而成的，是这些生活材料反映在写作者头脑中所产生的某种思想、观念或者情感等。这些材料来自客观生活，并借助于材料表现，主题的形成与表达显然受到生活与材料的制约，因此主题具有客观性。

（二）主观性

文章的主题虽然来自客观的社会生活，但社会生活本身不能直接成为文章的主题，而是必须经过写作者的主体思考和分析。写作者在提炼主题的过程中表达的观点和情感，必然受到其人生观、价值观、世界观的影响与制约。即使面对同样的素材，不同的写作者，由于思想观点不同，对问题的思考角度不同，提炼出的主题也会不同。也就是说，主题的提炼和形成，始终受写作者的思想观念与主观感情的制约，具有主观性。

（三）时代性

任何生活都是特定时代的生活，任何一篇文章都是时代的产物，主题作为社会生活在写作者思维过程中反映的产物，同样具有时代性的特征。白居易在《与元九书》中说："文章合为时而著，歌诗合为事而作。"任何写作者，总是生活在特定的时代，其对事物、人生和世界等的诸多看法不可避免地具有时代特征，这些时代特征也自然反映到写作中，影响写作者对主题的选择和提炼。而每个时代都有其不同于其他时代的独特社会风貌，有其需要解决的各种问题与矛盾，作为反映现实生活的作品自然也会被打上时代烙印。即使是历史题材的写作，写作者也会在其中渗透当代意识，借古说今、以古鉴今，给文章打上鲜明的时代烙印。

二、主题的作用

(一) 主题是文章的灵魂

中国古代文论中所主张的"以意为主""立意为宗""意在笔先"等，其总体精神都是突出强调主题在文章中的重要地位和主导作用。主题如同人之灵魂，人有了灵魂，才有活力；文章有了主题，才有神采。没有好的主题，文章就成了一堆毫无意义的辞藻的堆砌；没有好的主题，材料再多、语言再精妙绝伦也显得空洞，因为缺少主宰全部内容的思想核心；没有好的主题，再好的表达也失去了评价的标准和价值。因此，在写作过程中，我们需要重点考虑文章的主题。

(二) 主题是文章的"统帅"

王夫之非常强调主题的作用，他在《姜斋诗话》中说："无论诗歌与长行文字，俱以意为主。意犹帅也，无帅之兵，谓之乌合。"① 没有统帅，士兵不管如何骁勇善战，都是一帮乌合之众，无法打胜仗。军队统帅的作用就是运筹帷幄，指挥驾驭全局，整合精兵强将。文章的主题就如同军队的统帅，安排结构、取舍材料、选择表达方式、运用语言等写作环节都必须服从于主题的指挥和调遣，围绕着主题的需要而发挥作用。没有主题，构成文章的这些因素便失去了必要的依据。纲举目张，确定了主题就能贯通文章首尾，统帅全篇。

三、主题的形成

主题来源于写作者对现实生活的感受和认知。主题的形成离不开现实生活，它经历了一个从认识生活到反映生活的过程。在此过程中，现实生活和写作者是决定主题形成的两个非常重要的因素。如果没有丰富的现实生活，写作者就无法发现和提炼出深刻的主题；而如果没有写作者，多彩的现实生活便埋没于尘世之间，无法转化为精彩的书面表达，更不会深化为深刻的主题思想。

作家莫言在2012年诺贝尔文学奖授奖仪式上发表的演讲中以其小说《生死疲劳》为例，论及了主题形成和生活积累的紧密关系。

> 我对佛教经典并没有深入研究，对佛教的理解自然十分肤浅，之所以以此为题，是因为我觉得佛教的许多基本思想，是真正的宇宙意识，人世中许多纷争，在佛家的眼里，是毫无意义的。这样一种至高眼界下的人世，显得十分可悲。当然，我没有把这本书写成布道词，我写的还是人的命运与人的情感，人的局限与人的宽容，以及人为追求幸福、坚持自己的信念所做出的努力与牺牲。小说中那位以一己之身与时代潮流对抗的蓝脸，在我心目中是一位真正的英雄。这个人物的原型，是我们邻村的一位农民，我童年时，经常看到他推着一辆吱吱作响的木轮车，从我家门前的道路上通过。给他拉车的，是一头瘸腿的毛驴，为他牵驴的，是他小脚的妻子。这个奇怪的劳动组合，在当时的集体化社会里，显得那么古怪和不合时宜，在我们这些孩子的眼里，也把他们看成

---

① 张葆全，周满江. 历代诗话选注 [M]. 桂林：广西师范大学出版社，2020：229.

是逆历史潮流而动的小丑，以至于当他们从街上经过时，我们会充满义愤地朝他们投掷石块。事过多年，当我拿起笔来写作时，这个人物，这个画面，便浮现在我的脑海中。我知道，我总有一天会为他写一本书，我迟早要把他的故事讲给天下人听，但一直到了2005年，当我在一座庙宇里看到"六道轮回"的壁画时，才明白了讲述这个故事的正确方法。①

在小说《生死疲劳》中，一个被冤杀的地主经历了六道轮回，变成驴、牛、猪、狗、猴，最后终于又转生为一个带着先天性不可治愈疾病的大头婴儿。这个大头婴儿滔滔不绝地讲述着他身为畜生时的种种奇特感受，以及地主西门闹一家和农民蓝解放、蓝脸一家半个多世纪生死疲劳的悲欢故事。小说透过各种动物的眼睛，观照并体味了五十多年来中国乡村社会的庞杂喧哗、充满苦难的蜕变历史。从莫言的演讲中可知，这部带有超现实主义色彩的小说主题也是来源于写作者对生活的悉心观察和用心感悟。

写作主题的形成大致可以分为三个阶段：第一，写作者对生活有所感悟，激发写作冲动。第二，通过初步的观察分析，写作者对生活中的某个事件或现象的意义形成认识，由感性认识上升到理性认识，产生了初步的主题。第三，写作者反复观察、分析研究，经过严谨的思维过程，形成鲜明的主题。具体来说，主题的形成主要有两种情形。

（一）主题在长期的生活经验中逐步孕育

小说、诗歌、散文、戏剧和影视剧本写作中，主题的产生多数是长期的生活经验的积累。写作者受生活中的某些人或某些事的触动，有了创作的冲动，于是搜集与调动深藏在记忆中的所有感性及理性材料，或者深入观察、体验生活，获取丰富的材料，再对材料进行分析归纳，逐步形成深刻严谨的理性认识，写作主题便随之产生。主题作为一种思想和观念，它的产生不是突然间无中生有的，而是经历了一个逐步酝酿的过程，它产生于对生活的观察和体验，产生于对日常生活事实的认识和理解，是写作者在长期的生活实践中对无数的生活现象进行分析取舍，从众多的感性材料中逐步概括、提炼出理性思想，再将这种思想通过书面形式表现出来的，是生活积累的结晶。所以，优秀的作家总是极其重视生活，重视生活体验，将其视为写作的重要源泉而推崇备至。主题从生活经验中产生又有两种不同的情况。

1. 经历了人生后的写作

写作者首先对生活有长期的体验和认识，但不是所有的生活现象都能给予写作者以思想启迪而形成主题，只有写作者对现实生活中的某个方面有所触动，有了某种"顿悟"或"灵感"，产生了深刻的感受和认识，而有了写作的冲动，试图进行表达，这时才开始了主题的提炼。主题来源于现实生活，主题的提炼来自写作者对生活深切的感受和体会，也可以说是现实生活给予了写作者某种明确的启示或者形象的暗示。许多作家都是在经历了丰富人生后开始文学创作生涯的，或者因为人生经验而触发写作灵感。巴金生长在封建大家庭，对封建家族堕落腐朽的生活和专制的家长制深有感触，因此他的《家》才体现出那么强烈的社会批判性。苏童在《水缸里的文学》中说："我一直相信，

---

① 朱振武，谷恒恒.影响中国的演讲[M].沈阳：辽宁人民出版社，2019：80-81.

所有成人一本正经的艺术创作与童年生活的好奇心可能是互动的。"[1] 自述其文学梦来自幼年时打开家中水缸时的无限遐想。经历了人生后的写作，主题的形成往往是由于某种情绪或情感的触发，或者是灵感所至，写作者的写作便体现为文思如泉涌、流利顺畅、一气呵成，文章也会因为发自内心的真诚、真实而打动人。但应该注意的是，由于写作时写作者被强烈的情感控制，因此需要一定的理性制约，尤其是要注意避免引发道德和法律上的困扰。

2. 为写作而体验人生

在写作经历中常常出现这种情况：随着写作技艺和心智的成熟，写作者对人生的思考与认识越来越深刻，对社会与世界的剖析也越来越清晰深入，因此，往往在进行人生思考的同时有意识地从生活中观察现象和寻找答案。为了写作而体验人生常常是作家感悟生活、思考人生、提炼思想的方式方法。例如，余秋雨的散文写作许多都是文化思考的成果，对民族文化的认识和思考来自作者对许多文化遗产和名胜古迹的理解和感悟，这种感悟又因为人生经验包括踏足文化遗迹、亲手触摸文化珍品而得到深化和提升。以其代表作散文集《文化苦旅》为例，余秋雨的文化思考集中于"文化良知"这个主题，执着于文化追寻、反思批评。他带着思考走遍全国，寻访各地历史遗迹和名山大川，流连于成都都江堰、敦煌莫高窟、宁波天一阁等，与苏东坡、范钦等文化名人发生心灵交谈，从沉寂的山水间和游人如梭的名胜古迹中拼接起文化碎片，从历史遗迹的表层深入下去，聚焦表象背后深厚的文化内涵和底蕴，凭借山水风物来寻求文化灵魂和人生真谛，探索中国文化的历史命运和中国文人的人格。为写作而体验人生，其主题的形成往往经过了写作者认真缜密的理性思考过程，在理性升华中，作品的主题表达严谨、庄重、严肃，理性色彩浓厚。需要注意的是，写作主题终究是对生活的理性总结，在再现生活时一定要将这种理性认识融会于具体的感性材料中，因此不应只把写作当作图解观念而使其失去文学美感。

(二) 主题在充分的调查研究后产生

在新闻、政论、报告文学、调查报告、学术论文等文体的写作中，产生的主题多数是调查研究的结果。在这些写作目标比较明确的文体写作中，写作者先领了写作任务，或者是对某件事或某人产生兴趣，但并不熟悉具体情况，也没有形成清晰的观点思路，更谈不上确立了鲜明的主题思想，最多只是初步的主题与写作设想。写作者需要通过深入调查采访，收集积累丰富的材料，在对材料进行归纳整理与研究、分析比较后，逐步形成深刻的认识和明确的主题。在这个过程中，主题的产生是逐步酝酿、不断修正深化的，其产生的基础就是写作者收集的全面丰富、客观真实地反映了事件与人物全貌的材料。此类文体主题的深化也必须在深入体验生活，进行广泛调查后才能做到。主题是思想、情感，但它不是外在的游离于材料之外的东西，不是写作者随心所欲可以判定、可以人为粘贴的东西，也不是写作者单纯主观意念的产物，主题思想的产生是一个漫长的过程，而且受到具体的社会现实的影响。

不管主题是在生活经验中孕育还是在调查研究后产生，写作者都必须对社会现实生

---

[1] 苏童. 水缸里的文学 [J]. 新作文 (高中版), 2018 (10): 44-45.

活有丰富的认识，才能保证主题的形成。写作是对现实生活的反映，而现实生活是写作的源泉，这是生活和写作的辩证关系。深入体验生活、分析调研生活，可以为写作提供丰富的材料，为主题的产生提供坚实的基础。

第二节　主题的提炼

在写作实践中常常出现立意不正确、主题不突出的问题，主要表现为：就事论事，只依据事物的表面现象确定主题而忽略本质问题；孤立地考虑典型本身而忽略其普遍意义；以偏概全，视个别现象为典型，从而得出错误结论；主题过大但材料单薄，内容空洞无物；主题过宽而材料庞杂，内容臃肿杂乱；等等。产生这些现象的原因主要是主题的提炼不准确、不深刻。

一、确立主题的要求

（一）正确深刻

文章的成功与否，首先在于主题是否正确，其次是主题是否鲜明深刻。主题正确、深刻与否，是文章有无价值、价值高低的关键。文章写作应准确揭示客观事物和社会生活的本质和规律，要符合科学规律，要经得起实践的检验，同时抒发积极的思想和健康的情怀。一篇文章，如果其主题没有任何积极的有益于社会的意义，那很难成为好文章。主题正确是对提炼和表达主题最基本的要求，因为我们把文章看作精神食粮，是可能会影响他人的，因此必须起到有益于社会的积极作用。主题是写作者对客观事物的反映和认知，是否正确的关键是写作者的思想认识水平如何。因此，写作者的世界观和美学思想对作品的思想境界有着非常直接的影响。

主题深刻是在正确的基础上提出的更高的要求。写作时绝不能就事论事，而要透过现象看本质，要准确反映生活的本质和内在规律，揭示事物所蕴含的深刻思想。要提炼出深刻的主题，写作者就应提高对生活的认识能力和感悟能力，锻炼独特敏锐的眼光和远见卓识，学会从现象入手深入挖掘本质。客观事物具有复杂性和多样性，其本质是通过无数外在现象从不同的方面展现出来的，也就是说，事物的外在现象是其本质的外在表现，本质则往往会被一些表面现象掩盖。我们认识事物就要见微知著，深入理解认识事物的本质，这样才能深刻了解和准确把握其内在规律。

不同的文体对本质的深入挖掘也有不同特点。如以写人为主的文章，一般要着力于人物思想性格的发掘，从描述人物的言行举止中寻找到支配人物行为的思想亮点和行为制高点，因为它是人物全部活动的动力和行动核心。以叙事为主的文章，一般要努力反映事件蕴含的深刻思想意义，力图从事件所体现出的各种思想意义中寻找到最典型深刻同时也最能感动人的那个思想意义，因为它代表了事件的本质。以议论为主的文章，要着眼于对事物的全面剖析，从一系列的矛盾中寻找到具有决定和支配作用的主要矛盾，抓住了关键问题才能做出正确判断，才能准确把握全局进而解决问题。写景状物的文章，要将无生命的客观景物与写作者的主观情感完美融合，在写景的基础上深入挖掘此时此地的主观情感，使客观的景物灵性化和寓意化，达到情景交融的艺术境界。

　　此外，提炼主题时应注意揭示问题产生的原因。任何事物的产生发展和消亡都有其规律性，事物发展变化的根本原因在于事物内部的矛盾性，事物发展总有其特定的原因和必然的结果。在写作时，要学会分析因果关系，学会揭示问题产生的原因，这样才能使文章的立意深刻透彻。提炼主题时还应注意事物之间的联系与相关性，应开放思路，不能仅仅围绕某个人或某件事，而是要突破事物的局限性，突破传统思维，将它放到一个更大更全面的思维环境中去认识和理解，将它与众多的事物相比较，以寻找其典型意义和认识意义。这种认识事物的方法被称为宏观思维，这样对事物的认识才更加全面，也更加深刻。如学生习作《在"惯常"中发现"异常"——基于社会学两个问题的自我剖析》中，学生基于《社会学的邀请》序言中的问题"为什么我会照我想的那样去想？为什么我会按我做的那样去做？"展开自己的思考，重新开始审视自身。以正面和负面影响论证"环境"的影响是巨大的。学生以自己的成长环境论述自身局限性，论述过程中从个人到教育体制再到现代女性的立场，呈现出作者的思维深度。"也可能，环境没有那么重要，重要的是要怀有对生活的质疑，怀有探索开篇两个问题的决心——这是我们自己对生活的回应。"展现问题的复杂性和多样性，不再单一化。"感谢教育，让我这样的愚昧无知者意识到这两个问题，从而由被动向主动地展开思考与剖析，在'惯常'中发现'异常'，并相应地做出我所能做的更好的选择。"这样的结尾凸显主题愈加深刻而全面。

（二）鲜明集中

　　主题鲜明是指主题应清清楚楚、毫不含糊，对于是赞成还是反对、是正确还是错误等，写作者都应该有确定的立场、明确的态度。议论文体的这个特点尤其突出。主题鲜明是议论文体的写作特点，也是基本要求。议论文体要直截了当地表明观点，并且用所有材料为立论服务，以证明观点正确，容不得半点马虎，模棱两可、吞吞吐吐都是不可取的。调查报告也需要在主题交代上尽可能明晰。一篇调查报告，如果提出了某些问题，却未探讨产生问题的起因与症结，也未提出解决问题的方法，那么就是观点不鲜明、主题含糊不清的。文学性作品的情况则不太一样，它是用塑造艺术形象和叙述事件的方法含蓄而巧妙地表现主题，写作者不应该直接提出和阐述主题、直接表明情感倾向，而是应该把它们巧妙地寓于人物的刻画、故事的讲述和情节的设置之中，形成主题含蓄的特点。主题含蓄不等于无主题或主题含糊，而是要通过形象、事件来表达观点，所以作品的主题有时会引起读者的争论，这是由文学本身的特点决定的。主题是透过艺术形象来含蓄表现的，而且由于读者的性别、年龄、教育背景、生活经历等各异，其对作品主题的体会和感受自然会有差异，便会形成主题理解的多义性。有时候，文学作品探讨的问题既广泛又深刻，常常会在作品中给读者留下许多思索和疑惑，有时作品未必一定要给人物和故事找到出路或结局，有时作品所探讨的问题同时也是现实中人们正遭遇或热议的问题，自然无法给出一个准确的答案。所以，作品有时只是提出和探讨问题，让读者自己去分析和判断，这样就形成了具有开放意义的想象空间，使作品在理解上具有多义性。其实，这种赋予读者无限想象的多义性恰恰是文学性的突出表现。

　　主题集中指文章要围绕主题阐述，重点突出。如同人只能有一个灵魂，军队只能有

写作与表达十二讲

一个统帅，一篇文章也只能有一个主题，表达一个中心思想。"立意要纯一而贯摄"①，就是说文章要重点突出，只有一个主题贯穿文章首尾。如果文章有多个主题，势必造成有多个中心，而这样就等于没有中心、没有主题。失去了灵魂的中心作用，文章自然就成了一盘散沙，失去了生命力。主题集中首先要做到只有一个主题，这样容易聚焦中心。一个主题表达透彻，把道理说深讲透，使写作者的意图明确凸显，也使读者印象深刻。其次要注意主题的范围，主题表达要适当，不能太大太宽或太窄太小。有些鸿篇巨制内容复杂，作者表达的观点也不止一个，但这并非多主题，因为作品中始终只有一个占主导地位的主题，其他一个或多个观点都围绕这一主题而展开，并且为其服务。要做到主题集中，首先要在动笔前认真构思，对谋篇布局做整体的考虑，尤其要想清楚文章想表达什么。选择并确定主题后进行材料取舍、结构安排、语言表达等具体写作。在文章完成后要认真检查修改，看看想要表达的主题是否清晰明确，是否有与主题无关的内容，是否写成了流水账。如学生习作《在易反转的社会舆论下保持理性》认为："社交媒体的环境不仅给频繁的新闻反转提供了土壤，同时还强化了新闻反转所造成的伤害。其主要表现为网暴对象的瞬间转变，而网暴带来的伤害却无法被转移。"进而提出"我们要做的便是让语言恢复它真正的分量，而不是成为廉价而快捷的，标榜自身、碾压他人的工具。一旦我们急于在公共舆论中表明立场，我们便认定了事情本身泾渭分明，继而不得不忽视了其中尚未被看到、被讨论的内在性，阻绝了将讨论继续深化的可能"，并总结出"喧嚷的大众舆论里给不了我们答案，里面都是和我们一样迷茫的寻路人，唯有理性思考才禁得住时间的敲打，变成我们宝贵的经验"的结论。全篇思路清晰、态度鲜明、紧密围绕主题展开论述。

（三）新颖独特

写作贵在创新，有新意、有创意。不发现新问题，不提出和解决新问题，文章也就失去了价值，拾人牙慧永远写不出好文章。韩愈在《答李翊书》中说"惟陈言之务去"，要走自己的路，说自己的话，这样写出的文章方能给人以新鲜的生活感受和教益。写作是具有独创性的个体行为，新颖是文章的生命。主题新颖的基础是写作者打破习惯性思维和集体思维，不满足于现成的或权威的答案，对事物具有独到深刻的认识。诸葛亮是家喻户晓的历史人物，他的形象已经成为一种符号，成为智慧和贤德的象征，人们的这种印象更多的是受到小说《三国演义》的影响。剧作家魏明伦在创作川剧《夕照祁山——诸葛亮与魏延的传奇》时便对这种习惯性思维发出了挑战："我们何妨大胆再创造。试将诸葛亮请下神坛，拨去妖雾，挥笔写人，颂其美德，揭其弊病，哀其苦衷，展示一代贤相暮年晚景的复杂性格和悲剧成因。"② 在剧中，作者将诸葛亮这尊"神"请回人间，重新还原成一个人，在充分肯定他的忠臣品德、善于用兵的智慧之外，更重要的是通过他的失误揭示他的悲剧性格和悲剧命运，并探讨其失误的主观因素和客观原因，从透视真实历史的角度拷问历史人物，以理性独立的眼光探讨历史人物的真实面貌。主题新颖独特，在于视角独特，只有视角独特，才能够发现独特的问题，有了新的

---

① 刘熙载. 艺概·经义概 [M]. 上海：上海古籍出版社，1982：182.
② 魏明伦. 魏明伦戏剧（上）[M]. 成都：四川文艺出版社，2018：2.

认知价值，就能吸引读者的注意力。主题缺乏新意，其实是写作者丧失了敏锐的发现新意的眼光，文章也就难以创新。文章还要符合社会发展的趋势，要积极表现社会主题，注意体现时代的发展特征和潮流趋势。当然，求新不等于猎奇，还是要研究生活、努力思考，从生活中寻找新思想、新思路。

写作领域有很多题材，其中一部分题材已经成为人们熟悉与常用的主题思维，因此，突破人们熟悉的习惯思维模式，就成为增强创新意识的一个课题。亲情是写作中永恒的主题，学生大多二十岁出头，也未曾经历过生离死别，在亲情这个已经被各种文艺作品广泛涉及的领域便很难别出新意。如学生习作《祖父与〈从军行〉》是众多写亲情的文章中颇具新颖性的一篇。这篇文章的作者没有花费大量篇章写自己与祖父之间的故事，而是以杨炯的名作《从军行》为主题，塑造了年轻时当过兵，退伍后扛起家里的重担，开始了日出而作、日落而息的农民生活的祖父形象。幼时，"农民伯伯们常吟着：'谁知盘中餐，粒粒皆辛苦'……可他却总在傍晚时口中念念有词，反反复复念叨着几句话，抑扬顿挫，又夹杂着轻轻的叹息：'烽火……牙璋……凤阙……百夫长……'我完全不解其意，挠挠头，却不敢上前询问"。后来，上小学后，祖父将这首诗写给似懂非懂的作者。再后来，作者在学生时期学到这首诗，认为祖父大概是想起他曾经当兵的日子，直到祖父两眼放光地拿走作者军训时发放的迷彩服，"我忽然想起祖父朝着家里'光荣人家'的奖牌立正敬礼的样子，我似乎明白了什么"。作者意识到祖父深爱这首诗，是因为他与杨炯境遇相似。"杨炯写下故事，祖父念起故事，隔着千年，情思牵起共鸣；隔着千年，举酒遥相回应。时隔多年，我终于看清了。"文章用学生慢慢懂得祖父的理想与抱负代替简单的祖孙亲情，又用《从军行》贯穿始末增添独特的文学性。"没有烽火，没有铁骑，我没有从军行，我只是一介书生。所幸，叶嘉莹先生有云：'书生报国成何计，难忘诗骚李杜魂。'愿我虽为书生，仍能作溪流如海，为山河锦绣贡献力量。"这样的结尾又将亲情上升到一种传承的精神，兼具家国情怀和社会价值。

二、如何提炼主题

（一）正确概括全部材料的思想意蕴

此要求包含了"全部材料"与"正确概括"这两个重要因素，正确、充分地考虑这两点就可以保证主题提炼的准确性和深刻性。提炼就是将大批原料经过挑选、熔炼之后提取出有用的精华部分。没有矿石就谈不上冶炼金属，同理，提炼主题也离不开我们收集和积累的全部材料。主题的产生根源是我们对生活与材料的认识，而强调"全部材料"是因为这是"正确概括"的前提。必须全面收集、积累材料，分析研究全部材料的客观意义，这样才能确保完整认识和理解事物与社会现象，从而避免主题的提炼和阐述出现片面性、主观性的问题。在对全部材料正确理解与认识的基础上，还应该充分调动自身的学识修养，深入事物本质，进一步发挥主观能动性，对材料的内涵本质和思想意义进行准确的概括和正确的开掘提炼。主题是潜藏、寓含在全部材料或题材中的，作者要理解消化、准确地捕捉概括出来。提炼主题是对生活认识的深化与提高，是对材料的正确理解和深入挖掘，材料研究透了，主题的表现也就容易多了。以2022年中国新闻奖获奖作品通讯报道《煤炭问题调查》为例。记者经过多方面的走访、调查、研究和资料整理，客观理性地分析了煤炭价格波动所暴露出的煤炭行业长期存在的煤炭生产与消费逆向分布不平衡、煤炭效率水平不平衡、市场结构不平衡等诸多问题，指出了能源转型必须直面的矛盾：不断攀升的用能需求与环境约束之间的矛盾，高质量清洁能源需求与低质量化石能源供给之间的矛盾，从而提出了煤炭产业的未来在于清洁利用、构建新型能源系统的建议。因为记者对于"燃煤之急"相关现象进行了充分调研、取证，拥有了丰富的佐证材料，并进行了准确概括和深入分析，言之有物、言之有理，其结论具有说服力。主题来自写作者对生活现象的感受，离开了全部生活事实的基础，也就失去了提炼主题的依据。主题是对全部事实材料所显示出来的思想意义的完整正确的概括。从这个意义上说，我们应该尽可能多地积累材料，对其进行深入的研究，从中引导出正确的符合客观实际的而不是主观臆测的结论即主题。

（二）发掘事物本质、把握个性

提炼主题就是对写作材料去粗取精、去伪存真，由表及里地挖掘事物的最本质意义，这种挖掘带有一定的层次性，也符合我们认识事物的过程，我们所要做的是不断透过现象深入本质，突破对事物浅层次的认识，以准确地达到对事物内部规律全面完整的认识高度和最深层次的探究。抓住了事物的本质，就是抓住了主题。如托尔斯泰写作《复活》时，对小说主题的提炼便经历了步步深入直到准确发掘事物本质的过程。触动托尔斯泰的是一起案件：一个贵族青年因为良心发现而要求和女犯人结婚。这个故事强烈地吸引了托尔斯泰，他开始了《复活》的构思和写作。起初，他决定从道德的角度挖掘主题。但是，随着构思的不断深化，托尔斯泰的认识也不断深入，于是他将主题从个人层面提升到社会层面，以这个案件故事为出发点反映整个社会的政治生活。之后，又反复多次修改主题。最后，将主题思想深度集中在批判现实生活制度，将锋芒对准了沙皇专制制度，对故事材料所呈现的本质揭示得淋漓尽致。又如学生习作《初夏》将夏天炙热的生命力与自身的成长相融合，从"忆起幼时初夏，总是给人以悠闲自在的感觉"，到"那年初夏，蝉鸣声比哪一年都要聒噪，翠绿的树叶也遮不住灼热的烈日"，再到"给生命来点激情，因为我正年轻。如同初夏一般，迎接我的将会是整个盛夏"，作者巧妙地抓住夏季的热烈点亮自己对于生活和未来的希冀，文章看似是在现实生活中遭遇挫折与怀疑，以回味自己幼时的夏天聊以自慰，却不流于大多数学生对于生活的感春怀秋和散乱无章的叙述，层层递进，使一个简单的主题萌生"夏意"的情趣。

同样重要的还有把握事物的个性特征。写人、记事、说理时也有选择角度、把握个性的问题，选择的角度就是写作者观察的方位、立足点，是写作者开掘、提炼的突破口。"横看成岭侧成峰，远近高低各不同"，写文章不可能面面俱到，所以"通过个别描写一般"是文章写作的一个基本规律，通过某个点、某人或某事来带动全面，以小见大，从典型实际出发研究典型的本质特点，用典型本身的小道理真实体现出深刻普遍的大道理，因为这个"个别"是能反映事物本质的个别，是真实的、典型的。

三、主题提炼的具体方法

（一）归纳概括法

归纳是指从一系列具体的事实中概括出一般原理。而主题提炼的归纳概括法是指作者基于一定的写作目的，在大量收集积累材料的基础上，从对个别的、特殊的材料的分析、比较和综合研究中，提炼出关于事物的一般性结论。"异中求同"是归纳概括法的基本点与核心点，要能够从众多杂乱的、表面上似乎不相关的现象或材料中寻找到相关性和共性，以发现若干材料中蕴含的具有共同本质的东西。在用归纳概括法提炼主题时，主要运用的是联想尤其是相似与相同联想的思维方法，通过感知或回忆，找到不同事物之间在性质、功能方面具有关联性的地方并将其串联起来。这类联想在古诗文中有许多，如"问君能有几多愁，恰似一江春水向东流""欲把西湖比西子，淡妆浓抹总相宜""飞流直下三千尺，疑是银河落九天"等。在写作论说性文体时，写作者常常会联系若干生活现象来证明论点，也会用以古喻今、中外对比等方法点评当今社会生活、阐述观点，这些基本都是运用了归纳概括法来提炼主题。

（二）追根溯源法

追根溯源法是指写作者对事物的认识不仅仅停留在事物的表面，对主题的提炼也不是浅尝辄止，而是学会探究事物或现象的深层原因。任何事物都有发生的原因和发展的过程，追根溯源法就是要看清事件的来龙去脉，直至切入本质，使文章主题深刻的方法。社会生活中发生的各种事件及其意义往往并非一目了然，想要让读者认识了解各种事物的本质特征，并且使文章达到良好的传播效果和社会影响，就可以采用追根溯源法，清晰完整地展现事件的真相和事实的原貌。如学生写作的《"吃瓜"者说》一文针对当下社会盛行的"吃瓜"行为发出自己的感悟："我们简单地定义'吃瓜'这个行为，显然，它早已超出了这两个简简单单的汉字所包含的意蕴。吃，是生存的最低需求。瓜，是一种富含水分的食物。两者相结合，只是人体饱腹以及补充水分的行为。可是，在时代的演化下，这个词的定义逐渐演化为人群迷恋于某个明星的某个爆炸性新闻，而对事情的后续津津有味地静观其变，甚至发表自己对其的感想与看法，并吸引更多人前来进行所谓的'吃瓜'行为。随后，便进入了一种有趣的循环，颇有昔日愚公移山子子孙孙无穷无尽也的风范。"文章没有止于对"吃瓜"现象的分析，而是更加深入地探究"吃瓜"者的心理。"其实，'吃瓜'者也不知道自己想要的是什么，或许他们享受的永远不是瓜熟蒂落后的结果，而是瓜苗逐渐生长为水分充足的瓜的过程。"随后，文章继续追根溯源，提出这个问题的本质在于流量与资本，以"笼鸟之争"暗讽"吃瓜"者与资本之间的关系。"然而在鸟儿自己的心中，他们是正义，他们是良知，他们机械地为着无数的闹剧做出自己的评判，殊不知，没有人在意他们说的，真正被在意的，是他们的时间，是他们的金钱，是他们所带来的巨大的流量效益和滚滚财源。"进而深入关于网络舆论的反思，提出："当代是信息社会，信息的便捷为我们的生活拓展了更多的空间与可能，可是信息茧房的出现，无形之中也在狭隘自己的认知，缩减自己认识的能力与勇气。"并尝试提供积极的建议："对于当今信息社会的大潮，这是时代的脚步，无法避免。我们所能做的，只不过是让那层包裹着你的茧房，包含着更多的、有益于身心的信息。"全篇层层深挖，不流于表象问题，体现出思考的深度。

（三）纵横联系法

纵横联系法就是找到事物的时空关系，即事物现状与历史之间（纵向）、事物和与它相邻或相关事物之间（横向）的联系，通过纵向与横向的联系对照来清晰地凸显事物的个性特征和深层意义。任何事物都不是孤立地存在于世的，它总是一定的历史或现实的产物，与其他事物有着千丝万缕的联系。如果只是单纯地就事论事，便很难发现事物的真实意义。如果把事实或现象放在一定的历史背景和现实的大环境中去考察，并注意考察同类的事物或现象，则有价值和意义的主题便应运而生。在纵横联系法中，主要运用的是多角度联想的思维方法，这是一种综合思维方式。客观事物具有多面性，人们认识事物的观点、方法等不尽相同，对主题或材料的思考常常也具有多义性，对一则材料或一个问题产生多种理解，所以，在立意时一定要注意采用发散性思维，运用多角度联想，选择其中最有感想或考虑最成熟的一种主题写作成文，这样往往能迸发出新灵感。

（四）对比联系法

对比联系法是将性质相反的事物放在一起，在对比中发现事物的不同特点，从而找到和提炼出能反映事物本质的思想。任何事物都有与它性质对立的方面，也都有与它相互联系的方面，从事物中找到参照物和参照系，从而进行对比联系和分析研究，这是一种效果很好的提炼主题的方法。作家路遥在谈到小说《人生》的创作时回顾了困难时期上初中时的遭遇，他受尽了同学的歧视与冷遇，但也得到了温暖和宝贵的友谊，这让他产生了强烈的表达欲望。

> 怎么表现呢？如果照原样写出来是没有意思的，甚至有反作用。我就考虑：在那困难的环境里，什么是最珍贵的呢？我想，那就是在困难的时候，别人对我的帮助。我想起了在那时，同学（当然不是女同学，写成女同学是想使作品更有色彩些）把粮省下来给我吃，以及别的许多东西。这样，形成了作品的主题：在困难的时候，人们心灵是那样高尚美好……尽管物质生活那么贫乏，尽管有贫富差别，但人们在精神上并不是漠不关心的。……可是今天呢？物质生活提高了，但人与人的关系是有些淡漠，心与心隔得有些远。我尽管写的是困难时期，但我的用心很明显，就是要折射今天的现实生活。……当时，我写这个作品时，就有一种想法：要写一种比爱情还要美好的感情。主题就是这样的。①

路遥对《人生》的主题构思运用的就是对比联系法，昔日的"歧视"和"温暖"给了他对比强烈的印象，他用昔日的"温暖"对比今天的"淡漠"，感恩过去得到的温暖，折射今天人心的隔膜，在对比中更突出美好的情感。

（五）逆向思维法

逆向思维是指以与常人或司空见惯的思维方法相反的思维形式，从相反的角度和方向质疑原意。如"班门弄斧"是正常思维，是讽刺那些不自量力的人；而"弄斧到班门"则是逆向思维，是指勇敢地向能者虚心学习。"酒香不怕巷子深"是正常思维，意思是好东西不必吆喝，总会美名远扬；而"酒香也怕巷子深"则是逆向思维，指好东西同样也要宣传，否则会埋没好名声。逆向思维因为与众不同甚至完全违背常理，所以

---

① 秦牧等. 当代作家谈创作［M］. 北京：中央广播电视大学出版社，1984：160-161.

极具创新性。但要注意的是，逆向思维的目的绝对不是猎奇搞怪，不是仅仅为了与众不同，而是要从创新思维的角度出发，突破大众习惯性的思维定式，独辟蹊径，以达到立意创新和写作内容独特的目的。

本讲小结

本讲介绍了主题客观性、主观性、时代性的特点，强调了主题在写作中的重要作用，分析了主题的形成源于长期的生活经验积累或充分的调查研究，明确了主题要尽可能正确深刻、鲜明集中，同时贵在创新。关于如何提炼主题，指出要正确概括全部材料的思想意蕴、发掘事物本质、把握个性，详细介绍了提炼主题的具体方法。

课后练习

记下你最近的点滴感悟和思想火花，并结合生活、学习现象，将感悟具体化，写作一篇有一定立意、思维明晰、内容具体的文章，文体以议论文、记叙文、散文为宜，字数在500字以上。

知识拓展

题材的搜集和主题的确定（节选）

生活经验一经溶化在作品里，这就是文章习语上的所谓题材了。

题材存在于现实世界中，是十分丰富的，是一个作者因为限于本身的经历，却只能写一点自己所熟悉的东西。在写作方法上，主张"只写你所深知者"，原是避免浮浅，使文章深刻的办法，譬如吧，一个生长在四川、足迹不曾出过省界的人，他就描写不出海洋的形状来；而一个过惯海洋生活的渔夫，也无法去想象戈壁的游牧民族的生活；要浸沉于孔孟之道的老先生来评论新社会，固然会眼花缭乱，得不到正确的结论；同样，要唐宁街的绅士们说明一下非洲土著人的心理，他们也只好映着眼睛，抓破自己的头皮了。这是因为作者对于所描写或者所评论的对象，先就缺乏实际的知识的缘故。

没有事实，也就没有想象，要写一篇像样的文章，是决不能依赖于天花板的。

然而天花板以外的天地虽大，作者却无法一一经历，为了谨守"只写你所深知者"的教条，许多人就写起老婆、儿子、吃饭、睡觉等的身边琐事来，因为在平凡的生活里，他们只有这样的体验，一离开这些直接经历，就觉得没有题材可写，没有意见可说，捏起笔，要恨恨于灵感的不来了。

而灵感偏偏又是不可捉摸的东西。

写作与表达十二讲

体验缺乏，灵感不来，那么，文章岂不是就写不成功了么？事实上并不然。苏联作家左勤克是非常看重灵感的，但他告诉我们在没有灵感的时候，怎样用技术的训练去写作，"自己建起主题的计划，自己适当的处置每一段和每一个字，演成故事"。而要达到这种技术的训练，主要的是学习观察，积储由观察得来的感想和形象，以待提笔时候的应用，这样，就可以有所恃而无恐了。

观察虽然比不上体验的真切，然而范围却较为广泛，可以弥补体验的不足。一个专用直接经验来写作的人，在文章里所表现的社会，一定是狭隘的，他不免于常炒冷饭。然而谁又喜欢冷饭呢？要使文章合于读者的胃口，这时候，最迫切的问题是搜集材料——用观察来扩大自己的视野，展开文章的角度，增加应用的词汇，等等。

··········

剪裁的标准决定于文章的主题。主题是一篇文章的灵魂，当我们提笔作文的时候，我们首先得问问自己：究竟为着要说些什么而写这篇文章的呢？通过手头的材料，我们要说明一种东西，或者要叙述一件事情，或者要提出一个主张，或者要发抒一番感情，总之，当作者决定了自己的态度的时候，文章的主题也就存在了。题材提供主题，主题抉择题材，两者是有着相互的关系的。

旧时文人在谈到文章作法的时候，有所谓立意和命题，是专谈作者怎样来表现自己的思想和意见的，这正和现在的所谓主题差不多。按照常例，命题必须用决断的语气，或者肯定，或者否定。即使有时候在题目里用了疑问的语气，但那实际的含义，却还是确定的。譬如，我们常常看到"中国往哪里去？""中国人失掉自信力了吗？"等等的题目，但这其实就是"中国往××去""中国人并没有失掉自信力"的变相说法。必须是确定的命题，才能代表一种完全的意见。这一层，在议论文和说明文里，尤其应该注意。无论是正是反，每段的意义，必须在同一主题下统一起来。

这就是说，一句句子有一句句子的含义，积句为段，所以每一个段落里，也总有一个可以独立的思想或情景，来作为这一段的代表。然而，"群山万壑赴荆门"，这些独立的思想或情景，却又挨着次序，互相联系，彼此统一，同时或正或反地衬托出一个中心思想——一篇文章的主题来。

主题的把握得正确与否，是决定于作者的思想的。

所以，一个初学写作者必须学习思想方法，对现实（题材）多多地体验，精密地观察。在平日既有这样的准备，写起文章来的时候，只要题材现成，这就可以确定主题，毫不困难地动起手来了。

【资料来源：唐弢．文章修养［M］．北京：北京教育出版社，2014：91-92，98-100．有改动．】

第六讲

文 采

【教学目标】通过本讲学习，学生能了解文采的定义、作用和审美性特点；掌握文采的修辞技巧，如假设、排比、对比、反复、转折、因果、对称、比喻、引用等。注意运用技巧对书面和口头语言进行修饰、润色和加工，使得书面写作与口头表达文采斐然、熠熠生辉。

案例导入

张爱玲在《金锁记》开篇时如此描绘：

> 三十年前的上海，一个有月亮的晚上……我们也许没赶上看见三十年前的月亮。年轻的人想着三十年前的月亮该是铜钱大的一个红黄的湿晕，像朵云轩信笺上落了一滴泪珠，陈旧而迷糊。老年人回忆中的三十年前的月亮是欢愉的，比眼前的月亮大，圆，白；然而隔着三十年的辛苦路往回看，再好的月色也不免带点凄凉。[1]

月亮意象，从古至今已被文人墨客书写了无数次。在这里，张爱玲以寥寥数语，通过比喻、排比等修辞手法的运用，以及对月亮形态和色彩的生动形象的描摹，渲染出凄美迷离、清冷孤独的情绪，赋予了客观景物更多意蕴和内涵。梁启超说："文采好的，写得栩栩欲活；文采不好的，写得呆鸡木立。这不在对象的难易，而在作者的优劣。"[2] 鲁迅高度评价《离骚》，认为其对后世的巨大影响在于其文采："逸响伟辞，卓绝一世。后人惊其文采，相率仿效，以原楚产，故称'楚辞'。"[3] 人们不仅重视文采在文章中的作用，而且还把有没有文采作为衡量文章高低、评价作品优劣的一个重要标准。

---

[1] 张爱玲. 张爱玲文集（第二卷）[M]. 合肥：安徽文艺出版社，1992：85.
[2] 梁启超. 中国历史研究法补编 [M]. 北京：朝华出版社，2019：37.
[3] 鲁迅. 汉文学史纲要 [M]. 北京：北京联合出版公司，2014：17.

第一节　文采的作用与审美性

自古以来，诗人咏志，哲人论理，史家记事，行家立说，都很重视文采。"言之无文，行而不远。"这里的"文"，即文饰、文采。文采是指辞采、藻饰，是写作者运用语言技巧进行修饰、润色、加工，体现出书面语言的美。具体来讲，文章语言经过修饰，能恰当地、艺术地表达思想感情，富有美感，这就是文采。文采的主要特点是艺术表达力强，具有审美效应。它是文章的俊语美辞，需要写作者对语言表达进行选择、加工、润色，进行必要的修饰。但这种修饰最起码的要求是语言准确、通顺。如果达不到这一要求，语言不符合语法，不符合逻辑，不能贴切地表情达意，还奢谈什么文采呢？所以，准确、通顺是有文采的前提，有了这个前提，才能进一步要求语言有文采。

一、文采的作用

（一）文采是增强文章说服力的重要因素

人们写文章，总是为了达到一定的目的，可能希望用自己的看法和态度来影响读者，得到读者的理解和赞同。因此，不管是哲学家用逻辑来论证也好，还是诗人用形象来显示也好，抑或是科学家用事实来说明也好，都要求所写作的文章具有说服力。增强文章说服力的因素固然是多方面的，但语言的运用无疑是一个重要因素。写作语言，作为一种信息载体、一种特殊的符号系统，是文章的表达工具，是写作者与读者交流思想感情的媒介。能不能发挥好语言这一工具和媒介的作用，同语言本身有没有文采关系很大，单有文采而内容不好，固然算不得好文章；但是，内容再好，而语言不好，缺乏文采，那也会大大削弱文章的说服力。语言有优劣、高下之分，表达效果必然有好坏、强弱之别。没有文采，就像飞鸟没有羽毛，春天没有花草。语言死板、干巴，枯燥乏味，文章难免会"面目可憎"。有了文采，写景，则描山摹水，如在目前；状物，则雕形图貌，栩栩如生；叙事，则绘声绘色，娓娓动听；说理，则鲜明清楚，练达警策。在准确、通顺的基础上，语言表达得好，表达得巧，文章就会锦上添花、熠熠生辉、粲然可观，读者就会产生共鸣、信服、首肯，获得深刻的印象，经久难忘。有些文章为什么内容可取，却写得那么枯燥乏味、难以卒读，恐怕不能不从缺乏文采方面去找一下原因。表达同一个意思，有没有文采，从效果看，实在大不一样。

（二）文采是创造艺术美的基本条件

文采使得语言表达具有美感效应。文学作品能否给人以美的熏陶和享受，关键在于写作者是否创造了生动、可感的艺术形象，文章是否具有艺术美。要创造艺术美，需要具备多方面的条件，但最基本的条件是语言要有文采。文学是语言的艺术，文学在使用物质媒介方面，与其他艺术不同。比如，绘画，用的是色彩、线条，作用于人的视觉；音乐，用的是声响、音色、旋律，作用于人的听觉……文学使用的是抽象的语言符号，一般说来，语言符号本身并无形象性，并不能直接作用于感官，它需要通过读者的想象来激起美感的反应。这就是说，绘画、音乐等艺术，传递信息的媒介对审美主体的作用是直接的,而文学则是间接的。语言符号虽不能直接产生美感,但语言符号经过写作者的编码、组合,就能变成一种特殊的刺激物,它作用于读者的大脑,引发联想和想象,从而在脑海中获得一种如睹似闻、如临其境的形象感。写作者的语言愈有文采,越具有感染力,就越能够调动读者丰富的联想和想象,形成鲜明的艺术形象。语言有了文采,就能使写作者内在的思想感情通过文字符号,以一定技巧物化为外在的固定形式,赋予美的内容以美的形式,使作品的内容和形式达到完美的统一,从而创造出艺术美,激发读者的阅读兴趣,进而在更深层次上进行审美欣赏,获得审美趣味。

二、文采的审美性

(一) 简练美

简练,就是指用简短、洗练的文字表达丰富、确切的内容。简练并不等于单调浅陋,也不是简单的摹写或随意的省略,它是智慧的结晶,是提炼的结果。简练就是所谓的"言简意赅",语言简练,但意思却丰富完整。历代作家都很重视语言的简洁、洗练、精美。老舍也强调:世界上最好的著作差不多也就是文字清浅简练的著作。[1] 简练包含两层含义:一是简洁;二是精练。写得简洁,能节省时间,提高效率。精练就是所谓的"文约事丰"。刘知几说:"文约而事丰,此述作之尤美者也。"[2] 用最少的语言表达较丰富的内容。要想使语言深得简练美之妙,一要注意选取恰当的文章体式;二要注意选取富于表现力和感染力的书面语汇,以及有特定含义的专用词语;三要选择恰当的修辞方式;四要重视文章的反复修改。

(二) 朴素美

朴素美,就是指语言的自然美、本色美,即要选用那些质朴无华的语句,不加雕琢地表现出事物固有天成的原貌,以达到"清水出芙蓉,天然去雕饰"之美学效果。朴素之美历来备受人们的推崇,庄子认为"朴素而天下莫能与之争美",鲁迅主张作文必须"有真意,去粉饰,少做作,勿卖弄"。语言必须具有真理般的自然质朴,行云流水般的跌宕自如,水乳交融般的美妙和谐,无须堆砌华丽的辞藻和过分渲染。

(三) 流畅美

流畅作为一种艺术风格,一向为人所称道。流畅美主要指文气畅达、圆美流转。要想语言富于流畅美,关键是文章意脉的贯通。唐彪认为:"气有不顺处,须疏之使顺;机有不圆处,须炼之使圆;血脉有不贯处,须融之使贯;音节有不叶处,须调之使叶。"[3] 因此,一是注意文章的自然贯通,全文要么以时间为序,要么以空间为序,要么以时空交叉为序;二是注意文章的逻辑贯通,全文或为总分,或为因果,或为并列,或为递进,或为转折,或为补充。此外,还应有意识地加强音节与音节间的配合,使之具有节奏美和音韵美。四字格排比句和对偶句的广泛运用,可以增添文章的参差美、错落美。总之,全文要脉络衔接,结构严谨,文气畅达,诵之如珠落玉盘,闻之似金声玉振。

---

[1] 老舍. 老舍论创作 [M]. 上海:上海文艺出版社,1982:221.
[2] 刘知几. 史通 [M]. 黄寿成,校点. 沈阳:辽宁教育出版社,1997:50.
[3] 南京大学,等. 古人论写作 [M]. 吉林:吉林人民出版社,1981:76.

(四) 生动美

生动美就是指文章语言要生动活泼，把事物的形神或写作者的思想情感栩栩如生、新鲜活泼地表现出来，使人看了津津有味、意趣盎然。多一些活泼，多几分生动，可以大大增添文章的感染力，提升读者的阅读兴趣。如何使文章具有生动美？其一，要精心提炼富于个性化和表现力的语言；其二，恰当地选用比喻、拟人、借代、顶真、同字等修辞手法，以增强其美感；其三，有效地活用术语、俗语和古诗词，使得文章变深奥为浅显，化抽象为具体、明朗、鲜润、多姿多彩。以某学生习作为例：

> 于初夏清晨照亮大地的一束阳光，是从云端缝隙中透出的既让人懒洋洋又贪暖，又照得少年睁不开眼的明亮，是从绵密的丁达尔效应中射出的一柄利剑，那是我自始至终追随的方向。忆起幼时初夏，总是给人以悠闲自在的感觉。走在乡间小路上，耳畔蛙鸣，向竹林深处走去，捕捉属于我的初夏。天在变，云随着风离开，于是太阳又趁机洒下光来，透过叶间的空隙，似是染上些许绿色了，将那一声声的蝉鸣映得越发响亮。透明的双翼，颤动的鼓膜，承载着夏天的热情，我将它安放于手掌上，沉甸甸的，好似抓住了整个夏天。

这里对光的散射的物理现象"丁达尔效应"这一专业术语进行了文学性的描述，将光的可见可感与写作者的童年记忆勾连，以具体的色彩、形态、声音描绘出立体生动的画面。

第二节　文采修辞技巧

一、文采修辞的基本方法

（一）反复

反复是指为了强调某个意思，有意识地重复使用某些词语或句子。反复有连续反复与间隔反复两种。这里所说的反复主要是指间隔反复，就是让能体现中心论点的句子或词在文中或段中间隔出现，其作用是：在内容上，因为句句紧扣中心论点，因此可使中心论点突出；在形式上，它的出现，可使层次更清晰；在表达上，因其常与排比句连用，可增强语言的气势与节奏感。反复中心句（词）的手法，既可用来构段，又可用来构篇。

1. 用反复中心句（词）手法构段

> 这个世界是悲观者的坟墓。于是我愿意去坟墓看看那自由自在的灵魂是什么样子。我愿意欣赏夕阳的壮阔葬礼，欣赏它一头栽进山的墓地，同时孕育着明天的希望。我愿意独行在海边，在这一天的落幕重新认识这一天。这一天，即将成为我的远方，我的梦，我那永远清晰的昨天。我愿意做一朵永远孤独的白云，永远放浪，永远漂泊。

这里，反复词"我愿意"像一条红线，贯穿起全段，层次清晰，同时紧扣中心论点，在"夕阳下"和"海边"的不同时空的穿梭中，突出了"自由自在"的中心思想。"我愿意"的反复出现，增强了表达效果。

2. 用反复中心句（词）手法构篇

茅盾散文《风景谈》通篇运用反复中心句。"自然是伟大的，然而人类更伟大。""自然是伟大的，人类是伟大的，然而充满了崇高精神的人类的活动，乃是伟大中尤其伟大者。""如果你也当它是风景，那便是真的风景，是伟大之中最伟大者！"① "伟大"—"更伟大"—"伟大中尤其伟大者"—"伟大之中最伟大者"，反复递进，突出了文章的主题：对延安抗日军民的讴歌。

（二）排比

把内容相关、结构相同或相近、语气连贯的三个或三个以上语句成串地排列起来用，叫排比。它可由词组构成，也可由句子构成。排比的运用，语气一贯，节律强劲，可有力地增强语势，可拓展和深化文意。如学生习作中写道："如果我从很小就开始被祖辈抚养，一直生活在乡村，我可能更骄纵，可能更木讷，可能更怯懦，可能更无知。"这里用结构相同、相似的句子"可能更"构成排比，增强了表达的气势。

（三）转折

分句之间具有转折关系的复句，前面的偏句先说一种意思，后面的正句不是顺着偏句的意思说下去，而是转到与偏句意思相对、相反或部分相反的意思上去。转折复句一般要用关联词语。成套使用的有"虽然（虽、尽管）……但是（但、可是、却、而）"等，在正句里单用的有"但是（但）、然而、可是（可）、却、只是、不过"等。如学生习作中写道：

> 王小波又不同，分明是处在一个黑暗得不能再黑暗的荒唐年代，但从他的文笔并不能直接感受到一丝沉重，相反，他黑色幽默的文字偏偏总是能让你忍俊不禁，甚至开怀大笑。但看过不下于十遍以后，我才渐渐真正读懂他，读懂他的反抗，读懂他的"骑士"精神——用自由与快乐对抗封闭与专治，用黑色幽默对抗愚昧残酷，最后告诉我们，哪怕身处泥沼，哪怕身处绝望，在人生的黄金年代，就是应该有好多奢望，去爱，去吃，去变成一朵天上半明半暗的云——因为这是你人生中的黄金时代。

这里，用了一个"但"，表明了写作者在反复阅读王小波的作品后方才读懂其中的真意，摆脱了浅层次阅读的表面印象。

（四）因果

因果句式是体现原因和结果的关系的句子。因果句式中前面的分句说明原因，后面的分句说出结果，常用"因为（由于）……所以……""……之所以……是因为……""因为""由于""所以""因此"等关联词语。如学生习作中写道："做学问者，脱心智性灵于旧识故知，以生新知新智，于是'真理因得以发扬'也。'俗谛'愈重，旧知之茧愈沉，生新知愈难。故独立为做学问之先决前提，此'独立之精神，自由之思想'

---

① 茅盾. 林家铺子　茅盾作品精选集［M］. 北京：商务印书馆，2021：231-235.

之内涵。"这里解释了"独立为做学问之先决前提"的原因是"脱心智性灵于旧识故知，以生新知新智"，只有"独立"方能摆脱"旧知之茧"，一个"故"字连接起了整段表达前因与后果。

（五）比喻

比喻是用具体的、浅显的、人们熟知的事物去说明或描写抽象的、深奥的、生疏的事物的一种修辞方法，恰当地运用比喻，除了能使语言形象生动之外，还能把深奥、抽象的道理浅显具体地表达出来，具有化抽象为具体、化深奥为浅显的独特作用。如学生习作中写道："据说人的灵魂只有二十一克重。这轻微的若等同于无的重量，如果得不到妥善的安置，必定会使人世间如地狱一样，受到燎烤而不得安宁。从这个意义上讲，人的灵魂和盐一样——轻而重要。人如果不摄入盐，就会患病，就会死亡。人如果没了灵魂，也就和死亡一样了。灵魂和盐一样轻——很是通透。"这里把"灵魂"比喻为"盐"，因为它们一样轻且重要，以耳熟能详的"盐"的概念指向抽象奥妙的"灵魂"，形象的比喻使表述显得极为透彻。

（六）引用

凡是在文中恰到好处地引用名言警句，都会使文章增添色彩。"闪光的语言"就是"引用的名言警语"。古今作家都十分重视引用。冯至在谈到读书与写作的经验时曾指出："有时也需要从书本里得到一些启发，或是摘引一两句名言警句，给自己的文章增加点分量。"① 引用在写情、言志、陈述观点等时，可以开拓文章内容、深化表现主题、增强表达效果。引用必须与行文自然谐和、融为一体。如学生习作中写道：

> 温斯顿在《论奥威尔》中说："当一些作家还在为自己及作品尚活于世上而庆幸时，奥威尔为了他的最后一部小说咯血而死，以至于我只能把妒忌换成尊敬和怀念。"记得我读《1984》时最喜欢就着俄罗斯的古典音乐。深夜里，尤其是冬夜，最好下着雪，当辽阔、沙哑、忧伤的曲调响起——呜咽呼啸的伏尔加河，断垣残壁、风雪交加的夜晚，烈火焚烧着的橡木——伟大而古老的民族在雪夜迟迟不肯睡去，如同一个披着黑纱、扶着黑棺的老年妇女，在为自己的丈夫哭泣。我也在这样的夜晚不曾睡去，任奥威尔的文字刺穿我的良知。1950 年，曾被子弹射穿过喉咙的奥威尔大量吐血而死，年仅 47 岁。生命的消逝很是突然，没有什么征兆的，一位伟大的作家离我们远去了。总是会在想起奥威尔时想起叶赛宁的诗："茫茫雪原，苍白的月亮/殓衣盖住了这块大地/穿孝的白桦哭遍了树林/这儿谁死了？/莫不是我们自己？"

这里，写作者分别引用了温斯顿《论奥威尔》中的表述和叶塞宁的诗，表现了对奥威尔的崇敬，以及对于他死去的哀悼和一种内心的深切共鸣，不难看出引用对增加文采所起的举足轻重的作用。若去掉这些引用，整段文字便会变得干巴巴的，如同一杯白开水一样淡而无味；而有了这些引用，便像一杯醇厚浓酽的茶，使人只觉浓香满口了。

---

① 冯至. 书海遇合 [M]. 长沙：湖南大学出版社，2017：241.

(七) 呼应

写文章讲究前后连贯、首尾呼应。小至词句，大至篇章，如运用得当，可使文章前后勾连，结构会因之显得更加严谨，中心会因之显得更加突出，达到内容与形式的完美统一。以《醉翁亭记》为例：

> 环滁皆山也。其西南诸峰，林壑尤美。望之蔚然而深秀者，琅琊也。山行六七里，渐闻水声潺潺，而泻出于两峰之间者，酿泉也。峰回路转，有亭翼然临于泉上者，醉翁亭也。作亭者谁？山之僧曰智仙也。名之者谁？太守自谓也。太守与客来饮于此，饮少辄醉，而年又最高，故自号曰醉翁也。醉翁之意不在酒，在乎山水之间也。山水之乐，得之心而寓之酒也。
>
> 若夫日出而林霏开，云归而岩穴暝，晦明变化者，山间之朝暮也。野芳发而幽香，佳木秀而繁阴，风霜高洁，水落而石出者，山间之四时也。朝而往，暮而归，四时之景不同，而乐亦无穷也。
>
> 至于负者歌于途，行者休于树，前者呼，后者应，伛偻提携，往来而不绝者，滁人游也。临溪而渔，溪深而鱼肥；酿泉为酒，泉香而酒洌；山肴野蔌，杂然而前陈者，太守宴也。宴酣之乐，非丝非竹，射者中，弈者胜，觥筹交错，起坐而喧哗者，众宾欢也。苍颜白发，颓然乎其间者，太守醉也。
>
> 已而夕阳在山，人影散乱，太守归而宾客从也。树林阴翳，鸣声上下，游人去而禽鸟乐也。然而禽鸟知山林之乐，而不知人之乐；人知从太守游而乐，而不知太守之乐其乐也。醉能同其乐，醒能述以文者，太守也。太守谓谁？庐陵欧阳修也。[①]

《醉翁亭记》一开始便写道："名之者谁？太守自谓也。"但太守又"名之者谁？"暂按不表，埋下伏笔，催人卒读。直到文章煞尾处，才明示："太守谓谁？庐陵欧阳修也。"起到首尾呼应之效。

(八) 设问

为了强调某部分内容，故意先提出问题，明知故问，自问自答，这种修辞手法就是设问。恰当地运用设问，能引人注意，启发思考；可以使得文章层次分明，结构紧凑；可以突出某些内容，使文章起波澜，有变化。运用设问要抓住读者关心的问题；如果问题既不重要，也不新颖，人们并不关心，写作者却故弄玄虚，不仅不能增强表达效果，反而令人生厌。

> 我们为什么要阅读呢？之前在"一席"看到了一篇文章，叫《想打哈欠不用忍着》，所以想去阅读也不用忍着，就是这么简单的道理。在阅读阿甘本先生的书时，随着阅读的不断深入，我越来越感到这一切的一切都和奥威尔在《1984》中做出的预言太像了，所以我当即就决定把二者结合起来。而当我读到"集中营"这一章时，我又想到了福柯和阿甘本的联系，然后在《规训与惩罚》里果然找到了更为详细的答案。所以，我之所以去阅读，是因为未知。

[①] 欧阳修. 欧阳修集全鉴[M]. 东篱子, 解译. 北京：中国纺织出版社有限公司, 2020：210-212.

写作与表达十二讲

"神圣人""赤裸生命""人类豚鼠"这些极有意味的构词,无不引导着我纵深探求。当我结束阅读时,当我写完这篇读书报告时,可能只有"酣畅淋漓"这个词语可以形容了。如果硬要给出明确回答,捷克政治家哈维尔先生的一句话很能回答我们为什么要去阅读——"信仰生活,也许!"

在学生在这篇习作中,以"我们为什么要阅读呢?"设下疑问,激发读者阅读兴趣,启发读者思考,下文对这个问题进行了圆满回答,结构完整、主题清晰。设问的使用起到了很好的修辞效果。

(九)反问

顾名思义,反问就是从反面提问,答案就在问题中。运用疑问的语气来表示肯定或否定的意思和强烈感情的修辞手法叫作反问。反问也叫激问、反诘、诘问。反问可以加强语气,发人深思,激发读者感情,加深读者印象,增强文章的气势和说服力,为文章奠定一种激昂的感情基调。设问和反问都是无疑而问,但是有明显的区别:设问不表示肯定什么或否定什么,反问明确地表示肯定或否定的内容。设问主要是提出问题,引起注意,启发思考;反问主要是加强语气,用确定的语气表明作者自己的思想。设问是自问自答,有问有答,答在问外;反问寓答于问,有问无答。

> 军情紧急,烽火已照西京,国家危亡,匹夫有责,而杨炯一介书生,只恨不能冲向前线,心中抑郁不平。他难放家国,于是,他去了。他跟随着大军辞别京城,铁骑飞速赶往前线,将敌方城堡围绕得水泄不通。大雪弥漫,遮天蔽日,军旗上彩画都黯然失色,狂风呼啸,与雄壮的鼓声交织在一起,战争一触即发……如此雄浑刚健,如此慷慨激昂,这怎么可能只是一个狭隘书生的满腹牢骚?

在学生的这篇习作中,"这怎么可能只是一个狭隘书生的满腹牢骚?"以反问的方式,进一步表明了写作者确定无疑的观点,显然比平铺直叙更有表达气势,更有说服力。

其他修辞技巧还有拟人、双关、用典等,在此不再一一详述。

二、文采修辞案例分析

死 火[①]

我梦见自己在冰山间奔驰。

这是高大的冰山,上接冰天,天上冻云弥漫,片片如鱼鳞模样。山麓有冰树林,枝叶都如松杉。一切冰冷,一切青白。

但我忽然坠在冰谷中。

上下四旁无不冰冷,青白。而一切青白冰上,却有红影无数,纠结如珊瑚网。我俯看脚下,有火焰在。

这是死火。有炎炎的形,但毫不摇动,全体冰结,像珊瑚枝;尖端还有凝

[①] 鲁迅.朝花夕拾·野草[M].南京:江苏凤凰文艺出版社,2021:188-190.

固的黑烟,疑这才从火宅中出,所以枯焦。这样,映在冰的四壁,而且互相反映,化为无量数影,使这冰谷,成红珊瑚色。

哈哈!

当我幼小的时候,本就爱看快舰激起的浪花,洪炉喷出的烈焰。不但爱看,还想看清。可惜他们都息息变幻,永无定形。虽然凝视又凝视,总不留下怎样一定的迹象。

死的火焰,现在先得到了你了!

我拾起死火,正要细看,那冷气已使我的指头焦灼;但是,我还熬着,将他塞入衣袋中间。冰谷四面,登时完全青白。我一面思索着走出冰谷的法子。

我的身上喷出一缕黑烟,上升如铁线蛇。冰谷四面,又登时满有红焰流动,如大火聚,将我包围。我低头一看,死火已经燃烧,烧穿了我的衣裳,流在冰地上了。

"唉,朋友!你用了你的温热,将我惊醒了。"他说。

我连忙和他招呼,问他名姓。

"我原先被人遗弃在冰谷中,"他答非所问地说,"遗弃我的早已灭亡,消尽了。我也被冰冻冻得要死。倘使你不给我温热,使我重行烧起,我不久就须灭亡。"

"你的醒来,使我欢喜。我正在想着走出冰谷的方法;我愿意携带你去,使你永不冰结,永得燃烧。"

"唉唉!那么,我将烧完!"

"你的烧完,使我惋惜。我便将你留下,仍在这里罢。"

"唉唉!那么,我将冻灭了!"

"那么,怎么办呢?"

"但你自己,又怎么办呢?"他反而问。

"我说过了:我要出这冰谷……"

"那我就不如烧完!"

他忽而跃起,如红彗星,并我都出冰谷口外。有大石车突然驰来,我终于碾死在车轮底下,但我还来得及看见那车就坠入冰谷中。

"哈哈!你们是再也遇不着死火了!"我得意地笑着说,仿佛就愿意这样似的。

一九二五年四月二十三日。

《死火》是鲁迅于1925年创作的一首散文诗,最初发表于1925年5月4日的《语丝》周刊第25期,后被收入《野草》。这首诗描写了梦中的"我"身上发生的一个荒诞色彩很浓的故事,通过"我"要拯救死火走出冰谷的故事情节,表达了作者愿意为革命事业献身的牺牲精神。全文文辞简洁,内涵深刻,运用了象征的修辞手法,通过特定的容易引起联想的形象表现与之具有相似或相近特点的抽象概念。首先,文章写象征帝国主义和军阀势力的冰山与冰谷。冰山、冰天、冰云、冰树,"一切冰冷,一切青白"。"我忽然坠在冰谷中","上下四旁无不冰冷,青白"。这是一个冰冻的世界,"一切冰冷"和"一切青白"正是当时帝国主义与封建军阀势力相互作用下中国社会现实的写照。其次,写"死火"。在青白的冰山冰谷上,"却有红影无数,纠结如珊瑚网"。死火有"炎炎的形,但毫不摇动,全体冰结,像珊瑚枝;尖端还有凝固的黑烟",大概是才从火宅中出来,所以枯焦。它映在冰的四壁,互相反映,使冰谷成红珊瑚色。这里,流动的火遇到冰山、冰谷之后虽被"冰结",却依然像珊瑚一样美丽。这里,"死火"是不屈不挠的革命者的象征。再次,写"我"救起被遗弃在冰谷中的死火。"我拾起死火",并将它"塞入衣袋中间",给"死火"以身体的温热。同时,"我"思索着走出冰谷的方法。这时,"死火"复燃了。"冰谷四面,又登时满有红焰流动,如大火聚,将我包围。"于是,"我"与"死火"开始一番对话:将"死火"带出冰谷,"永不冰结,永得燃烧",但"死火"将"烧完";将"死火"留在冰谷里,"死火"将"冻灭"。最后,"我"与"死火"都决心走出冰谷,"死火"宁肯"烧完"也不忍"冻灭"。这是宁可垂死挣扎、不愿坐以待毙的革命情怀的表露:一是"我"用体温使"死火"重新燃烧,并将它带出冰谷,使其"永得燃烧",这是对革命者的关怀、爱惜,让革命者继续战斗;二是"死火"宁肯烧完也不愿在冰谷中被"冻灭",这表现出革命者愿为革命献身的精神。最后,写"我"与冰谷的决绝。"死火"忽然跃起,像闪闪发光的彗星,和"我"一起跳出冰谷口外,这时象征凶残的帝国主义和军阀势力的大石车突然驰来,"我"被碾死在车轮底下,以"我"的死换来"死火"的新生。但那大石车也坠入了冰谷,毁灭了。这里既表现了鲁迅对帝国主义和军阀势力毫不妥协的决绝,也表现了他看见"死火"永远摆脱被冰谷冻死的命运而由衷地高兴。"哈哈,你们是再也遇不着死火了!"暗示新生的"死火"将在人间燃烧,带来温暖和光明。这首散文诗通篇以象征的手法,表现了鲁迅关心、爱惜革命者的高尚情怀,以及与帝国主义和军阀势力决绝斗争的态度和为革命献身的无私精神,抒发了一种为了神圣理想而勇于赴汤蹈火的英雄主义精神。

葡萄月令①

一月,下大雪。

雪静静地下着。果园一片白。听不到一点声音。

葡萄睡在铺着白雪的窖里。

二月里刮春风。

立春后,要刮四十八天"摆条风"。风摆动树的枝条,树醒了,忙忙地把汁液送到全身。树枝软了。树绿了。

雪化了,土地是黑的。

黑色的土地里,长出了茵陈蒿。碧绿。

葡萄出窖。

把葡萄窖一锹一锹挖开。挖下的土,堆在四面。葡萄藤露出来了,乌黑的。有的梢头已经绽开了芽苞,吐出指甲大的苍白的小叶。它已经等不及了。

把葡萄藤拉出来,放在松松的湿土上。

---

① 汪曾祺. 人间草木 [M]. 杭州:浙江人民出版社,2020:21-26.

不大一会儿，小叶就变了颜色，叶边发红——又不大一会儿，绿了。

三月，葡萄上架。

先得备料。把立柱、横梁、小棍，槐木的、柳木的、杨木的、桦木的，按照树棵大小，分别堆放在旁边。立柱有汤碗口粗的、饭碗口粗的、茶杯口粗的。一棵大葡萄得用八根、十根，乃至十二根立柱。中等的，六根、四根。

先刨坑，竖柱。然后搭横梁，用粗铁丝搛紧后搭小棍，用细铁丝缚住。

然后，请葡萄上架。把在土里趴了一冬的老藤扛起来，得费一点劲。大的，得四五个人一起来。"起！——起！"哎，它起来了。把它放在葡萄架上，把枝条向三面伸开，像五个指头一样地伸开，扇面似的伸开。然后，用麻筋在小棍上固定住。葡萄藤舒舒展展，凉凉快快地在上面待着。

上了架，就施肥。在葡萄根的后面，距主干一尺，挖一道半月形的沟，把大粪倒在里面。葡萄上大粪，不用稀释，就这样把原汁大粪倒下去。大棵的，得三四桶。小葡萄，一桶也就够了。

四月，浇水。

挖窖挖出的土，堆在四面，筑成垄，就成一个池子。池里放满了水。葡萄园里水气泱泱，沁人心肺。

葡萄喝起水来是惊人的。它真是在喝哎！葡萄藤的组织跟别的果树不一样，它里面是一根一根细小的导管。这一点，中国的古人早就发现了。《图经》云："根苗中空相通。圃人将货之，欲得厚利，暮溉其根，而晨朝水浸子中矣，故俗呼其苗为木通。""暮溉其根，而晨朝水浸子中矣"，是不对的。葡萄成熟了，就不能再浇水了。再浇，果粒就会涨破。"中空相通"却是很准确的。浇了水，不大一会儿，它就从根直吸到梢，简直是小孩嘬奶似的拼命往上嘬。浇过了水，你再回来看看吧：梢头切断过的破口，就嗒嗒地往下滴水了。

是一种什么力量使葡萄拼命地往上吸水呢？

施了肥，浇了水，葡萄就使劲抽条、长叶子。真快！原来是几根枯藤，几天工夫，就变成青枝绿叶的一大片。

五月，浇水、喷药、打梢、掐须。

葡萄一年不知道要喝多少水，别的果树都不这样。别的果树都是刨一个"树碗"，往里浇几担水就得了，没有像它这样的："漫灌"，整池子地喝。

喷波尔多液。从抽条长叶，一直到坐果成熟，不知道要喷多少次。喷了波尔多液，太阳一晒，葡萄叶子就都变成蓝的了。葡萄抽条，丝毫不知节制，它简直是瞎长！几天工夫，就抽出好长的一截的新条。这样长法还行呀，还结不结果呀？因此，过几天就得给它打一次条，葡萄打条，也用不着什么技巧，是个人就能干，拿起树剪，噼噼啦啦，把新抽出来的一截都给它铰了就得了。一铰，一地的长着新叶的条。

葡萄的卷须，在它还是野生的时候是有用的，好攀附在别的什么树木上。现在，已经有人给它好好地固定在架上了，就一点用也没有了。卷须这东西最耗养分——凡是作物，都是优先把养分输送到顶端，因此，长出来就给它

写作与表达十二讲

掐了。

葡萄的卷须有一点淡淡的甜味。这东西如果腌成咸菜，大概不难吃。

五月中下旬，果树开花了。果园，美极了。梨树开花了，苹果树开花了，葡萄也开花了。

都说梨花像雪，其实苹果花才像雪。雪是厚重的，不是透明的。梨花像什么呢？——梨花的瓣子是月亮做的。

有人说葡萄不开花，哪能呢？只是葡萄花很小，颜色淡黄微绿，不钻进葡萄架是看不出的。而且它开花期很短。很快，就结出了绿豆大的葡萄粒。

六月，浇水、喷药、打条、掐须。

葡萄粒长了一点了，一颗一颗，像绿玻璃料做的纽子。硬的。

葡萄不招虫。葡萄会生病，所以要经常喷波尔多液。但是它不像桃，桃有桃食心虫；梨，梨有梨食心虫。葡萄不用疏虫果——果园每年疏虫果是要费很多工的。虫果没有用，黑黑的一个半干的球，可是它耗养分呀！所以，要把它"疏"掉。

七月，葡萄"膨大"了。

掐须、打条、喷药，大大地浇一次水。

追一次肥。追硫铵。在原来施粪肥的沟里撒上硫铵。然后，就把沟填平了，把硫铵封在里面。

汉朝是不会追这次肥的，汉朝没有硫铵。

八月，葡萄"着色"。

你别以为我这里是把画家的术语借用来了。不是的。这是果农的语言，他们就叫"着色"。

下过大雨，你来看看葡萄园吧，那叫好看！白的像白玛瑙，红的像红宝石，紫的像紫水晶，黑的像黑玉。一串一串，饱满、磁棒、挺括，璀璨琳琅。你就把《说文解字》里的玉字偏旁的字都搬了来吧，那也不够用呀！

可是你得快来！明天，对不起，你全看不到了。我们要喷波尔多液了。一喷波尔多液，它们的晶莹鲜艳全都没有了，它们蒙上一层蓝兮兮、白糊糊的东西，成了磨砂玻璃。我们不得不这样干。葡萄是吃的，不是看的。我们得保护它。

过不两天，就下葡萄了。

一串一串剪下来，把病果、瘪果去掉，妥妥地放在果筐里。果筐满了，盖上盖，要一个棒小伙子跳上去蹦两下，用麻筋缝的筐盖——新下的果子，不怕压，它很结实，压不坏。倒怕是装不紧，哐里哐当的。那，来回一晃悠，全得烂！

葡萄装上车，走了。

去吧，葡萄，让人们吃去吧！

九月的果园像一个生过孩子的少妇，宁静、幸福，而慵懒。

我们还给葡萄喷一次波尔多液。哦，下了果子，就不管了？人，总不能这样无情无义吧。

十月,我们有别的农活。我们要去割稻子。葡萄,你愿意怎么长,就怎么长着吧。

十一月,葡萄下架。

把葡萄架拆下来。检查一下,还能再用的,搁在一边。糟朽了的,只好烧火。立柱、横梁、小棍,分别堆垛起来。

剪葡萄条。干脆得很,除了老条,一概剪光。葡萄又成了一个大秃子。

剪下的葡萄条,挑有三个芽眼的,剪成二尺多长的一截,捆起来,放在屋里,准备明春插条。

其余的,连枝带叶,都用竹箟帚扫成一堆,装走了。

葡萄园光秃秃。

十一月下旬,十二月上旬,葡萄入窖。

这是个重活。把老本放倒,挖土把它埋起来。要埋得很厚实。外面要用铁锹拍平。这个活不能马虎。都要经过验收,才给记工。

葡萄窖,一个一个长方形的土墩墩。一行一行,整整齐齐地排列着。风一吹,土色发了白。

这真是一年的冬景了。热热闹闹的果园,现在什么颜色都没有了。眼界空阔,一览无余,只剩下发白的黄土。

下雪了。我们踏着碎玻璃碴似的雪,检查葡萄窖,扛着铁锹。

一到冬天,要检查几次。不是怕别的,怕老鼠打了洞。葡萄窖里很暖和,老鼠爱往这里面钻。它倒是暖和了,咱们的葡萄可就受了冷啦!

《葡萄月令》是一篇写得十分别致的散文。"月令"原指农历某月的气候和物候,在这里是指葡萄每个月的生长和管理情况。这篇散文最突出的特点是结构散漫、随意,全篇以十二个月份为基本框架、以葡萄的生长为基本线索,以"编月体"的形式记述了葡萄开花结果的全过程。"形散而神不散"是散文的一般特征,但本文将这一特征推向了极致。本文充分体现了汪曾祺"把散文写得平淡一点,自然一点,'家常'一点"的创作主张,内容上表现为极客观地写实,看到什么就写什么,绝不"旁逸斜出"。汪曾祺似乎不是在写文章,而是在和老朋友聊天儿,想说什么就说什么,想怎么说就怎么说。由于口语色彩浓,有时看似啰唆多余的句子,却别有韵味。产生这种写实的笔墨反而产生了寓情于景、寓情于事的艺术效果。简练平淡的描述中透出葡萄的无限生机和葡萄园里劳动的喜悦动人。在本色的语言中,汪曾祺还是调用了一定的修辞手法,于随意处见雕词琢句的用心。"把它放在葡萄架上,把枝条向三面伸开,像五个指头一样地伸开,扇面似的伸开。然后,用麻筋在小棍上固定住。葡萄藤舒舒展展,凉凉快快地在上面待着。"三个"伸开"形成排比句式,使动作显得流畅。"舒舒展展""凉凉快快"两个双声叠韵,形成一种对称的结构与和谐的韵律。韵的功能不仅在于点明诗的节奏,更在于把涣散的声音聚起来,形成一个比较完整的曲调,从而获得语言的音乐节奏。"梨花像什么呢?——梨花的瓣子是月亮做的。""葡萄粒长了一点了,一颗一颗,像绿玻璃料做的纽子。硬的。""下过大雨,你来看看葡萄园吧,那叫好看!白的像白玛瑙,红的像红宝石，紫的像紫水晶，黑的像黑玉。""它们蒙上一层蓝夕夕、白糊糊的东西，成了磨砂玻璃。""葡萄又成了一个大秃子。"在这些语句中，比喻的修辞手法得到了充分运用。"纽子""磨砂玻璃""大秃子"这些喻体本身就为生活中的"大俗"之物，汪曾祺信手拈来，用在文中，自然增加了文章的生活气息。"葡萄睡在铺着白雪的窖里。""它就从根直吸到梢，简直是小孩嘬奶似的拼命往上嘬。""九月的果园像一个生过孩子的少妇，宁静、幸福，而慵懒。"葡萄在汪曾祺的笔下，不是草木，而是生命，仿佛孩子般被精心呵护。"《图经》云：'根苗中空相通。圃人将货之，欲得厚利，暮溉其根，而晨朝水浸子中矣，故俗呼其苗为木通。'"此处运用了引用的手法，说明葡萄组织"中空相通"的特点，使说明的内容更真实，丰富了读者的见识，同时也歌颂了中国古代劳动人民的智慧。

本讲小结

本讲介绍了文采在增强文章说服力和创造艺术美方面的重要作用，阐释了文采简练美、朴素美、流畅美、生动美的审美特征。重点讲解了假设、排比、对比、反复、转折、因果、对称、比喻、引用等修辞技巧在写作中的应用。以《死火》与《葡萄月令》为例，分析在具体写作实践中如何合理妥帖地遣词造句、恰到好处地运用修辞手法，提高语言文字的驾驭能力，提升文采。

课后练习

选择已写成的文章进行文采方面的润色，注意词句的优美性，灵活运用假设、排比、对比、反复、转折、因果、对称、比喻、引用等修辞技巧。

知识拓展

譬喻之花

文学被人称为"语言的艺术"，文学作品里面的譬喻，我想简直可以叫作"语言艺术中的艺术"。

如果在文学作品中完全停止采用譬喻，文学必将大大失去光彩。假使把一只雄孔雀的尾羽拔去一半，还像个什么样子呢，虽然它仍旧可以被人叫作孔雀。

精警的譬喻真是美妙！它一出现，往往使人精神为之一振。它具有一种奇特的力量，可以使事物突然清晰起来，复杂的道理突然简洁明了起来，而且形象生动，耐人寻味。美妙的譬喻简直像是一朵朵色彩瑰丽的花，照耀着文学。它又像是童话中的魔棒，碰到哪儿，哪儿就产生奇特的变化。它也像是一种什么化学药剂，把它投进浊水里面，顷刻之间，一切杂质都沉淀了，水也澄清了。

中国历代卓越的思想家，没有哪个是不善于运用譬喻的。在他们的著作里面，各种的譬喻密密麻麻地出现，多得像雨后森林里的蘑菇一样。文学家更不必说了，古典小说中警辟、奇特、新鲜、隽永的譬喻搜集起来简直可以编一部词典。在说书人的话本的基础上写成的《水浒》里面，鲁提辖拳打镇关西那一段，描写郑屠被鲁达打得脸破血流、哀嚎呻吟的情景，形容在他身上像是"开了个油酱铺，咸的酸的辣的，一发都滚出来"；"也似开了个彩帛铺，红的黑的绛的，都滚将出来"；"却似做了一个全堂水陆道场，磬儿钹儿铙儿一齐响"。这些譬喻都很大胆奇特，令人有痛快淋漓之感。

可以说，语言艺术家必然是善于运用譬喻的。譬喻还往往形成了文学作品中的警语，增加了幽默和风趣，并且使思想显得更有深度了。鲁迅先生就异常善于运用风格独特的譬喻。在《高老夫子》这篇小说中，他描写向女学生讲课时战战兢兢的高老夫子所看到的课室的情景：

"半屋子都是眼睛，还有许多小巧的等边三角形，三角形中都生着两个鼻孔，这些连成一气，宛然是流动而深邃的海，闪烁地汪洋地正冲着他的眼光……"

像这一类笔力独到的譬喻，在鲁迅先生的小说和杂文中是很多很多的。

美妙的譬喻往往使人一见难忘，像读到格言一样。高尔基形容美国资本家的贪婪，说他们"好像有三个胃袋和一百五十枚牙齿"；萧伯纳形容资本主义世界法律的虚伪，说"像蛛网一样，小虫给粘住了，飞鸟却一冲而过"：这些都使人从幽默中深深地感到譬喻者那种深沉的愤慨。

群众是热爱卓越的譬喻的。而且群众中间就有无数善于运用譬喻的天才人物。我们从谚语、口头禅，以及许多事物的诨名中都可以领略到这一类譬喻的神采。有些地方的高山给人命名为"马苦岭""猴子愁""好汉坡"。在旧时代，印子钱的别名是"雷公羹""双脚跳"；现在，有些地方农民形容富裕，说"母猪也可以戴耳环"。河北有一种好吃的梨叫作"佛见喜"，山东有一种上等苹果叫作"金元帅"，广西有人把酸溜溜的番茄叫作"毛秀才"，广东有一种大型的番薯名称是"掷死狗"……从这种种东西的绰号别名当中，令人震惊于譬喻运用范围之广，并深深折服于群众在语言运用上天才的创造。

譬喻，和所有一切艺术创作一样，也贵于有创造性。陈陈相因的譬喻，人们读到的时候缺乏新鲜感（神经已经被刺激得疲倦了），因而也往往损害了撼人的力量。一个外国古典作家说的："第一个形容女人像花的人是聪明人，第二个再这样形容的是傻子。"我想正是这个意思。谈到时代就说"时代的车轮"，谈到月亮就说"像银盘一样"，谈到黑就说像墨，谈到白就说像雪……这是谁都会的，唯其不动脑筋就可以依样画葫芦地写出这样的譬喻来，这些语言也往往没有什么新鲜的艺术力量。

写作与表达十二讲

　　有不少作家高度警惕到这一点,所以在运用譬喻时决不马虎,努力使作品中充满了神来之笔。在契诃夫的写作素材记录本子(后来由他的妻子整理出版的《契诃夫手记》)中,除了记录一些素材、感想之外,还写下了许多他突然想到的美妙的譬喻,以便写作的时候在适当的场合随手引用。今天我们读到这些譬喻,像是从书本里面翻到一朵朵玫瑰似的,仍然可以想见它们长在花丛时妍丽的风采。

　　这里试引录《契诃夫手记》中的几则譬喻以见一斑:

　　"这些脸色通红的妇人和老太太们,健康得几乎会冒出热气来。

　　一个在文坛上混了很久的无能的作家,他那副庄严的神气,看去简直像个得道的高僧。

　　人生,看来虽是广大无比的,但是人们仍然会在五个哥比克上面安坐。

　　这一带的土壤好极了,你种下一根车杠试试,过上一年的话,就能长出马车来。

　　有一位小姐,她的笑声,简直是像把她的全身浸在冷水中而发出来的一般。

　　她脸上的皮肤不够用,睁眼的时候必须把嘴闭上;张嘴的时候必须把眼闭上。

　　…………"

【资料来源:秦牧. 艺海拾贝 [M]. 北京:中国青年出版社,2008:133-135. 有改动。】

第七讲

准确表达与标点使用

【教学目标】 通过学习，学生能理解语言表达在科学体系中的地位，掌握实现准确表达的方法，正确认识语音、词汇、语法、语言辅助手段及语境在准确表达中的重要作用；了解口语表达和书面表达的差异，能够采用适宜的各类语言要素进行有效写作与表达；熟悉并正确使用各类标点符号。

案例导入

在日常交际中，表达者为了达到特定的交际目标，须切合题旨情境对语言进行准确调配。这里的"对语言进行准确调配"，是指对语言中各种形、音、义的词语与各类句式进行调遣、配置，让各种语言材料在特定的题旨情境中适得其所。任何一种语言材料都没有优劣高下之分，但是，不同的使用者可能运用不同的调配方式令同一种语言材料产生大不相同的表达效果。

例如，上海著名作家王周生的小说《陪读夫人》中描写了这样一个情节："陪读夫人"蒋卓君在美国律师西比尔家做保姆，西比尔太太露西亚因为电话账单中多出一笔八角三分的不明长途电话费而怀疑是蒋卓君所打。蒋卓君做了各种解释也无济于事，一气之下她跑去大街电话亭，按照那个不明电话号码向纽约打了一个电话。接电话的老太太很热情，帮她弄清了那个不明电话的来龙去脉。此时，作家王周生写道："走出电话亭，天完全黑了。她的心很亮很亮。"这里的形容词"亮"运用得可谓一字千钧、生动传神。它不仅写出了女主人公蒋卓君心中豁然开朗、冤屈一扫而光的轻松心态，也以心中之"亮"与天色之"暗"形成对照，写尽了"陪读夫人"心中无限的感慨。形容词"亮"本是一个寻常之词，但被作家王周生用在此情此景却大放异彩，这便是对语言的准确调配。

语言运用中词语的调配如此，语音、句式的调配亦是如此。是单音节好，还是双音节好；是单句好，还是复句好；是常式句好，还是倒装句好。我们都不能一概而论，而应该看其是否切合了具体的语言使用情境与题旨。切合了情境与题旨，就有好的表达效果；反之，则可能适得其反。

写作与表达十二讲

第一节　准确表达

一、语言表达在科学体系中的地位

（一）语言表达与社会学科的关系

在人类的科学体系中，任何一门学科的产生、存在和发展都不是孤立的，语言表达也是如此。

首先，语言表达和人文社会学科关系十分密切。目前，世界上大约有 6 000 种语言，但是只有大约 500 种语言被研究得比较充分。而这 500 种左右被研究得比较充分的语言，有着不同的文化特点。因此，在语言成为独立的学科之前，语言研究本身就是哲学、逻辑学、文学或文献学的一部分，这些领域也直接影响了最初语言研究的视角。后来，当语言研究成为独立的学科后，这些传统的人文学科和语言表达之间仍然有着千丝万缕的联系。以饮食语言为例，汉语的饮食用语中经常出现"少许、若干"等词语，而英语的饮食用语却大多采用较为精确的语言表达。这就体现出了汉语和英语两种语言所隐含的不同历史文化特点。

其次，语言还可以体现不同族群的认知特点，即这个族群所处的社会环境与生活环境会影响整个族群的语言表达。以颜色词为例，汉语的颜色词非常丰富，常见的有"赤、橙、黄、绿、青、蓝、紫"。除此之外，还有很多衍生的颜色词，比如"天青色""月白""靛蓝"。对于这些颜色词所代表的色彩，外国人无法想象也无法理解，因为他们所生活的社会环境里没有这些颜色。同样，我们也理解不了因纽特人对白色这一色系的繁复分类。因纽特人生活在寒冷无比的北极圈内外，他们看到与感受到的白色系无比丰富，所以细分出了几十种白色系的词语，而没有类似生活环境的其他族群自然也无法理解。

因此，语言表达既存在于社会生活之中，又表现了人类天赋的能力；既承载着人类已有文明的成果，又是人类新的精神创造的工具。语言表达是联系人类主观认知和外在客观世界的中介，是认识人类自身和外在世界的必要途径。

（二）语言表达与自然学科的关系

运用语言进行表达看似是一个瞬间完成的事件，但实际是一个复杂的过程。每种语言从发出、传递到接收都要经过一系列自然学科的参与才能完成，即分为"编码—发送—传递—接收—解码"五个阶段，涉及心理学、声学、神经学、计算科学等多种学科领域。表达者为了表达某一信息，首先需要在语言中寻求相关的词语，按照适合的语法规则进行编排，力求编码清晰、明确，避免失误。当语言编码完成后，表达者需要用相应的输出方式来输出信息，口语表达的发音器官是肺、声带、咽腔、口腔、鼻腔等，书面语表达则需要通过书写或者敲击键盘完成。信息一经输出，口语表达所发出的声音就通过空气等媒介传递到听话人一方；书面语则通过邮件传递、计算机网络转写到达接收者。随后，接收者的听觉器官或视觉器官开始接收语言，大脑进行解码，将它努力还原为表达者想要表达的信息。

由此可见，语言表达的整个过程涉及了人的生理机制的运作、心理机制的运作，还有声波在空气中传播的物理过程，这并不是语言这一个学科所能独立完成的，还需要各门学科的配合和协作。发音的生理基础涉及生理学研究，语音产生和传递的物理过程涉及物理学研究，语言的听觉接收涉及心理学研究，语言在中枢神经系统中的生理基础涉及神经学研究，话语的种种现象判断和治疗失语症涉及病理学研究，语言的编码涉及信息科学研究和计算机信息的储存和利用，等等。在整个语言表达过程中，任何一个阶段受到影响或者出现偏差，最终的表达结果都会不尽如人意，而关键是信息编码和信息解码的过程，它涉及表达者和接收者对语言结构的理解，包含形式与内容两个方面，所以汉语里才会存在"说者无心，听者有意"这样的谚语，因为语言形式与内容的关系是语言表达最根本的问题。

生活中不乏语言表达解码失败的例子：袋鼠的英文名为 kangaroo，kangaroo 这个命名是如何来的呢？据说，当年库克船长带着一行人去到了澳大利亚，他们第一次在澳大利亚的广袤土地上看到了一种稀奇的动物，它们个子很高，蹦蹦跳跳的，肚子上还有一个口袋。库克船长不知道这是什么动物，于是拉住一个当地的原住民询问"What's this?"，原住民当时的回答就是"kangaroo"。由此，kangaroo 就成了袋鼠这一动物的英文名。但是，多年以后，人们懂得了澳大利亚原住民的语言后才明白，kangaroo 在原住民的语言里表示的是"你说什么"。这就是一个语言解码失败的生动事例。可见语言表达研究需要不断借鉴和融合其他学科的方法，不断开拓新的研究视角，只有这样才能揭示语言的根本性质。

二、准确表达的基本要素

准确表达，就是指言语交际参与者在特定的语言环境下根据表达内容的需要，借助相应的语言形式，恰当地建构话语和正确地理解话题，以达到理想交际效果。

（一）表达参与者

准确表达涉及表达参与者，即表达者与接受者，是二者交换信息的一种合作活动。在具体的表达活动中，表达者和接受者常常是互相转换的，二者既要用自己的语言表达影响对方，又要被对方的语言表达影响，从而实现双向交流、互相影响的互动效果。同时，在表达过程中，接受是表达的依据，每个人说出的语言都需要符合听者的理解水平，都需要考虑表达方式是否适合接受者。只有准确理解对方的话语，才能衔接对方的话题并进行准确表达，从而产生理想的沟通效果。同样是描写细菌，给大学生或者专业人士的读物可以使用"球菌""杆菌""螺旋菌"等专业术语，而面向中小学生或者普通大众的科普读物则需要补充更多形象生动、易于理解的描述性语句，比如"小皮球似的球菌""小棒子似的杆菌""像小螺丝钉一样的螺旋菌"等。

（二）语言形式

准确表达还需要选择恰当的语言形式来表达核心内容。语言形式大致包括语音、词汇、语法三个部分。

汉语的语音表现形式十分丰富，音节结构由声母、韵母、声调三个部分组成。其中，韵母由多种形式的元音与辅音构成，占优势的元音是一种发音响亮的乐音，声调又可分为高低错落的调值，具有明显的音乐美，因此，汉语的语言表达可以采用多样的语音表现形式。汉语的元音有的洪亮，有的柔和，有的细微。例如，十三辙《韵辙表》里的中东辙、江阳辙、言前辙、人辰辙属于洪亮韵；而遥条辙、由求辙、怀来辙、梭波辙属于柔和韵；灰堆辙、一七辙、姑苏辙、乜斜辙属于细微韵。这些韵式都有着不同的表达色彩和风格色彩，常作文学语体的表达手段，用于体现豪放与柔和的风格。而在上下语句或隔句相应的位置上运用相同或相近的韵字还可以构成押韵。押韵具有鲜明的语言表达色彩，也是文学语体常用的语音手段，有时也作政论语体的语音手段。另外，汉语按声调变化将四声分为平仄，协调平仄就是汉语音乐美的一种特有的语音手段，带有浓厚的文学语体色彩和风格韵味，常作文学语体的语言表达手段。平仄也有政论语体色彩，可以作政论语体表达手段。此外，摹声、双声、叠韵的运用，节奏、停顿的配合，也可以用来表达不同的思想感情。在语言表达过程中，恰当地选用以上各种带有不同色彩的语音表现方式，可以传递出生动而多样的情绪。

词汇是语言的建筑材料，是词和语的集合体，是语言表达赖以形成的重要物质材料因素。在汉语丰富的词汇宝库中，有各式各样的词语，这些词语除了具有理性意义之外，还带有附加色彩，如语体色彩、表情色彩、形象色彩、地方色彩、风格色彩等。口语词、方言词、古语词、新词、科学术语、行业语、成语、谚语、歇后语、惯用语、缩略语、褒贬性词语、礼貌性词语、描绘性词语，以及寻常词语艺术化、词语活用等，都各有不同的色彩，它们是促成不同语言表达效果的物质因素。例如，口语词带有口语色彩，常作谈话语体和文学语体的表达手段，也为政论语体所用，体现通俗、易懂、生动的表达特点；方言词带有地方色彩，常用于文学语体，有时也用于新闻报道语体，以增添作品的地域性和趣味性；古语词带有庄重色彩，多用于公文语体，以增添语言的庄重性和精练性；新词带有时代色彩，常为新闻报道语体和政论语体所用来表现现代生活，体现出语言表达的时代特点；成语具有多样的表达色彩，可作各种语体的表达手段，体现简洁、庄重的表达特点和风格；谚语来自群众口语，有较浓的口头语体色彩和民族色彩，是谈话语体、文学语体、政论语体、通俗科技体常用的表达手段，体现出精练、通俗、易懂、生动的特点和民族风味；缩略语带有时代色彩和简练的特色，常作新闻报道语体、政论语体和公文语体的表达手段；褒贬性词语具有鲜明的感情色彩，常被政论语体用来增强语言的鲜明性。

文学作品常常运用带有不同情感色彩的词语或者词语的联想意义来达到表达目的，制造特殊的表达效果。例如，摘自《红楼梦》第三回《贾雨村夤缘复旧职 林黛玉抛父进京都》的两段外貌描写，第一段描写王熙凤，第二段描写林黛玉。稍做比较就会发现，曹雪芹运用了带有不同感情色彩的词语来表达对两位美人的评价。

> 一双丹凤三角眼，两弯柳叶吊梢眉，身量苗条，体格风骚，粉面含春威不露，丹唇未启笑先闻。（曹雪芹、高鹗，人民文学出版社，1982：41）
> 两弯似蹙非蹙胃烟眉，一双似泣非泣含露目。态生两靥之愁，娇袭一身之病。泪光点点，娇喘微微。娴静似娇花照水，行动如弱柳扶风。心较比干多一窍，病如西子胜三分。（曹雪芹、高鹗，人民文学出版社，1982：51）

在曹雪芹的笔下，王熙凤和林黛玉都是美人，但一个美得令人生畏，一个美得令人怜惜。曹雪芹如何表现王熙凤美得令人生畏呢？描写她的眼睛用的词语是"丹凤三角眼"；描写她的眉毛用的词语是"柳叶吊梢眉"；描写她的体态用的词语是"苗条""风骚"；描写她的脸蛋用的词语是"威不露"。曹雪芹又是如何表现林黛玉美得令人怜惜的呢？描写她的双眉用的词语是"似蹙非蹙"；描写她的眼睛用的词语是"似泣非泣""泪光点点"；描写她的面容用的词语是"两靥之愁""娇喘微微"；描写她的身形用的词语是"弱柳扶风"；用来做比较的两个历史人物比干和西施都是形象正面、遭际堪伤。因此，曹雪芹对两位美人的看法便一目了然了。

汉语的语法具有很大的灵活性，句式多种多样，语气可相互变换，虚词表现力强。因此，利用语法的这些特点，也可以体现不同语言表达的特点和风格。例如，利用句子的动态变化，可以生成常式句和变式句、紧缩句和松散句、短句和长句等。常式句语序正常，色彩自然平实，语势和缓，多用于一般的叙述、描写、议论，也可用于表达祈使和感叹的语气，为各类语体所用，构成朴实、平易的特点；变式句成分位移，有强调突出的作用，而且富于变化美，常作文学语体的表达手段，有时也为政论语体所用。紧缩句的句子成分多用联合词组，停顿较少，具有结构紧凑、表意集中、语势畅通有力的特点，它是一种新兴句式，有浓烈的书卷语色彩，常为政论语体、科技语体和公文语体所用，体现谨严、精练的特点；松散句通常把几个意思分开说，并列成分或并列分句多，具有组织松散、语气舒缓、轻松活泼的特点，多作谈话语体、文学语体的表达手段，体现疏放、繁复的特点。短句接近生活，生活气息浓厚，富有口语色彩，常作为谈话语体、演讲语体、广播语体、文学语体的剧文体和散言体的人物对话，以及通俗科技语体的表达手段。短句最能体现汉语的民族风格，它节奏明快、急促有力，能使语言形成豪放的气势；它结构简单，短小精悍，不乱修饰，也是生成简洁、明快风格的手段。长句结构紧凑，内涵丰富，具有结构紧凑、表意严密的特点，书卷语色彩很浓，多用于书卷语体，尤其是政论语体的时评体、科技语体的专门体和公文语体的法规体，它是构成精确性、严肃性、逻辑性特点的语言表达手段，又是体现语言繁丰、细腻风格的物质因素。

不同的语气形式也能给语言染上不同的表达色彩。陈述语气的表达效果是平实，适用于各类语体。疑问、感叹、祈使的语气能使语言有变化，常常与陈述语气交错运用于谈话语体、文学语体、政论语体、文学科技体和演讲体，显得句式活泼多变、波澜起伏。语气词的使用也能体现谈话语体和文学语体色彩。另外，汉语的虚词多种多样，表现力强，也可以用来构成不同的语言表达手段。例如，文言虚词"之、乎、者、也"及常用于书面表达的虚词"关于、在于、与"多具有庄重的色彩，宜用于政论、公文等语体；而来自方言、口语的虚词具有通俗、亲昵的色彩，多用于文学语体。

（三）语言辅助形式

人们在进行语言表达时，不仅会选用语言要素中的表达手段，还会使用语言要素之外的一些表达手段，比如副语言和体态语。副语言是指伴随有声语言出现的特殊语音现象，主要包括语调、语顿、语速等。一些非常规声音的高低、语速的缓急、说话的顿歇，都可以产生不同的语言表达效果，或使语言变得风趣幽默，或使语言变得跌宕起

写作与表达十二讲

伏。例如,"下雨天留客天留人不留",这个句子通过不同的语调和语顿,可以营造出多样的表达效果。所以,停顿的位置、语速的快慢都可以表达不同的思想含义。

另外,体态语也可以影响我们的准确表达。体态语是指用表情动作和身体姿势来进行沟通与交流的辅助工具,包括表情语、手势语和体态语等。在语言表达中,体态语的作用十分重要,往往可以超越语言传递其他更重要的信息。例如,在演讲的过程中,演讲者常常加入一些表情语和手势语,而这些表情语和手势语其实都是提前设计好的。在慷慨激昂的演讲时,演讲者的表情通常比较激动而热情;在低沉平缓的演讲时,演讲者的表情通常比较温和而沉郁。如果演讲时需要强调不同的重点或者层次,演讲者还会使用手势语来提醒听众"第一""第二""第三";如果需要提醒听众注意此处的演讲重点,演讲者还会握紧拳头或者挥动双臂。因此,适当而巧妙地运用体态语也可以起到增强语言表达效果的辅助作用。

(四) 语境

有时候,虽然我们听到了具体的语言、了解了语言的辅助形式,却仍然无法充分理解表达者想要表达的准确含义。例如,有人说"我明天就过去"。尽管这句话本身的含义我们可以理解,但是如果我们不知道说话者"我"是谁,以及这句话是在什么时候、什么地方说的,就不可能知道"明天"是哪一天,"过去"是从哪段到哪段时间。总之,没有具体的背景信息,我们就不会明白这句话究竟要传递什么含义。这就表明,准确的语言表达还涉及语境,尤其是语境与表达者之间的关系。不同的语境会使语言表达产生不同的变化,产生不同的语言效果。语境就是指语言表达的使用环境,它包括上下文语境和语言外语境。

1. 上下文语境

上下文语境指的是语言表达时的口语中的前言后语和书面语中的上下文。任何词、短语、句子在语流中出现的时候,它前后的其他语言单位就是它所处的语境。每个词语的准确含义都可以在具体的语境中得到解释。例如,在莫言获得诺贝尔文学奖的当天,报纸上出现了这样一个新闻标题:《此时莫言胜万言》。此处的"莫言"一词就产生了两个含义:第一个含义是指此刻不用任何言语;第二个含义是指作家莫言本人。这就是上下文的语言环境使这个词产生了两个含义。再如,"老"是一个多义词,既可以表示"岁数大",也可以表示"去世、死亡"。看过鲁迅《祝福》的人都知道故事最后出现了这样一句话:"祥林嫂老了。"根据《祝福》上下文所提供的语境,此处的"老"只可能适用于"去世、死亡"这一义项。

2. 语言外语境

语言外语境包括情景语境、文化语境和心理语境三个方面。

(1) 情景语境

情景语境,即语言表达的物理语境,又可叫作"言谈现场",指的是语言表达的参与者、语言表达当时的时空及这一时空中的所有存在。情景语境对语言的信息解码非常有帮助,特别是说话者、受话者、说话时、说话地,在面对面交谈中常常被省略,只有根据语境补充出来,才能得到完整的句义。例如,《三国演义》中就有一段错解情景语境的故事。彼时,曹操行刺董卓未成,逃亡到他父亲的好友吕伯奢家中。躲在房间里休

100

息的曹操忽然听见屋外有人正在磨刀,那人还对旁人说"缚而杀之,何如?"亡命途中的曹操此时处于高度警惕的状态,时时刻刻都在防备别人的告发和官府的搜捕,所以,他一听见这话就以为吕伯奢一家要杀他,心想若不先下手为强,必遭擒获。于是,曹操冲出房间,二话不说,闷头杀尽了吕伯奢一家。直至到后面看到草堆里绑着一只待宰的猪,曹操方才知道自己杀错了。这就是对情景语境的错误解读,如同我们前面说的语言解码失败。这里的关键是"缚而杀之"中的"之"作为一个代词在当时的言谈语境中指称的是什么。吕伯奢的家人在捆绑猪的现场交谈,彼此间传递的"之"指代的是"猪",但是曹操是在房间里听到这句话的,他看不到言谈现场的情景,因而完全领会错了。因此,在语言表达中,我们必须考虑情景语境,句子中的省略和某些指代所传递的意义必须依赖话语语境来补充。语言表达中的话语只有与言谈现场的参与者及言谈时空存在正确的关联,才能准确地传递信息和被理解。

(2) 文化语境

语言表达者的文化背景知识,即文化语境。从表达者信息传递的角度看,文化语境是表达者预测的接受者已知的背景信息,包括语言知识之外的生活常识、社会文化、传统习俗、民族价值观等。在语言表达中,表达者和接受者对意义的理解在很大程度上都要依赖语言形式之外的文化语境。文化语境可以帮助接受者理解表达者要传递的言外之意。比如,学生甲走进宿舍房间,对同屋的学生乙说:"太热了!"学生乙听后便打开了空调。这里,学生乙能够理解学生甲的要求,就基于如下背景知识:空调可以制冷降温。在日常对话中,像这样必须通过共同的文化背景知识才能理解话语的实际意义的例子比比皆是;而在篇章理解中,同样需要丰富的背景知识,阅读中外古今的历史著作、文学作品,都需要利用社会文化历史知识甚至生活经验去补充信息,才能真正理解。如果不了解中国封建社会的家庭关系,不但读《红楼梦》有些困难,读巴金的小说《家》也会感觉很难理解,会觉得觉新这个人物的遭遇有点奇怪;如果不了解古代军事外交修辞的言辞特征,便无法理解《左传·晋楚城濮之战》中斗勃对栾枝所说的"请与君之士戏"是什么意思;如果不了解明代女性的社会地位与生存环境,就难以体会戏曲《牡丹亭》所表现出的女性对自由爱情的向往与追求。所以,阅读文学作品一定要先了解它的社会文化背景,特别是作品中所包含的特定文化信息。

(3) 心理语境

心理语境是指人的认知情感和意图。每个人的认知体悟是不一样的,南方人与北方人的认识体悟也是不一样的,中国人和外国人的认知体悟更是千差万别。比如,看到红色,有人会想到火焰,有人会想到太阳,有人会想到鲜血,这就是每个人不同的认知体悟。在语言表达中,如果表达者与接受者对某一事物或词语的认知体悟不同,就很可能造成沟通的不畅和误解。例如,汉族人常常用点头来表示同意,用摇头来表示不同意;而佤族人却用摇头来表示同意;马来半岛的塞芒人用头往前伸来表示同意。再比如,汉语交流中存在不少隐性否定的表达方式,如"话是这么说""原则上""好吧""以后再说吧",它们都暗含了拒绝或否定的含义。倘若语言交流中语言表达参与者没有考虑到这些可能存在的心理语境差异,就会出现事与愿违的后果。因此,我们在进行语言表达时,务必要重视心理语境的作用。进入言语交际的句子不再是孤立的语言单位,而是

写作与表达十二讲

话语中的一个片段，反映的是与语境特别是表达者相关的特定人类经验的信息。反过来说，由于这些特定的语言信息中包含有情景知识、社会文化背景、心理认知等相关因素，因此，理解这些特定的语言信息也就更需要这些语境的支持。

三、口语的准确表达

在言语交际过程中，人们的话语不仅仅是人类经验的映像，也不仅是特定表达者对人类经验的具体认知，还是一种社会行为。如同吃饭、走路其他社会行为，言语交际这种社会行为也存在着对接受者或者表达者自身产生某种效力的目标，也存在着因某些行为而引发实际变化的效果。简而言之，言语交际行为本身也构成新的人类经验，与现实世界中的其他人、物、现象、事件有着"行为—效力"的关联。这些就是语言表达在另一层次上的意义，而从这一视角对口语交际的关注称为言语行为研究。

（一）一言三行

"言语行为"这一概念是1955年英国哲学家约翰·朗肖·奥斯汀在美国哈佛大学做报告时提出的，后续一系列会议报告被整理成文，名字就叫《如何以言行事》（*How To Do Things With Words*）。在这本著作里，奥斯汀明确地提出了言语行为理论。言语行为理论，简单来说，就是指人们说的每一句话都可以分为三个环节，分别是言内行为、言外行为和言后行为，简称"一言三行"。所谓言内行为，就是指说话人运用一定的语言结构规则说出含有意义的话语的行为；言外行为，是指说话人的话语想要达到的目的和意图；言后行为，则是指说话人说出话语后所得到的结果。所以，一言三行即指我们说出的话语不仅在表面上表示了一定的含义，而且通常有着话语之外的目的和意图，可能会使听话人做出某种行为以得到我们想要的结果。例如，当有人说"他昨天已经来过了"时，言内行为是直接陈述昨天的事实，言外行为是说明"他"今天没有来，而言后行为则是想让听话人明白"他"在昨天已经完成了某件事。再如，教师在课堂上对学生说"请大家把书翻到第8页"。这里，教师运用语言单位和规则说出有意义的句子，这是言内行为。教师说出这个句子是对学生的一种要求或指令，要使学生做一件事，这是言外行为。学生听到教师的话做出相应的行为，这是言后行为。因此，我们在口语交际中说出的每一个句子都包括了上述的三个环节，而这三个环节中最受关注的是言外行为和言后行为。在很多情况下，我们的言语行为实际上就是指言外行为和言后行为。

言语行为可以分为不同的类型，如阐述、命令、请求、询问、感谢、道歉、祝愿、承诺、宣告等。这些不同类型的言语行为都是通过不同的句型结合说话时的语境体现出来的。一般语言中都具有的陈述句、疑问句、祈使句等句型，表达的是说话者的语气，而从言语行为的角度看，则表现了最基本的言语行为类型。一般祈使句表现命令或请求的行为，疑问句表现询问的行为，陈述句表现阐述的行为。在语言形式上，一些特殊动词在言语行为中起着很大的作用。如"建议""提议""命令""承诺""宣布"等，当主语为说话者"我"时，都体现了明显的相应的言语行为，这样的动词叫作施为动词，这样的句子称为施为句。例如，"我提议由他担任主席"表达了明显的提议行为；"我宣布会议开幕"则明示了宣告的行为；"祝你生活愉快"运用祈使句表示了祝愿的行为。

（二）直接言语行为与间接言语行为

在言语交际中，人们的言语行为还存在着直接言语行为和间接言语行为之分。

1. 直接言语行为

由基本句型或施为句明确体现出来的言语行为，称为直接言语行为。直接言语行为相对比较简单，我们在学习第二语言时就常常会采用直接言语行为来直陈心意，通过使用明确的语言规则进行交流，如"我交作业""关灯睡觉""不要在课堂上玩手机"等。但要注意的是，每个句子的言语行为类型必须联系语境来确定。例如，"中华人民共和国成立了"这个句子，当1949年10月1日毛泽东主席在天安门城楼上说出此句时，它表达的是一种宣告行为，这一行为对中国和每个中国人、对世界和世界人民都有着十分重要的言后效果——国与国、国与民的关系从此发生了重大的改变；而当在历史课堂上，教师讲述课文而说出"中华人民共和国成立了"时，此句则仅仅是一种阐述行为，言后效果是旨在增加受话者的知识。

2. 间接言语行为

现实中的言语交际中，常常还会出现一些超越直接言语行为的言语行为，这便是间接言语行为。例如，请求的言语行为通常并不使用祈使句，而更多地使用疑问句。当我们希望别人把糖递过来时，更喜欢用"能把糖递给我吗？"来代替"请把糖递给我"；当我们想借别人的笔时，更喜欢用"我能用一下你的笔吗？"来表示"请允许我用一下你的笔"；当我们想提醒别人快一点时，更喜欢用"可以早一点吗"来表达"请早一点"。这些疑问句的直接言语行为是询问，而其间接言语行为则是委婉的请求，所以间接言语行为才是这些言语的真正目的。同样，陈述句也可以表示命令、询问等间接言语行为，比如，"我想知道你迟到的原因"的间接言语行为是询问"你为什么迟到了"；"我希望你安静点儿"的间接言语行为是命令受话者安静。祈使句也可以表示感谢、道歉、祝愿等间接言语行为。例如，"请允许我向您表达歉意"的间接言语行为是在道歉；"睡个好觉"的间接言语行为是在表达祝愿，即"祝你睡个好觉"。上面这些句子表现间接言语行为的方式大多具有普遍性，较容易被受话者领会与感知。还有一些现实生活中的言语表达，其到底属于哪种间接言语行为，在很大程度上则取决于语境。同样的话语，在不同的语境中可能会是不同的言语行为。例如，"这里少了一个茶杯。"如果是清点物品时说的，那么这句话是向受话者阐述一个情形，使受话者了解一个事实；如果是说话者在餐馆对服务员说的，那么这句话就表示了说话者对服务员的请求行为，即请服务员再拿来一个茶杯。

直接言语行为通常为字面意义所具有的行为功能，间接言语行为则是非字面的意义具有的行为功能。这两方面的意义都是受话者所能把握的，但后者才是言语的真正目的。受话者能够领会到间接言语行为的表达，根据的是对各种言语行为的语境的综合把握，同时也是表达双方在贯彻会话中的合作原则。语用学中所说的"会话合作原则"是指在言语交际中，首先，会话双方要使自己的话语有参与交谈的共同目标或方向；其次，会话双方所说的话语应当包含实现当前交谈目的所需要的足量信息与适量信息；最后，会话双方的表达需要清楚、明晰，双方都要用心体会，不能望文生义和断章取义。所以，能够用物理语境和日常生活常识推测出来的信息就不必出现在说话者的话语中，而基于会话合作原则，受话者会根据物理语境和日常生活常识去推导、去补充相关信息，理解说话者的"言外之意"。例如，疑问句用于请求，首要条件是疑问的内容应该显而易见，前面例子"能把糖递给我吗？"中的"把糖递给我"是受话者完全可以做到的，所以受话者基于会话合作原则，知道说话者不可能做出无意义的询问，而从语境可以看出说话者想要糖，由此可以推断得出这个疑问句表达的实际上是个请求行为，而并不是字面上显露出的询问行为。如果此时受话者不遵循合作原则，对直接言语行为做出反应，回答"能"或"不能"，而并不对间接的请求行为做出反应，就会有点令人啼笑皆非了。另外，采取间接言语行为还有一个重要的目的，就是符合会话中的礼貌原则，即使说话者的语气更加委婉得体，从而维系受话者和说话者之间正常的人际关系。对于同样的请求行为，使用祈使句的直接言语行为要比使用疑问句的间接言语行为显得更具有命令性。当然，采取哪种表达方式更为适当，也要看说话者和受话者之间是什么样的社会关系，比如，小辈对长辈及陌生人之间，在言语交际中一般不宜直接提出要求、发出命令，所以常用"言内意外"的间接言语行为来委婉地表达自己的要求。再比如，在相熟朋友之间的对话中使用直接言语行为表达请求，可能就更为得体，而使用间接言语行为反而表现出一种疏离和冷淡。

语言在说话者的运用中既传递着说话者的思维成果，也传递着说话者的行为意向，这两个方面都属于语言的意义。言语行为研究关注言语活动参与者之间的互动关系，关注语言作为一种社会行为的不同目标、效力及与使用者社会关系的对应，这对人们在言语交际中实现准确表达与顺畅交流有着十分重要的指导意义。

四、书面语的准确表达

文学作品中的书面语运用和日常的口语交际有所不同。在文学创作和欣赏中，言外之意起着举足轻重的作用。"言不尽意"的现象，我们的祖先早就注意到了。《庄子·天道》云："语有贵也，语之所贵者意也。意有所随，意之所随者，不可以言传也。"这说明早在先秦时期人们就已经注意到语言表达思想的功能和它的某些局限性。"言"与"意"的关系，一直是我国历史上的文艺理论特别是诗歌理论中的一个重要问题。刘勰的《文心雕龙》及魏晋南北朝时期的很多人都对这个问题有深入的讨论。宋代的欧阳修则进一步从作者和读者两方面阐述了"心得而未可言传"的矛盾，他在《书梅圣俞稿后》中写道："乐之道深矣，故工之善者，必得于心、应于手，而不可述之言也；听之善，亦必得于心而会以意，不可得而言也。……余尝问诗于圣俞，其声律之高下，文语之疵病，可以指而告余也；至其心之得者，不可以言而告也。余亦将以心得意会，而未能至之者也。"这是说诗人的创作经验，那些精微的艺术技巧，很难用话语传达给别人，需要读者从诗人的作品中去细细体会，用经验和社会文化知识去补充。

由于用语言表达思想的时候可以"言不尽意"，留下一些意思上的空白让听话人自己去补充、理解，书面语的准确运用成了一门值得深究的学问。同样的意思采用不同的说法，往往会收到不同的效果。在日常生活中，婉转的告诫、含蓄的言辞、辛辣的讽喻等，都很注意留下意思上的空白让听话人自己去领会和补充。这种现象可以用"言内意外"来概括。"言内意外"这种语言运用手法在文学创作中占有重要的地位。一部好的小说、一首好诗，往往在有限的言辞中寄寓着无尽的意思，为读者咀嚼、琢磨作品的思想内容留下广阔的天地。

例如，杜牧的诗歌《秋夕》就可以很好地说明"言内意外"的有关情况。全诗一共四句："银烛秋光冷画屏，轻罗小扇扑流萤。天阶夜色凉如水，坐看牵牛织女星。"这首诗描写的是一个失意宫女的孤独和凄凉生活。我们来分析第二句"轻罗小扇扑流萤"。从表面上看，这句诗很简单，描写一个宫女正用小扇子扑打着飞来飞去的萤火虫，但实际上在这句"言内"寄寓着好几层"意外"，十分含蓄，耐人寻味。第一，萤火虫原出没在野草丛生的荒凉之地，如今竟在宫院中飞来飞去，说明宫女生活的凄凉。第二，从扑萤的动作可以想见她的孤独与无聊：借扑萤来消遣孤苦的岁月。第三，轻罗小扇象征着她被遗弃的命运：扇子本来是夏天用来扇风取凉的，到秋天就搁置不用了，所以在古诗中常用来比喻弃妇。这些意思都是在字里行间流露出来的，是"言内"的"意外"，读者可以凭自己的感受去补充"意外"的内容。再比如，归有光的《项脊轩志》里有一千古名句："庭有枇杷树，吾妻死之年所手植也，今已亭亭如盖矣。"这句话表面上是一句陈述句，"言内"是在描述枇杷树的种植时间与现状，"意外"却是在传递自己对妻子深切的怀念之情。这样的"言内意外"比直抒胸臆地表达想念与悲痛更令人动容。

因此，文学作品的书面语，特别是诗的语言，都非常重视语言的暗示性和启发性，借此唤起读者的联想，以达到言有尽而意无穷的表达效果。

 标点的准确使用

一、口语表达的标点使用

口语表达的段落层次无法像书面语言那样有着明显的分节标志或大小标点，所以，口语表达大多采用"有声语言"的分段手法来区分层次。

首先，在口语交际中，人们可以通过采用停顿、重读、加快语速、延长音节等语音过渡标志来表示分层。比如，较长的停顿可以让受话者感知到话题的转换；重读词语可以让听话者明白表达的重点与核心；延长音节可以让受话者感受到情绪的铺陈与舒缓。

其次，人们可以通过使用称呼语这种语句过渡的标志来凸显分层。例如，在演讲中，演讲者常常在结尾处使用称呼语来提醒听众关注总结性的话语。

最后，人们还可以采用一些修辞过渡标志，比如层次法、排比、反复等辞格来表明逻辑与中心。常见的口语分层词语有"第一、第二、第三"和"首先、其次、再次"，排比与反复的辞格也可以突出中心思想与思想感情。

二、书面表达的标点使用

（一）标点符号的作用和种类

标点符号是辅助文字记录语言的符号，用来表示语句的停顿、语气或标示词语的性

质。标点符号和文字是构成现代书面语言的两大组成部分。但有些人对此缺乏足够的认识，认为标点符号是可有可无、可彼可此的。其实，标点符号和文字一样有表达作用，有的还具有文字所不及的表达效果。

标点符号分为点号和标号两类。点号主要表示语句的各种停顿。句末点号兼表语气，也有区分句类的作用。例如，问号表示疑问语气，多用于疑问句；句号表示陈述语气，多用于陈述句；叹号表示感叹语气，多用于感叹句。标号有标明词语或句子的性质的作用。例如，"鲁迅的《故乡》"不同于"鲁迅的故乡"，也不同于《鲁迅的故乡》。有的标号兼表停顿，如破折号、省略号和间隔号。

常用的标点符号有 17 种，如表 1、表 2 所示。

表 1 7 种点号

句末点号	一级停顿	句号（。）、问号（？）、叹号（！）	
句内点号	二级停顿	分号（；）	冒号（：）
	三级停顿	逗号（，）	
	四级停顿	顿号（、）	

表 2 10 种标号

名称	引号	括号	破折号	省略号	着重号	连接号	间隔号	书名号	专名号	分隔号
形状	" "	（ ）	——	……	.	-或~	·	《 》	＿＿	/
位置	居左上角和右上角		居中占两格	居字下	居中占一格	居中、标字间		居字下	标字间

（二）标点符号的使用方法

1. 点号

点号分为句末点号和句内点号。

（1）句末点号

句末点号包括句号、问号和叹号。

句号主要表示陈述句末尾的停顿和语气的舒缓，例如，"春天的百花送来了浓香。" 语气舒缓的祈使句末尾也使用句号，例如，"请您再说一遍。" 如果在文章中该用句号而不用，或者不该用而用了，就会使句子结构层次不清、表述不明。

问号表示疑问句末尾的停顿和疑问语气。反问句虽然不要求对方回答，但是疑问句形式，也要用问号，例如，"无数革命先烈为了人民的利益牺牲了他们的生命，难道我们还有什么个人利益不能牺牲，还有什么错误不能抛弃吗？" 选择问句中间的停顿一般用逗号，句末用问号，例如，"通宝，你是卖茧子呢，还是自家做丝？" 有时，为了强调选择的内容可以分几项说，每项后面也可以用问号。用"好不好、行不行"等肯定否定并列形式的提问格式表示较委婉的祈使语气，也可用问号，例如，"你听听大家的意见，好不好？" 如果虽然有疑问代词或疑问格式，但是整个句子不是疑问语气，就不能用问号，例如，"他完全知道这件事应该不应该谈。"

叹号主要表示感叹句末尾的停顿和语气的强烈。语气强烈的反问句、祈使句，末尾也要用叹号，例如，"这是多么平静的一片原野！""起立！"主语、状语等成分倒置的感叹句，以及称呼语在感叹句句末时，要用叹号，但必须放在句末，例如，"多美啊，黄山的风景！""再见，妈妈！"有人喜欢在句末连着用两三个叹号，这是一种超常用法，不能算错，但也不提倡多用，因为表达强烈的感情主要应该依靠句子里的词语。

（2）句内点号

句内点号包括冒号、分号、逗号和顿号。

冒号表示提示性话语后或总括语前的停顿，多用在书信、发言稿的开头的称呼语后面，表示提起下文，例如"某某先生""同志们"；也用在"某某说"后面，提示下面是某某的话；或者用在"例如"后面，表示引起下文。冒号也可以用在总提示语之后，让读者注意下文将要分项来说。例如，"行动，要靠思想来指导；思想，要靠行动来证明：思想和行动是紧密相连的。"冒号还可以用在"说、是、证明、例如、如下"等动词之后，表示提起下文。例如，"在螳螂的世界里，有一种奇特的现象是：'结婚'就意味着雄螳螂走向自己的坟墓。"除此之外，冒号还可用在需要解释说明的词语或分句之后，例如，"三七：中药名，即田七。"作者和书名（篇名）之间有时用冒号隔开，例如，"鲁迅：《一件小事》"，这里使用冒号不被视作规范用法。另外，使用冒号还要注意两点：第一，没有比较大的停顿不要用冒号。第二，冒号一般管到句终。

分号用于多重复句中，起分组作用，即起分清层次的作用，主要表示并列关系的分句之间的停顿。例如，"语言文字的学习，就理解方面说，是得到一种知识；就运用方面说，是养成一种习惯。"要注意，非并列关系（如转折、因果、条件等）的多重复句的分句之间的停顿处，凡是用逗号而不能分清层次、用句号而容易把前后关系割断的，都要用分号表示，即在多重复句第一层的前后两部分之间要用分号来分清层次。例如，"我国年满18周岁的公民，不分民族、种族、性别、职业、家庭出身、宗教信仰、教育程度、财产状况，都有选举权和被选举权；但是依照法律被剥夺政治权利的人除外。"

逗号表示句子内部的一般性停顿。逗号常常用在复句内的分句之间，例如，"阅读使人充实，会谈使人敏捷，写作和笔记使人精确。"逗号也用在两个句法成分之间，例如，"梦，就是理想。"逗号还可以使用在独立语的前面或后面，或前后都用，例如，"这个孩子的嘴多巧，你听。"几个较长的并列短语之间也可以使用逗号，例如，"科技的发展，经济的振兴，乃至整个社会的进步，都取决于劳动者素质的提高，大量合格人才的培养。"不过，句中可以用逗号表示停顿的地方虽然多，但也不是任何句中的停顿都可以用逗号，比如状语和中心语之间联系紧密，一般就不会用逗号点断。

顿号表示语句内部较短的并列词语之间的停顿，例如，"必须抓紧粮食、棉花、油料、化肥、煤炭的生产。"并列词语之间有的用顿号，有的用逗号，这主要是为了在不同类的事物之间起分组作用。顿号还经常用在汉字次序语之后，如"一、……二、……""甲、……乙、……"。但是用阿拉伯数字作次序语时用下脚点，如"1.……2.……"，如用顿号，是错误的；次序语用了括号，就不用顿号，那种"（1）、……（2）、……"的用法也是不对的。并非所有的并列词语之间都需要用顿号，如"省市领导""城乡交流""中小学"，这几个例子中没有停顿，就不该用顿号；在可

写作与表达十二讲

停顿可不停顿的地方，也以不用为宜。用了连词"和"的地方就不能再在"和"的前面用顿号了。概数中间不能用顿号，如"七、八个人""三、四十个梨子"是错误的。

2. 标号

标号包括引号、括号、破折号、省略号、着重号等，其用法和点号的用法完全不同。

引号表示文中直接引语或特别指出的词语。对话的内容也属于引语，但记者采访、剧本中对话分行分段书写时，说话人与所说的话之间用了冒号或空一格就不必再用引号。例如，"记者：您想在您身后留下什么样的名誉？朱德：一个合格的老兵足矣。"引语分为直接引语和间接引语两种。直接引语对所引用的原话不能做任何改动；间接引语，即所谓"转述"，可以在文字上有所变动，就不用引号。引用成语、谚语等，用不用引号都可以，以不用为常。重要的或有特定含义的词语也可以用引号，这种用法充分体现出引号的修辞作用。例如，"这样的'聪明人'还是少一点好。"引号一般用双引号，双引号引文之内的引文用单引号；如果单引号之内又有引文，那又要再用双引号。如果引文连着好几段，每一段开头应该用一个前引号，只有最后一段的末尾才用一个后引号。关于引文末尾的点号放在引号内还是放在引号外的问题：如果引文的句子是完整照录人家的话，引文末尾的点号应放在引号之内；如果引文是作为引用者文句的一部分，这时点号应放在引号之外。

括号表示文中注释性的话，例如，"他又要所有的草灰（我们这里煮饭是烧稻草的，那灰，可以做沙地的肥料），待我们起程的时候，他用船来载去。"只注释句中一部分词语的叫句内括号，注释全句的叫句外括号。句内注释紧挨着被注释的词语，它的末尾不用句末点号；句外注释则放在句子之后，句外括号内如有句末点号则须保留。例如，"全国各民族大团结万岁！（长时间的鼓掌）"。无论是句内括号还是句外括号，括号内的文字不是正文，只是对正文的注释，一般不念出来。括号还可用在次序语的外面，如（一）（二）（三）、（甲）（乙）（丙），这时它和顿号的作用相同，括号后头不能再用顿号。除了主要形式圆括号"（）"之外，其他形式还有方括号"［］"和方头括号"【】"等。同一形式的括号避免套用，必须套用括号时，宜采用不同的括号形式配合使用。

破折号表示文中解释说明的语句，作用相当于括号，但与括号不同，破折号后面的词语是要连着正文念的。例如，"我国古代的三大发明——火药、印刷术、指南针对世界历史的发展有伟大贡献。"破折号还表示语意的转换、跃进，或语音的中断、延长，例如，"'嘟——'火车进了站。"事项列举分承，各项之前也用破折号。文章的副标题之前可用破折号起注释作用。如果解释说明的话插在句子中间，就可以在前面和后面各用一个破折号，这叫双用。双用时，它的作用相当于括号，但在朗读时破折号内的内容要读出来，因为它是正文的一部分。例如，"细细的秋雨——大约是今年的最后一场了吧——在窗外静静地飘洒着。"

省略号表示文中省略了的话，一共六个小圆点。有时，省略的是一整段或几段文字，就用十二个小圆点表示，这时要单独成行，不顶格。省略号还可以表示沉默、语言中断、断断续续、欲言又止等。虽然破折号和省略号都可表示语言中断，但它们的区别是：破折号表示语言戛然而止；省略号则表示余音未尽。省略号的前面可用句号、问号和感叹号，表示上文是个完整的句子。省略号后面一般不用任何点号，因为连文字都省了，点号自然也可以不要。文中用了"等""等等"，如果又用省略号就是重复，因为文中的"等""等等"就表示省略。书面表达不要滥用省略号，应该让读者知道的不能省略；不必让读者知道的，不说就行了，不必用省略号。

着重号表示要求读者特别注意某些字、词、短语、句子。连接号用来把密切相关的名词连接起来，表示时间、地点、数目等的起止，人或事物的某种联系。连接号的形式为"-"，占一个字符的位置。间隔号表示间隔或分界，用在月份和日期、音译的名和姓、书名和篇名、词牌（曲牌）和词题等的中间。书名号表示书籍、篇章、报刊、剧作、歌曲、栏目、电影、电视剧等名称。书名内还有书名时，外用双书名号，内用单书名号，例如《论〈李有才板话〉》。书名号以前曾用波浪线或双引号表示，现在只在古籍或某些文史著作里用波浪线。广播、电视、报刊、网络的栏目名，应加书名号。专名号表示人、地、山、河、国家、机关团体等的专有名称，标在字的下边，一般只用在古籍或某些文史著作里面。为了和专名号配合，这类著作里的书名号可以用波浪线。分隔号分隔诗歌接排时诗行，标示诗文中的音节节拍，还可分隔供选择或可转换的两项，表示"或"，分隔组成一对的两项，表示"和"，分隔层级或类别。

课后练习

1. 说明语言与自然学科之间的关系。
2. 准确表达的定义是什么？包括了哪些基本要素？
3. 语境分为哪几类？简述语境如何对准确表达产生影响。
4. 言语行为可以分为哪几个环节？举例说明每个环节的含义。
5. 简述直接言语行为与间接言语行为的区别。
6. 什么是言内意外？请以一部文学作品为例进行阐释。
7. 点号有哪几类？分别说明不同点号的作用。
8. 标号有哪几类？分别说明不同标号的作用。

知识拓展

随着世界各族人民的交往日益频繁，为了打破语言的隔阂，人们自然地产生一种理想，希望能有一种大家都接受的世界语，作为各族人民往来的工具。为了实现这种理想，从17世纪起，不断有人设计世界语的方案。这样的方案出现过几百种，由于深奥难学，或者矫揉造作，都没有获得成功，多数方案甚至只是设计者抽屉里的东西。

比较成功的是波兰医生柴门霍夫（L. L. Zamenhof）在1887年创造的"世界语"（Esperanto）。这种语言的词汇材料主要取自拉丁族语言，也有一部分取自日耳曼族语言和希腊语。语法规则十六条，没有例外。采用拉丁字母书写，一字母一音，多音节词的重音一律落在倒数第二个音节。词根可以自由地复合成词；派生词的构成可利用一套丰富的前后缀，方便灵活。实词有划一的形态：名词收-o，动词（不定式）收-i，形容词收-a，副词收-e。名词有单/复数和主/宾格的变化，复数的标志是-j，宾格的标志是-n；形容词必须和所修饰的名词同数同格，保持一致。动词有时的变化（现在时-as，过去时-is，未来时-os）和主动、被动的变化。整个方案备有词典、语法和范文。

世界语兼采欧洲各种语言的词汇材料和语法格局，加以简化划一，可以说是欧洲各大语言的一个合理化的公分母，也可以说是一种人造的洋泾浜。它模拟自然语言，没有枯燥乏味矫揉造作的味道；它简单易学，懂得欧洲语言的人都有一种似曾相识的感觉。比方下面两个句子，大家不难猜测是什么意思：Ni（我们）estas studentoj de la Pekina Universitato. Ni lernas Esperanton. 世界语正因为有这些优点，所以问世以后受到广泛的欢迎，各国都有爱好者用它来互相交往，举行国际大会，翻译出版各种译著。现在，各国的爱好者有几百万人。我国也有世界语爱好者的组织，并出版了刊物和读物。

【资料来源：叶蜚声，徐通锵. 语言学纲要（修订版）[M]. 北京：北京大学出版社，2011：240-241. 有改动。】

文章的修改与润色

【教学目标】通过学习，学生能从内容和形式两方面掌握文章修改的常见手段与方法，正确认识同音词、多义词、近义词在语言表达中的作用与局限；掌握文章润色的基本手段与方法，了解词语的几种附加义，能够选用不同语体适宜的词句来进行创新；熟悉辞趣的几种类型，能够运用各类辞格与语言技巧来提升文本的思想力与感染力。

> **案例导入**
>
> 　　准确妥帖是选用词语的基本原则，也是用词的第一要求。它不仅要求用词能毫不含糊地反映客观事物，妥帖地表达思想感情，还要求所用词语能切合内容、语境的需要。用词准确妥帖，就会产生一种质朴的美感和力量。著名作家梁斌对其作品的语言往往一改再改，以求达到准确妥帖。他在《红旗谱》中有一个原句是："这座铜钟就在柏树底下，矗立在地上，有两人高。伸拳一敲，嗡嗡地响，伸直臂膀一撞，纹丝儿不动。"梁斌反复推敲后，将词句改为："这座铜钟就在柏树底下，戳在地上有两人高。伸手一敲，嗡嗡地响，伸开臂膀一撞，纹丝不动。""矗立"，意指高高直立，如"高楼矗立"。说仅两人高的钟矗立，有失准确。改用"戳"，既确切妥帖，又浅显明快。"伸直臂膀"撞钟，有悖一般动作习惯，改"伸直"为"伸开"，能恰切地描写撞钟的动作。改笔之处体现了作者选词的精确，也显示了作者锤炼词语的功力。

第一节　文章的修改

文章的修改主要分为三个部分，第一是词语的修改，第二是句式的修改，第三是语段的修改。

写作与表达十二讲

一、词语的修改

(一) 用词单义化

在写文章时，选词要尽量单义化，避免出现歧义或双关的现象。歧义就是指在同一语言环境中，同一语言单位（词或短语）表达两种或者两种以上的不同意义的语言现象。有不止一个意义的短语叫作歧义短语，又叫作多义短语。例如，"货到全付款"，既可以表示货到以后全部付款，也可以表示货物全部收到以后再付款。这里的"全"既可以修饰"货到"，也可以修饰"付款"，所以产生了歧义。写文章时要尽量避免使用类似的歧义短语。

容易产生歧义的词语分为以下几种类型：第一种类型是因词语的轻重音不同而产生了歧义。汉语本身并不是一种主要依靠轻重音来区别词义的语言，依靠轻重音来区别词义在英语中较为常见，比如英语单词的重音在前还是在后，就常常产生不同的意义。不过，汉语偶尔也可以通过轻声与重读来表达不同的含义。例如，"我想起来了"，当"起来"都读轻声时，此句表示说话者想起来了一件事情；当只有"来"读轻声时，此句表示说话者想做"起来"这一动作了。再比如，"一个晚上就写了三封信"，当"就"和"三"都读重音时，此句表示说话者认为写信数量很多；当只有"三"读重音时，此句表示说话者认为写信数量很少。

第二种类型是多义词。例如，"去"可以表示"离开某地，前往其他地方"，也可以表示"去世"的含义，所以，当文章中出现"他去了"这个句子时，就很容易出现两种解释。再比如，"算账"既可以表示计算账目，也可以表示清算恩怨，因此"找他算账"也会在语境不明晰的情况下出现歧义。多义词里还有一种多音多义词，特别容易在合同、法规等正式文书中产生歧义。例如，有一场官司就是由多音多义词"还"引发的。数日前，郭某向陈某借钱6万元，几天后陈某到郭某家中取走4.8万元，而写的收条如下："现有郭×欠陈×陆万元整人民币，还有壹万贰仟元整（12 000.00元）。"没想到，陈某上告法庭，说郭某只还了借款12 000元，还欠48 000元。双方产生争执的原因就在于"还"是个多音多义词。"还"既可以读"hái"，表示"还剩下"；也可以读"huán"，表示"已归还"。因此，在书写和签订合同的时候，词语表达一定要非常小心，切勿使用这样的多音多义词。

(二) 恰当使用同音词

每种语言中都存在一些同音词，汉语也不例外。比如，"她有点 jiāoqi"，既可以表达这个人是娇滴滴的"娇气"，也可以表达这个人是很骄傲的"骄气"；"qīzhōng 考试"既可以表示半学期的"期中"考试，也可以表示期末的"期终"考试。有一些同音词在日常生活和书面语表达中都很常见，很容易引发误会和歧义，比如，"定金"和"订金"。定金，指的是合同履行的保证款。当事人可以约定一方向另一方给付定金作为债权的担保。债务人履行债务后，定金应当抵作价款或者收回。收付定金的一方若不履行约定的债务，无权要求返还定金；收受定金的一方若不履行约定的债务，应当双倍返还定金。订金，指的是订购商品的预付款，若收受订金一方违约，只需归还所收款项，无须双倍退还。所以，此定金非彼订金，二者之间是有本质差异的。再比如，"制定"和"制订"。制定是定出法律、规程等,强调的是法规等的定型、定案,多是依据一定基础或既有材料定出,常常需要集体讨论决定,涉及的事务比较重大,使用面更广,如"制定宪法"。制订是创制拟订,强调的是方案、计划等的形成过程,多指一种构想或草案,可以是个人的行为,如"制订作息时间表"。所以,同音词的使用也要非常慎重。

(三) 准确使用近义词

每个词语除了具有理性概念意义以外,还有不同的附加义,如感情色彩义、语体色彩义、形象色彩义、象征功能等其他与概念义相关的意义。

词的感情色彩等其他意义是附着在词的概念意义上的。对于同样的现实现象,人们的主观态度可以不同,有喜欢,有讨厌,有褒有贬,因而在形成理性意义的时候可以带有人们的主观态度,这就给词义加上了一层感情色彩。例如,"致哀""悼念"等带有庄严、肃穆的色彩,"小偷""卑鄙"等带有使人厌恶的感情色彩。英语中的 little 和 small 都是小的意思,small 不带感情色彩,而 little 带有说话人的主观评价,有指小和表示爱称的感情色彩。词义还可以带有褒贬色彩。所谓"褒",就是以赞扬、肯定的态度去反映现实现象的特征,褒义词俗称"好字眼儿";所谓"贬",则是以鄙视、否定的态度去反映现实现象的特征,贬义词俗称"坏字眼儿"。"教导"和"教唆"有共同的意义——"用话语去开导人",但"教导"是启发的意思,开导的内容是好的、正确的、健康的;而"教唆"则相反,开导的内容是不好的、不正确、不健康的。前者含褒义,后者含贬义。又如"鼓励"是"勉励别人向好的、健康的方向发展",而"怂恿"是"挑动别人去干不正当的事情",也是前褒后贬。这种褒贬色彩对全社会的所有成员都是一样的,不管是哪一个阶级、哪一个集团或哪一个人,也不论在什么时候,从说话人的角度看,都认为像"鼓励""教导""宏大"等是"好字眼儿",而"怂恿""教唆""引诱""庞大"等是"坏字眼儿"。这类近义词在运用中区分得很严格,总是用褒义词来描写、说明所要肯定的东西,而用贬义词去描写、说明所要否定的东西,绝对不能用错。

近义词还可以有不同的语体色彩。语体色彩是应言语交际有多方面不同的"得体"需求而产生的,在不同的场合,对不同的话题需要使用具有不同风格色彩的词语。语言中一些词是各种风格都通用的,比如"山、水、江、河、万、千",但也有很多带有风格色彩的词供人们选用于不同的场合。比如,口语体和书面语体,前者适用于朋友之间等随意的、面对面的私人交际的场合;后者适用于教育、学术、宗教等领域和国与国之间、上下级政府或机构之间等严肃、正式的非私人性交际场合。口语色彩的词多利用当代仍在通用的语素及语素义来建造,大多亲切幽默;书面语色彩的词多为历史用法的延续,政府文告、法律条文、外交文件要求庄重明确,科学论文要求冷静严谨。如果使用不当,把握不好分寸,就会破坏文章的基调。比如"诞辰"和"生日","逝世""去世"和"死亡","悲痛""悲伤"和"难受",这几组词都有风格色彩的不同。

词的象征意义常和语言的民族文化特征相关,比如"喜鹊"在捷克语中叫 strake,其基本概念和指称与汉语的"喜鹊"是相同的,但在捷克语中,strake 却是"小偷小摸"的象征,与在汉语中喜庆的象征意义大不相同。因此,虽然近义词在语言的运用中为人们准确、细致地表达思想提供了多种选择的可能，但是正确地使用近义词是一种较为严谨的语言艺术。在文章写作中，只有恰当地运用近义词才能帮助我们更准确地描写现实生活，刻画人物性格，表达思想感情。

二、句式的修改

（一）句义应明确

在文章表达中，除了词语表意要明确之外，句义表达更须准确。首先，句子的结构关系不明就可能造成句义的不明晰。比如，"我要出租汽车"，此句中的"出租汽车"既可以是动宾结构，也可以是偏正结构，由此就可以产生两种含义。再比如，"你去找学生家长"，这里的"学生家长"到底是"学生和家长"，还是"学生的家长"呢？所以，遇到这些结构关系不明的句子，我们可以尝试增加一些恰当的虚词，如"的""和"等，来明确句子的含义。

其次，句子的语义关系不明也可能造成句义的不明晰。这里的语义关系不明大多是施事和受事不明确造成的。比如，"鸡不吃了"，这个句子的完整句既可以是"鸡不吃东西了"，也可以是"我们不吃鸡了"，由此，"鸡"在前句里是施事者，即动作"吃"的发出者；在后句里是受事者，即动作"吃"的承受者，所以引发了句义的不明。再比如，"他谁都认识"，这个句子既可以表示"他认识所有人"，也可以表示"所有人都认识他"，由此，"他"既可以是"认识"的施事者，也可以是"认识"的受事者；"谁"既可以是"认识"的受事者，也可以是"认识"的施事者。因此，不管是在口语表达还是书面语表达过程中，我们都要尽量避免使用类似的施受语义关系不明的句子。

最后，语义指向不明也很容易造成句义的不明晰。语义指向是指句中某个句法成分与某个词语或者某个成分在语义上发生最直接的联系。比如，"他喜滋滋地炸了盘花生米"，这里的"喜滋滋"在语法结构上是修饰动词"炸"的，但在语义指向上，"喜滋滋"关联的是施事者"他"。如果一个句子中的词语在语义指向上难以区分，那就很容易造成句义不明。比如，"张三有个儿子，在邮局工作"，从语义相关性角度来考虑，"在邮局工作"这一短语既可以指向"张三"，也可以指向"儿子"。再比如，"他在屋顶上发现了小偷"，"在屋顶上"这一短语既可以表示"他"的位置，也可以表示"小偷"的位置，还可以同时表示"他"和"小偷"的位置。所以，当句中词语的语义指向可以关联多个词语时，就很有可能产生歧义。

结构和语义均不清晰的句子就更容易造成歧义了。比如，"他们两个三两"，这里的"两个"可以修饰前面的"他们"，也可以修饰后面的"三两"，结构不同，语义也不同，所以，到底是他们两个人合起来需要三两，还是他们两个人各自需要三两呢？再比如，"他的爸爸和妈妈的三位朋友"，既可以表示"他的爸爸"和"妈妈的三位朋友"，也可以表示"他的爸爸和妈妈"有三位朋友，由此产生的语义完全不同；这三位朋友到底是妈妈的朋友，还是爸爸和妈妈共同的朋友？这种结构和语义不明晰造成的双重歧义尤其难以理解。

（二）句式应得体

在口语交际与书面表达中，不论使用何种语言，甚至即便在同一交际场合使用不同的语言，首先要关注的都是得体。准确表达，十分强调得体在语言使用中的作用，并且十分重视在语用中对句式的不同要求和内部特征的区别。不同的场合和语体对不同的句式有不同的适应性和封闭性，因此句式才会呈现出不同的特点和氛围。语体对于句式的使用具有制约作用，任何句式和语言手段的运用都必须应合得体这一要求。因此，得体是准确表达和风格创造的一条基本原则，与语体规范相悖是运用语言手段和风格手段的大忌。

例如，"雪白、火红、绿油油"等状态形容词有着增强语言形象性的表达功能，但只有用在文学语体中才能显示出理想的表达效果。倘若将状态形容词用在专门科技语体和公文语体中，其表达效果就是负面的了。再比如，语言学认为比喻的功用是可以使深奥的道理浅显化、抽象的事物具体化、概念的东西形象化，可以使语言形象生动。比拟的功用是可以淋漓尽致地抒发感情，引起读者共鸣；可以营造环境气氛，创造情景交融的意境；可以化静为动，增强叙述的形象性。排比的功用是可以使叙事集中透彻，说理条分缕析，抒情隽永有力。这些语言表达手段对某些语体是适用的，但对某些语体是忌用的。朱自清就在他创作的散文《春》里运用了上述语言修辞手法，把春天比作刚落地的娃娃、小姑娘、健壮的青年，用了比拟的手法及段落排比的句式。这些运用了修辞手法的句子把春天的景色及作者的情感具体形象地表现了出来，给读者以强烈的印象，这便是得体的语言表达效果。如果在专门的气象学专著中采用上述句式来叙述春天的形态特征就不得体了。由此可见，从现有的、可以采用的表达手段中挑选出最合适的方式，并加以恰当的组合，以期最大限度地实现表达效果，才是谋篇布局、遣词造句最得体的方式与原则。

三、语段的修改

文章中的语段由各种各样的句子组成，根据句际关系大致可以分为并列、顺承、解说、选择、递进、条件、假设、因果、目的、转折等类别。在实际运用中，语段层面常见的错误有以下几种。

（一）前后脱节

前后脱节是指语段中的几个句子在意思上缺乏必然的联系，有的句子脱离了中心意思。例如，"我们每一个人都应该去植树，不能去毁树。植树和毁树是一对矛盾。要做到这一点是很不容易的。现在社会上还有毁树的现象。"在这个语段中，第一句是语段的语意中心，第三句、第四句是围绕第一句这个中心说的，而第二句却跟前后句脱节。所以，这个语段中的第二句应该删去。

（二）语序不当

客观现实之间的联系均有一定次序，因此，语段里先说什么后说什么也不是任意的，应该有一定的顺序。例如下面这个描写火山的语段："人们一般把火山分为活火山、死火山和休眠火山三类。在人类历史以前爆发过，迄今为止没有再爆发的火山叫死火山；在人类历史中爆发过，以后长期处于平静，但仍可能爆发的火山叫休眠火山；经常的或周期性喷火的火山叫活火山。"这个语段包含了两个句子。前一句是总说火山的情况，提到了三种火山；后一句有三个分句，分说三种火山，但是没有按总说中的"活火山、死火山、休眠火山"的次序来说。这样就显得条理不清、连贯性差。

（三）前后矛盾

前后矛盾是指语段中的句子前后意思相反。比如，"在一次战斗中，连长腰部负了重伤，因流血过多昏过去了。战士们送他回后方，他用坚定的口气说：'不要管我，追击敌人要紧！'"前一句描写连长身负重伤，已经昏过去了；后一句却又描写连长说出了神志清醒的话语。前后句意明显相反。如果想要表示连长是在苏醒以后说话的，那就必须交代清楚，不能随意省略。

（四）答非所问

这种错误常常出现在自问自答或甲问乙答的解说语段中。例如，"'志'是怎么得来的呢？是天生的吗？不。古人云：'世上无难事，只怕有心人。''有心人'即教导人们要有恒心，要善于做长期艰巨的工作。古时李时珍花了一生的精力，攀山涉水，走遍天涯海角，才写出一部伟大的科学著作——《本草纲目》。"这个语段一共有六个句子。第一句问的是"志"是怎么得来的，后三句并未对此做出正面回答，转而大谈要做一个"有心人"，答非所问，语意不连贯。

（五）重复多余

重复多余也是写作中经常出现的错误，往往是堆砌字数造成的。比如，"昨天晚上我们全家去山东剧院看电影。六点半出发。去早了也没有意思。剧院门前人山人海。我们在大门口检票后就进场了。没有票的不能入场。"这段话本身就是一段流水账，其中第三句和第六句明显多余，应该删去。

因此，写作到了语段层面更要注意逻辑严密、详略得当，没有意义、答非所问的句子要避免出现在表达中，不然就会影响文章的整体表现与思想传达。

第二节　文章的润色

如何使文章的表达变得更加精妙得当？可以从三个角度入手，分别是词句的创新、语段的创新及修辞的运用。

一、词句的创新

当人们感到恪守语体常规还不足以表达纷繁复杂的交际内容时，为了达到某种交际目的和追求一种独特的表达效果，他们往往会突破传统言语体式的束缚，有意越出词句规范的框架，巧妙地借用、吸收或融合他体而形成新体。

（一）词语的创新

词语的创新主要体现在词语的超常搭配与移植方面。汉语作为世界上最古老的语言之一，其某些词类及短语都具有独特性。比如量词，很多语言里没有量词，而汉语的量词不仅仅是单调刻板的计量单位，还可以是表示形状和动态的语言成分，能够使语言描写产生出人意料的表达效果。例如，鲤鱼的量词一般用"条"，而换用"尾"时，就可以形象地描绘出鲤鱼的悠然摆动；灯光的量词一般用"点"，而使用"豆"时，就能够凸显出像豆粒儿似的一点灯光；霞光的量词一般用"道"，而使用"抹"时，仿佛朝霞是用画笔抹出来的。"一片冰心""一介书生""一叶扁舟""一丝微笑""一线希望""一城风絮"……类似的量词使用案例不胜枚举。这些短语中的量词已不再承担计量的任务，而是起修饰作用，使语言表达变得更加丰富和形象。

除了创新使用特殊量词进行超常搭配以外，还可以把一些行业用语或者本不属于此语体的词语移用在语言表达中，旨在增加色彩，使语言生出光辉，产生不寻常的表达效果，如同人们在精美的外衣上扣上别致的胸花，起点缀作用。比如科技用语"黑洞"，原意是指存在于宇宙空间中的一种时空曲率大到光都无法从其事件视界逃脱的天体，引力极其强大。现在，"黑洞"一词也常常在生活用语和文学作品中被使用，比喻像黑洞一样影响我们生活和工作的人或事物。再比如，钱钟书的小说《围城》里有这样一句话："鸿渐心里想，糟了！糟了！这一介绍就算经她家庭代表审定批准做候补女婿了。"这句话就创新地移植进了一些应用语体中才会使用的词语，如"审定批准"和"候补"。这些其他语体词语的引入，使文章的语言变得格外风趣、幽默。

（二）句子的创新

除了词语的创新之外，文章润色还可以在句子上进行创新。通过模仿既存且广泛流传的名句，取其形式而改换内容或个别字词而成新句，可以产生出其不意的表达效果。这种创新方式在广告媒体中是很常见的，很多广告语句都是通过改换诗词、成语或谚语而产生的。比如，丰田汽车的广告就模仿了古诗"车到山前必有路，船到桥头自然直"，写出了"车到山前必有路，有路必有丰田车"的广告语；江铃汽车则模仿了宋词"三十功名尘与土，八千里路云和月"，写出了"三十功名创传奇，八千里路驰江铃"的广告词；东风汽车直接引用了《三国演义》里的名句"万事俱备，只欠东风"来进行宣传，只是此东风非彼东风；献血公益广告则化用了现代诗句"生命诚可贵，爱情价更高"，改为了"鲜血诚可贵，助人价更高"。

名著《红楼梦》里也有类似的句子创新例子。《红楼梦》第十六回《贾元春才选凤藻宫 秦鲸卿夭逝黄泉路》里有这样一段情节，"贾琏自回家参见过众人，回至房中，正值凤姐近日多事之时，无片刻闲暇之工，见贾琏远路归来，少不得拨冗接待，因房内别无外人，便笑道：'国舅老爷大喜！国舅老爷一路风尘辛苦。小的听见昨日的头起报马来报，说今日大驾归府，略预备了一杯水酒掸尘，不知可赐光谬领否？'贾琏笑道：'岂敢岂敢，多承多承。'"[1] 这就是王熙凤在"房内别无他人"的情况下，仿效早期白话小说和戏曲里面的人物对白的腔调，调谑贾琏。这几个句子可谓别开生面，读来饶有趣味。

二、语段的创新

语段的创新大体可以体现在语体融合和概念整合两个方面。

（一）语体融合

文章的语体类型有很多，如诗歌语体、广告语体、公文语体、科技语体等，如果甲

---

[1] 曹雪芹. 红楼梦 [M]. 北京：华文出版社，2019：142.

写作与表达十二讲

语体不是用自己的语体格式来进行言语表达，而是借用其他语体的组成要素来进行表达，就是一种语段的创新。从表面上看，两种不同语体的交叉关系并不明显，但实际上，它们的交叉处是乙语体的语言结构和甲语体所要表达的信息结构形成的交叉面，这交叉面隐蔽，要靠读者去细心领悟。写作者正是利用乙语体的语言结构和甲语体所要表达的信息结构在体式上的脱节、对立来创造奇特的表达效果。

语段创新运用得十分广泛，古今中外都有，而且不乏杰作。唐朝李白的《客中行》及宋朝苏轼的广告诗《寒具》至今仍脍炙人口。苏轼运用诗歌的格式来描写馓子这一食物："纤手搓来玉色匀，碧油煎出嫩黄深。夜来春睡知轻重，压扁佳人缠臂金。"这样的广告宣传独具一格，好读好记，为群众所喜闻乐见，收到了良好的宣传效果。我国不少作家也将日记这一语体格式运用到小说的创作中，比如丁玲的《莎菲女士的日记》、茅盾的《腐蚀》等，都是用日记体来写小说，显得真实可信，引人入胜。

语段创新无固定格式，形式自由灵活，只要根据题旨情境的需要去融合，做到自然、合理、巧妙，就能收到非同凡响的表达效果。如广告语体，既可移植在韵文语体中，又可移植在相声语体中，还可移植在书信语体中。只要使用火热真挚的语言，新颖的语段就可达到巧妙的宣传效果，字字句句扣人心弦，富有感染力。例如，下面这篇文章就是把文学语体与科技语体完美交融的语例：

> 春天天气暖洋洋，蚕卵里钻出蚕姑娘。
>
> 又黑又小的蚕姑娘，吃了几天桑叶，就睡在蚕床上，不吃也不动，脱下黑衣裳。醒了，醒了，变成黄姑娘。
>
> 又黄又瘦的蚕姑娘，吃了几天桑叶，又睡在蚕床上，不吃也不动，脱下黄衣裳。醒了，醒了，变成白姑娘。
>
> 又白又嫩的蚕姑娘，吃了几天桑叶，又睡在蚕床上，不吃也不动，脱下旧衣裳，换上新衣裳。醒了，醒了，从此一天天发胖。
>
> 又白又胖的蚕姑娘，吃了几天桑叶，又睡在蚕床上，不吃也不动，脱下旧衣裳，换上新衣裳。醒了，醒了，从此一天天发亮。
>
> 睡了四回的蚕姑娘，吃了几天桑叶，就爬到蚕山上，吐出丝儿来，要盖新的房。成了，成了，茧子真漂亮。
>
> 茧子里面的蚕姑娘，一声也不响，过了好几天，茧子开了窗。变了，变了，变成蛾姑娘。
>
> （苏教版小学《语文》二年级下册《蚕姑娘》）

这篇文章熔文学语体和科技语体于一炉，将家蚕在四个成长时期的形态特征和生活习性等科学知识，运用形象的拟人手法来表达，科学性和文学性水乳交融、浑然一体，让读者在艺术欣赏中获得家蚕生长的科学知识。因此，可以认为语段的创新为文章的创作提供了广阔的创新天地。

(二) 概念整合

除了语体融合之外，我们还可以采用概念整合的方式来实现语义突破。在认知语义学的研究领域中，美国认知语言学家吉尔斯·福康涅提出的"概念整合理论"

(Conceptual Blending Theory)影响甚广。

"概念整合理论"源于"心理空间理论"(Mental Space Theory)。福康涅认为,心理空间即心理空间域,是多个概念彼此关联而构成的知识结构,是人们在言语交际过程中建立起的临时性在线动态概念。而言语就是建构若干有内部结构的域,用"连接词"使之连接起来,并在语境和语法的制约下产生一系列认知完形,使信息与不同的域关联,实现对信息的分割。福康涅在考察了心理空间结构投射的各个方面以后,于1997年出版了《思维和语言中的映现》一书,较为系统地提出了"概念整合理论"。他勾勒出了一个"四空间"交互作用的自然语言意义构建模型。"四空间"模型包括2个输入空间(Input Space)、1个类属空间(Generic Space)和1个整合空间(Blending Space)。类属空间是各种输入信息成分的交集,反映了输入空间共有的角色、框架和图式。整合空间则既有各个输入空间共有的内容,又有各个输入空间专属的内容,还有一个不存在于输入空间的独特"浮现"(emergent)结构。

"浮现"结构主要通过组合、完备、扩展三种途径产生。输入空间投射来的各信息元素在整合空间里进行组合,使彼此之间的联系变得明晰。由于心理空间与长时图式知识(如框架)紧密相连,组合后的结构便会立即激活人们长时记忆中的知识,使人们能够根据背景框架知识、各种文化认知模式逐步将它完善成整合空间内的"浮现"结构。最后,人们会根据整合空间自身的原则和逻辑,用模拟和想象等认知方法来扩展"浮现"结构的框架。至此,人们对言语的认知理解才得以完成。

概念整合理论展现了人们是如何在常规化或凝固化的概念结构上进行认知操作和意义在线建构的。这为人们深入分析与构建文章语言提供了良好的认知工具。研究发现,大部分优秀的文学艺术作品都有意识或不自觉地采用了概念整合理论。比如,电影《大话西游之大圣娶亲》中有一段流传甚广的观音菩萨与唐僧的简短对话。观音菩萨责怪唐僧不用金刚圈来制伏孙悟空,唐僧却答说观音菩萨给的金刚圈"前重后轻、左宽右窄",令孙悟空整晚失眠,差点害自己被官府误会虐待动物,随后,唐僧立刻向观音菩萨推荐了一个铁匠,说他"手工精美、价钱公道、童叟无欺",干脆重新定做一个金刚圈。根据概念整合理论的"四空间"模型,两人的对话中隐含了2个输入空间:"制伏"认知域与"制造"认知域。在"制伏"认知域中,典型的组织框架是"师父运用法器制伏不守规矩的徒弟",包含的语言元素有"师父""法器""制伏""规矩""徒弟"等。在"制造"认知域中,典型的组织框架是"制造者用材料制造符合要求的器具",包含的语言元素有"制造者""材料""制造要求""符合要求""器具"等。观影者在认知语境中,通过联想和推理,根据相关性原则得出映射到类属空间的语言元素:施事者(唐僧),行为(制伏),受事者(孙悟空),工具(金刚圈),结果(金刚圈不符合要求,不能制伏)。同时,2个输入空间的共享语言元素"法器"(金刚圈)与"器具"(金刚圈)决定了这2个认知域可以形成跨空间的映射,并整合成新的心理空间,即"制伏"行为受到"制造"结果的制约。观影者根据认知背景知识,完善了这一概念整合,得出"浮现"结构:唐僧不用金刚圈来制伏孙悟空的根本原因是观音菩萨制造的金刚圈戴着不舒服。进而,观影者还可以对此结论进行扩展认知:唐僧认为观音菩萨手艺不精,所以金刚圈不能制伏孙悟空。这段对话最终构建出的言语理解,与最初的"制伏"认知域已相去甚远，观影者在概念整合过程中对唐僧这一角色有了不同于寻常认知的体悟，不仅会对此全新角色产生认知的新鲜感，而且也会对这段台词印象深刻。

通过以上分析发现：文章语言要想实现突出语效，必须使"四空间"模型中的2个输入空间的认知域存在差异，该差异类似于认知心理学上的"语义空间"落差。文章人物在话语表达的动态过程中，有意搭建交叉的语义网络，人为地形成相关"语义空间"串联，最终可实现异于常态的概念"浮现"结构。经过考察研究发现，以下几种概念整合机制在文章语言的创设中最能产生立竿见影的效果。

第一，模糊语义空间焦点。在认知语言学的视野里，每个词语都可隶属于多个认知背景框架，即每个词语均可存在于多个语义空间之中。为了在言语解读过程中形成新颖的概念整合，可通过模糊几个语义空间焦点的方式来完成这一目的。比如，上面分析的《大话西游之大圣娶亲》就是依靠模糊"法器"与"器具"这2个语义焦点，使"制伏"认知域滑向了"制造"认知域的范畴，最终形成令人忍俊不禁的概念解读。

第二，混淆具体语义空间与抽象语义空间。某些词语的认知背景框架既可属于具体语义空间，又可属于抽象语义空间。如果在设计文章语言时，将词语的具体语义空间与抽象语义空间形成串联，则可能营造出出其不意的语义解读。比如电影作品《非诚勿扰1》里有一段常被人称道的台词。男主角秦奋到北海道的一座小教堂进行忏悔，他从早上一直忏悔到了傍晚。神父不堪其扰，只好对女主角说："我们的教堂太小，已经装不下他的罪恶了。这附近还有一个更大的教堂，你们可以把你们的朋友带到那里去做忏悔吗？"根据概念整合理论中的"四空间"模型，我们可以发现：神父的最后一段台词中隐含了2个输入空间："教会"认知域与"建筑"认知域。在"教会"认知域中，典型的组织框架是"教徒到教堂向神父进行忏悔和寻求宽恕"；而在"建筑"认知域中，典型的组织框架是"制造者运用材料建造大小不一的场所"，2个输入空间的共享语言信息元素"忏悔场所"（教堂）与"建筑物"（教堂）决定了这2个认知域可以形成跨空间的语义映射，并整合成新的型式结构，即"忏悔"行为受到"建筑物大小"的制约。观影者根据文化认知模式，不断完善与优化这一概念整合，扩展得出新的"浮现"结构：神父拒绝秦奋继续忏悔的根本原因是教堂的面积太小。进而，观影者在管制性原则的影响下，对此概念整合结论得出了更深层次的扩展认知：秦奋忏悔的内容太多，神父已不堪重负，所以希望秦奋去更大的教堂寻找其他神父接受他的忏悔。在这段台词中，因为"教堂"既隶属于抽象的"忏悔场所"认知域，又隶属于具体的"建筑场所"认知域，所以，剧中神父通过混淆"教堂"抽象的"忏悔场所"容量语义与具体的"建筑物"面积语义，来委婉地拒绝男主角的继续忏悔。这样的婉拒语言创设既显得幽默得体，又不会使被拒绝的人太过尴尬，因而比常见的委婉言语更能彰显出设计者的巧思。

第三，违背或反转语义场的逻辑关系。每个词语都存在于不同的语义关系义场之中，且大部分词语都隐含于某种语义的顺序义场之内。尝试调转词语所处的语义场顺序，颠倒认知思维的定式逻辑，往往能产生意料之外的语义效果。电影《非诚勿扰1》里还有一段令人忍俊不禁的台词。男主角秦奋先评价女主角笑笑"不算长得顺眼"，令女主角又气又羞。然后，他话锋一转，表示"用'顺眼'一词低估了你"，进而夸赞女主角是"秀色可餐、人潮中惊鸿一瞥、嫁到皇室去也不输给戴安娜的那种"。最后，用"仇人眼里你都是西施"的总结让女主角展开笑颜。在言语交际的动态过程中，人们的认知活动是具有惯性的。该惯性就以常规的语义场逻辑关系为基础，在具体语境的作用下引导人们的认知理解往固定的逻辑方向发展。上面的对话就是通过反转"顺眼"一词的语义场逻辑顺序，让女主角与观影者先产生了语义理解的强烈落差，继而再领悟到对话中"欲扬先抑"的非常规赞美语义。这样的台词设计比直接夸赞女主角的美貌更机巧新颖。

三、修辞的运用

文章的润色除了采用词语和语段创新之外，还可以恰当地运用一些修辞手段。

（一）辞趣的运用

辞趣是指有别于辞格且富有表现力的情趣，这种情趣是利用词语的意义和声音、文字的形貌和书写款式等生成的。它包括了意趣、音趣和形趣三种类型，这些类型都有特定的语体修辞色彩，是文学语体、新闻报道语体、广告语体等常用的以生成形象生动、幽默风趣、含蓄蕴藉等特点和格调的手段。

1. 意趣

意趣，是指由词语的"意味之外"引发的情趣。许多文艺作品常常需要运用意趣来表示意料之外的语义，产生令人耳目一新的语言表达效果。每个句子都是人们认知人类经验的工具，也即思维的工具。从语言和思维的关系来看，词义表达的是"概念"，句义表达的则是说话者对真实世界中某个现象或事件的"判断"。对于句子所表达的"判断"是否真实地反映了现实世界中真实的现象或事件，语义学中将其看作"句子真假"或"句子的真值"问题。语义学关心句子的真值，但不是要把每个句子都拿到真实世界中去检验，而是要发现语义上有联系的句子、短语、词汇的真值是否存在可推导的关系。句义之间真值的一种重要关系叫作蕴涵。通俗地说，句子真值的蕴涵关系就是从一个句子的句义一定可以推导出另一个句子的句义，反向推导却不成立。准确地说则是，设有a、b两个句子，如果：① 句子a为真，句子b就一定为真；② 句子b为假，句子a一定为假；③ 句子a为假，句子b既可为真也可为假。那么：a句义蕴涵b句义。蕴涵存在两种语义推导：衍推义与隐含义。衍推义是句子固有和稳定不变的含义，是人们看到一个句子首先想到的常规义。比如"老郭有三个孩子"，此句的衍推义是"老郭有孩子"；隐含义则是"老郭只有三个孩子"，是非句子固有和稳定不变的含义，属于非常规句义，不太容易第一时间体悟到。蕴涵中的隐含义常常被创造者在意趣中选用。例如，上面提到的电影《非诚勿扰1》中，男主角秦奋就使用了"顺眼"一词的隐含义，使语言表达有了意料之外的含义。在人们的普遍认知里，"顺眼"属于颜值等级的中上水平，所以，如果评价一个人长得"不算顺眼"，那么，这句话的衍推义应为"此人长得不太好看"。但是，男主角却在此处选用了"不算顺眼"的隐含义，即"此人长得不仅仅是顺眼这个颜值水平"，将"顺眼"排入了"美丽颜值"中的最低级，由此来凸显女主角惊人的美貌，产生了意料之外的反向赞美效果。意趣的得当使用便在无形中塑造出了男主角巧舌如簧的语言特点，令角色形象深入人心。

2. 音趣

音趣，是利用词语的语音手段生成的情趣，漫画和对联常常采用此种辞趣手法。比如，广东肇庆梅庵的门口对联写道："朝朝朝，朝朝拜，朝朝朝拜，禅恩广大。齐齐斋，齐齐戒，齐齐斋戒，福泽绵长。"这副对联就是利用异音同字的音趣手法传递了丰富的信息，增添了阅读的情趣。日常语言中音趣现象也很常见，比如，歇后语"腊月里的萝卜——动（冻）了心"，表意婉约而风趣；"外甥打灯笼——照旧（舅）"，表意含蓄而生动；唐代诗人刘禹锡《竹枝词》诗里的"东边日出西边雨，道是无晴却有晴"，更是生动形象地再现了唐代少数民族少男少女恋爱中的复杂情感与心理。

3. 形趣

形趣，是指利用汉字形体上的特点或书写款式体现出来的情趣，如符号、图形、表格、数字等。郭沫若的《洪波曲》里有一句话："日寇不断地进袭，不单是水陆并进，而是水陆空品进。"这里的"品进"就是利用"品"字的形态来形象地描绘日军水陆空进袭的压迫感。现在的网络语言发展迅速，人们日常交流中使用的表情包、"数字+字符"的形式其实也是形趣的一种模式。比如，"\o^-^o/"，本身是一些符号的堆砌，但是组合在一起就形成了一个笑脸的模样；"233"本来是几个数字，后来在网络上用于表示哈哈大笑以后，"3"就有了"哈哈"的寓意，于是不少网友就喜爱在贴吧和论坛发帖的时候加上更多的"3"来表示当下心情，用法类似于"啊哈哈"后面再加多个"哈"，可以显示出笑声很持久的情形，彰显自己内心的讽刺或者内心的欢喜。这种形趣的表现手法比常规的方式更加新颖有趣。

（二）辞格的运用

除了辞趣可以为文章的表达增色以外，恰当的辞格使用也可以起到事半功倍的效果。常见的辞格有很多种，如比喻、拟人、双关、排比……除此之外，我们再介绍两个润色效果较为突出的辞格。

1. 列锦

列锦，或称"名词铺排"，是一种由名词或以名词为中心的定名词组组合成一种多列项的特殊的非主谓句，用来写景抒情、叙事述怀的修辞文本模式。这种修辞文本由于突破了常规的汉语句法结构横式，各名词或名词性词组之间的语法或逻辑联系都没有明显地标示出来，因而从表达的角度看，增加了语言表达的张力，使表达者所建构的修辞文本更具丰富性、形象性和深邃性；从接受的角度看，由于修辞文本隐去了各名词或名词性词组之间的语法或逻辑联系标识，这就给接受者的文本解读增加了困阻，但同时也由于表达者在语言文字上没有明确限定各语言组成成分之间的关系，这就给接受者在解读文本时以更大的自由想象或联想的空间，从而获得更强的文本解读的快慰与审美情趣。

列锦这一辞格早在古代就常为文人墨客所使用。三千多年前的《诗经》便有了列锦表达的原始形态，《国风·召南·草虫》云：喓喓草虫，趯趯阜螽。到了汉代诗歌中，这种列锦形态就非常普遍了：汉诗十九首《青青河畔草》有"青青河畔草，郁郁园中柳"；汉乐府《长歌行》有"岩岩山上亭，皎皎云间星"。魏晋时代，曹丕的《见挽船士兄弟辞别诗》中有"郁郁河边树，青青野田草"；傅玄的《青青河边草篇》有

"青青河边草,悠悠万里道"等。唐代以后,列锦辞格更为常见:李白的《忆秦娥》中有"西风残照,汉家陵阙";晏殊的《无题》中有"梨花院落溶溶月,柳絮池塘淡淡风";人们最耳熟能详的马致远的《天净沙·秋思》有"枯藤老树昏鸦,小桥流水人家,古道西风瘦马"等。

  列锦修辞文本的建构在现代文学作品中也十分常见。例如,陈幸蕙的一篇散文的标题就是《春雨·古宅·念珠》,这篇文章是作者在清明后不久的一个小雨纤如星芒的午后,访观一栋前清遗留下来的、已有百年历史的朋友家的古宅而写下的。这一标题就是一个典型的列锦辞格,由于它突破了常规的汉语句法结构"主—谓—宾""定—状—补"等模式的约束,只以三个名词堆叠而成句,没有语法或逻辑上的标识或提示,因此表达上就增加了语言的张力,三个名词所代表的意象就像电影蒙太奇一般,可以自由幻化出不同的情境、意象、内涵,遂使文本更具丰富性、形象性、深邃性的特质;在接受上,由于文本句法结构的松散性和语意、意象等的不确定性,接受者的文本解读更具自由性,解读的兴味也随之增大,并经由不同接受者的不同经验的补足而获取不同的审美享受。现代小说中也常有列锦这种辞格的创造。作家王蒙在小说《相见时难》的开头就采用了列锦辞格来描述世界上最大的航空港之一——芝加哥机场。他写道:"候机楼里的茶、咖啡、可口可乐、橙子汁、番茄汁、三明治、热狗、汉堡包、意大利煎饼、生菜色拉、熏鱼、金发的白人与银发的黑人、巴黎香水与南非豆蔻、登机前的长吻。女士们,先生们,飞行号数 633……"这段文字以大量的名词或偏正结构的短语一气铺排而下,生动地再现了美国芝加哥机场繁忙的生动景象,让人回味,令人遐想,并有一种身临其境之感。

  2. 层递

  层递,则是一种将两个或两个以上的语言单位依某种意义或逻辑上的顺序进行排列而构成的修辞文本模式。层递看起来和排比十分相似,但层递可以分为两类:一种是"递升式",另一种是"递降式"。"递升式"或称"顺层递",是指根据一定的逻辑将两个或两个以上的语句依照由小到大或由低到高、由少到多、由轻到重、由浅到深等顺序进行排列的层递。"递降式"又称"倒层递",是指根据一定的逻辑将两个或两个以上的语句依照由大到小或由高到低、由多到少、由重到轻、由深到浅等顺序进行排列的层递。

  "递升式"层递在古代经典文本中十分常见。例如,《论语·雍也》的"知之者不如好之者,好之者不乐之者",《孟子·公孙丑下》的"天时不如地利,地利不如人和",《荀子·儒效》的"不闻不若闻之,闻之不若见之,见之不若知之,知之不若行之",等等,都是典型的"递升式"层递文本。再如清代张潮的《幽梦影》"少年读书,如隙中窥月;中年读书,如庭中望月;老年读书,如台上玩月,皆以阅历之浅深,为所得之浅深耳",将少年、中年、老年阅历逐渐加深与读书所得不断提升的境界相匹配,强调阅历对于读书境界提升的重要性,也是典型的"递升式"层递文本。

  "递降式"层递在古代诗文中也留下了不少经典文本。比如,汉代刘向《说苑·建本》记春秋时代的盲乐师师旷讽谏晋平公老而向学的话,"少而好学,如日出之阳;壮而好学,如日中之光;老而好学,如炳烛之明",依学习的有效程度由高到低排列,形象地说明了"读书趁年少"的道理,是典型的"递降式"层递。又如宋代蒋捷《虞美人》的词,"少年听雨歌楼上,红烛昏罗帐。壮年听雨客舟中,江阔云低、断雁叫西风。 而今听雨僧庐下,鬓已星星也。悲欢离合总无情,一任阶前、点滴到天明",也是一个典型的"递降式"层递。全词通过年龄段由少年到壮年再到老年的递升,与心境由浪漫到漂泊再到凄凉的递降相形对比,凸显出这样一种语意重点:听雨的感觉与年龄、情境密切相关,在不同年龄段和不同情境下感觉大不一样,从而突出强调了作者心境的每况愈下和晚景的凄凉。

层递作为一种逻辑性较强的辞格,不管是"递升式"还是"递降式",都是意义上的逐层深入。因此,一般说来,这种修辞文本的建构,在表达上多有步步深入、层次分明、强化语势的效果;在接受上易于牢牢抓住接受者的注意力,引发其思索并深入把握表达者所建构的修辞文本内涵意旨。

课后练习

1. 产生歧义的词语有几种类型?请举例说明。
2. 简述词语附加义的几种类别。
3. 歧义句有哪些类型?请举例说明。
4. 语段的错误类型有哪些,试对一种错误类型加以阐释。
5. 什么是语体融合?请举例阐释。
6. 什么是概念整合理论?请以一部文学作品为例进行阐释。
7. 辞趣有哪些类型?举例说明这些辞趣类型产生的特殊表达效果。
8. 什么是列锦?请从古代文学作品和现代文学作品中各选一例加以阐释。

知识拓展

"消极修辞"与"积极修辞",是陈望道从现代日本修辞学所引进的两个重要概念。所谓"消极修辞",就是"注意在消极方面,使当时想要表达的表达得极明白,没有丝毫的模糊,也没有丝毫的歧解。这种修辞大体是抽象的、概念的。其适用的范围当然占了记述的境界的概念的语辞的全部,但同时也做着其余两个境界——表现的境界与糅合的境界的底子。其适用是广泛语境的全部,是一种普遍使用的修辞法。假如普遍使用的,便可以称为基本的,那它便是一种基本的修辞法"。由此可知,陈望道所说的"消极修辞"是一种专注于在语法、逻辑上努力的一种语言活动。即表达者的说写应该合乎语法规范、符合逻辑事理,也就是"使当时想要表达的表达得极明白,没有丝毫的模糊,也没有丝毫的歧解"的境界,也就是基本修辞。

所谓"积极修辞",就是"注意在积极的方面,要它有力,要它动人。同一切艺术的手法相仿,不止用心在概念明白地表出。大体是具体的、体验的。这类手法颇不宜用在记述的境界的语辞，因为容易妨害了概念的明白表出，故记述的境界用这种手法可说是变例。但在表现的境界中，却用得异常多"。"此外，糅合的境界的语辞，如一切的杂文，寻常的闲谈等，却又用不用都无妨。"由此可见，陈望道所说的"积极修辞"的概念，实际上是一种调动一切积极手法以力图提高表达效果为终极目标的语言活动。也就是说，为了达到"有力""动人"的目标，它可以突破语法规范和逻辑事理。因此，也可以说，"积极修辞"是一种超越常规的创造性语言活动。

由于"消极修辞"与"积极修辞"在所要企及的目标上大不相同，所以其所研究的内容方面也不相同。大致说来，"消极修辞"主要研究如何适应题旨情境，使表达企及"意义明确""伦次通顺""词句平匀""安排稳密"等四项标准的种种规律。"积极修辞"主要研究如何适应题旨情境，建构恰切的修辞文本，使达意传情的效果尽可能圆满成功的诸种规律。汉语修辞学的传统，一般说来，多着重于对积极修辞的研究，也就是狭义修辞学的研究。对消极修辞的研究则较少，因为消极修辞研究的内容与语法、逻辑的研究多有重合之处。

【资料来源：吴礼权. 现代汉语修辞学［M］. 4版. 上海：复旦大学出版社，2020：7-8. 有改动。】

下 编

英文写作与表达

Chapter 1

Academic writing: Writing purposes and readers' expectations

Learning Objectives:
☐ Comprehend the purposes of academic writing and the expectations of readers
☐ Distinguish the different types of academic writing
☐ Identify the important guidelines for formulating a thesis statement in academic essays
☐ Evaluate the key characteristics of research activities

Upon the completion of the Chinese module, you have undoubtedly improved your Chinese writing knowledge and skills. The upcoming English module will focus on academic writing. Given that many of you are new to academic writing, especially in English, the four chapters of the English module will start with fundamental yet crucial topics. Chapter 1 will explore the purpose of academic writing, and Chapter 2 will examine its specific features. These two chapters will provide you with a basic understanding of academic writing. Subsequently, Chapters 3 and 4 will delve deeper into the intricacies of academic papers, a challenging but essential type of academic writing. These two chapters will outline the key components of research papers, including facts and opinions (Chapter 3), and literature reviews (Chapter 4). By learning these four chapters, you will be well-equipped to navigate the world of academic paper writing. As you continue your professional studies and gain expertise in your chosen field, you can apply the knowledge acquired from these four chapters to successfully complete an English academic paper.

1.1 Academic writing: A formal type of writing in the academic context

Academic writing is a formal type of writing used in academic disciplines to share ideas, arguments or research findings in a clear and structured way. It is characterized by evidence-based reasoning and clarity. There are different types of academic writing, including academic essays, reports, book reviews and research papers. The English module of this book focuses primarily on two common types of academic writing: academic essays and research papers.

As a freshman or sophomore, you are more likely to be assigned academic essay writing tasks by your college English teachers. Also, these tasks prevail in a number of English proficiency tests, such as College English Test Band Four/Six (CET 4/6), the International English Language Testing System (IELTS) and Test of English as a Foreign Language (TOEFL). You will be required to complete a short piece of writing (usually around 200-500 words) to present an argument or analysis on a specific topic in these essay writing tasks. There should be a clear thesis statement, logical organization and sufficient supporting evidence in the essays. The main goal of this type of writing is to express your own argument on a given topic through description, analysis and persuasion. Thus, academic essay writing practice would improve not only your language skills but also your critical thinking ability.

As you progress to junior or senior years, you may participate in research activities as part of your university program. This could involve designing a study, conducting experiments, and analyzing data. In some humanities or social science disciplines, there may not be research groups, so you may need to conduct a complete study plan independently for your graduation thesis. However, you can always seek guidance and get help from your supervisor and peers. When you have obtained your research result, that is not the end. There remains the last mile of your research journey, that is, to write a paper to introduce your research and report your research findings. Academic papers are used to present your research in a logical, coherent, structured, and evidenced way, covering the significance, method and result or findings of your study. Similar to academic papers, a graduation thesis aims to present your study project which you undertake during the final year of your university study. Finishing a research project is a requirement for graduation in literally all the universities of China. Put simply, the main purpose of writing an academic paper or a graduation thesis is to disseminate your research project, particularly its result and findings. Since English is currently the lingua franca in the world, writing academic papers and graduation theses in English is the most common and efficient medium to communicate academic ideas and research findings with people from all over the world. Furthermore, many Chinese universities are committed to becoming international and world-class universities. It is very necessary to encourage teachers and students to publish English articles in international journals, as international publication is one of the most realistic and efficient ways to help the university become internationalized. Therefore, cultivating students' English academic writing literacy should be an integral part of university education in China. Since most university programs in China do not require students to write their graduation theses in English, the English module of this book will mainly focus on writing English academic papers.

Despite these similarities shared by academic papers and graduation theses, they have some differences. The main one is the length and the scope of the writing. Graduation theses are typically longer than academic papers. The length of a thesis depends on the discipline and specific requirements of the university or the institution, usually ranging from 80 pages to 100 pages. For instance, according to the guidelines of graduation thesis for English majors at

Chapter 1 Academic writing: Writing purposes and readers' expectations

Soochow University, the length of the graduation thesis at the bachelor level should be more than 10,000 words and that of the graduation thesis at the master level is more than 20,000 words. Furthermore, theses are typically more extensive and in-depth compared to academic papers. They often require the comprehensive presentation of the original research, which includes an in-depth literature review. So, a graduation thesis usually consists of different chapters, such as the introduction and the literature review. Also, the acknowledgements and a full version of the appendix should be included in a graduation thesis. However, research papers should be more concise in its style. Journal publishers usually have strict limits on the length of the papers, such as 5,000 or 10,000 words. As a result, an academic paper may usually constitute four to six sections. Due to the strict word limits, it is common for some research papers to combine the introduction and literature review into a single section.

To conclude, a well-designed study and a well-written academic paper can showcase your ability to think critically and to apply your existing knowledge to solve practical problems. The experience of academic publications is considered as an enormous strength for you to pursue further education and enter the job market.

Exercise 1: Link the type of the academic writing and its definition.
(1) academic paper _____
(2) academic essay _____
(3) graduation thesis _____
(4) experiment report _____

(a) The writing is used to circulate the study you carry out for the sake of graduation. It usually consists of several chapters, such as literature review and results.

(b) The writing follows a specific structure to introduce the results of a scientific experiment. It includes substantial figures and tables to demonstrate the analysis of the results.

(c) The writing is a short and concise piece of writing to state your opinion on the given topic.

(d) The writing is a formal and standardized type of writing to present the key information of a scientific study. There are different sections in the writing to introduce the research background, research methods, and research results.

1.2 Formulating a thesis: The most important step in writing academic essays

As mentioned in the first section, academic essays are structured on the basis of a thesis statement. Thus, the first and also the most important step in composing academic essays is to formulate a thesis. In this context, a thesis does not refer to a piece of writing that you work on for your college degree (cf., the graduation thesis). It stands for the main idea or opinion of your essay. This section details THREE points in formulating the thesis of your essay by using the test formats of CET 4/6 as examples.

1.2.1　Where to put your thesis: The position of the thesis in your essay

The thesis of your essay is just like the blueprint of an architecture which will determine what your essay would look like. More specifically, the thesis is the reasoned opinion summarized by you on the given topic, which will be supported and explained by adequate evidence. Considering the role of a thesis statement in your essay, you need to determine your thesis before you work on the rest of your essay. Additionally, it is necessary to present your thesis statement at the beginning of the essay, which would allow readers to grasp your stance before proceeding to the subsequent paragraphs, aligning with the reading preferences of Western audiences. To summarize, the thesis should appear at the beginning of your essay, usually the first paragraph. What follows is the second paragraph, which provides the readers with sufficient evidence to support your thesis. The third paragraph is the conclusion paragraph of your essay, which summarizes the main idea and reinforces the thesis. Figure 1-1 illustrates the classical three-paragraph structure in academic essay writing.

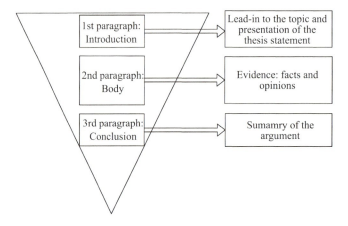

Figure 1-1　Three-paragraph structure of an academic essay

1.2.2　What kinds of phrases should be used: The linguistic style of an effective thesis statement

From the definition of academic writing given in the first section, you may infer that academic essays should be formal and concise in style. In line with this, the thesis of your essay should be a single sentence that directly and succinctly states your point of view on the topic. It may not be wise to use many complex structures like attributive or adverbial clauses in that these structures are used to add descriptions to the main clause, which usually is your main idea. In this case, the overuse of these complex structures may obscure your central view. Instead, academic writing tends to compress the meaning into noun phrases. More information on the syntactic features of academic writing will be given in Chapter 2. Additionally, overly complex or advanced vocabulary should be avoided. Instead, it is more effective to turn to accurate and formal words so as to clearly express your opinions.

Exercise 2: The following are the three thesis statements which are related to the topic "the role of physical exercise in achieving success at college" (the test format of the CET 4 test which takes place in December, 2022). According to you, which one is the best and what are the reasons on the basis of what you have learned in this section?

(1) Engaging in physical exercise can be beneficial in attaining success in college.

(2) Physical exercise is good for us college students to achieve success. We should spend much time in doing physical exercise in order to be successful in college.

(3) Partaking in physical exercise, which include running, and high-intensity interval training (HITT), can be advantageous in helping college students achieve success.

1.2.3 What should be avoided in formulating a thesis: Forming a thesis based on a positive claim

A thesis should make a positive case that affirms something. Instead of arguing something "is not …", a thesis would be stronger and more powerful when it asserts something "is …". Let's quote the writing topic of CET 6, which takes place in December, 2022, as an example to illustrate this point. The prompt is "With the application of information technology in education, college students can now learn in more efficient ways." If you agree with this opinion given in the topic, the thesis of your essay could be "The application of information technology in college education has enhanced learning efficiency for students." It should be mentioned that if you aim to get a satisfactory score in the writing test, you need to avoid directly copying words from the writing prompt. You can reframe the thesis by paraphrasing the original sentence in the prompt. Suppose you do not agree with the claim, it may be normal for you to formulate a thesis like: "With the application of information technology in education, college students do not learn in more efficient ways." However, compared with a thesis statement based on an assertation, the statement based on a negative claim tends to be lacking objectivity and neglect alternative perspective or evidence. Thus, the credibility of this thesis statement could be weakened. In contrast, it is more convincing and powerful to state your opinion with assertations. In the example mentioned earlier, a more effective thesis statement would be: "The application of information technology in education would decrease the learning efficiency caused by distractions and addiction."

Exercise 3: Formulating a thesis for the following three writing prompts.

(1) Suppose your university is conducting a survey to collect students' opinions

of online classes. What is your view on this topic?

(2) Suppose your university is conducting a survey to collect students' opinions on the question: "Will social media help or hurt your college and career goals?" What is your view on this topic?

(3) What is your opinion on the statement: "When faced with differing opinions, we should try to reach agreement through friendly discussion and reasonable argument"?

1.3　Understanding research: The key to writing academic papers

Research is a systematic investigation or inquiry into a specific topic or issue undertaken to discover new insights and knowledge. Actually, we may engage in investigations and inquiries as part of our daily lives. For instance, when we need to go somewhere, we would look into the best route by analyzing the time and cost of each route calculated by navigation apps. Similarly, when making online purchases, we would investigate which item is the best one by analyzing such information as the price and customer reviews, which is available in shopping apps. Although these activities involve investigating a topic and making decisions, they are not typically considered as research activities. For one thing, research is often associated with academic pursuits in various disciplines such as sciences, social sciences, humanities, and business. For another, research involves a systematic and scientific approach to address a question or test a hypothesis, including data collection and analysis. To differentiate research activities from casual investigations, three elements of research are presented in the following part.

The three essential elements of research are purpose, process, and product. Before you conduct your research, it is important to decide the topic and aims of your research. Usually, the research topic is derived from the existing literature. While reading research papers, you may become interested in a certain topic and decide to explore it further by reading more literature. As you accumulate expert knowledge on the topic, you may find some limitations in previous studies, such as methodological or theoretical shortcomings. Additionally, you may find that certain aspects of the topic have not been adequately explored. In such cases, the purpose of your research is to address these limitations of previous studies or examine the underexplored areas regarding a certain topic. Your research purpose also demonstrates the significance and necessity of your study. Based on your research purpose, you can formulate research questions to guide your study. In order to answer these questions, you need to employ a consistent and systematic approach to investigate the phenomenon at hand. This is the process of your research. Unlike casual investigations, research activities prioritize the precision and reliability of the methods used to address the research questions. Following the investigation, you will obtain meaningful and reliable results, which are the product of your study. These three elements—purpose, process, and product—are essential and indispensable in research activities.

Chapter 1 Academic writing: Writing purposes and readers' expectations

Since an academic paper is written to report the study you have undertaken, the three elements (purpose, process, and product) should all be incorporated in your paper. That is, your paper should begin with an introduction section which establishes the necessity and purpose of your study based on the review of existing literature (i.e., literature review). The introduction section sets the foundation of your research and explains why it is important. The next section of your paper (i.e., the methodology section) should provide a comprehensive description of the research process you have engaged in. This includes a comprehensive introduction to the methodology employed in your study. The specific contents of this section will depend on the research paradigm you have adopted. It is important to note that there are two main types of research methodology: quantitative and qualitative. For a more detailed introduction of these methods, it is recommended to refer to professional books in your specific area of study. Following the methodology section, you should present your results in a dedicated result section (the product of your research). This section should provide a clear and concise presentation of the findings obtained from your systematic investigations. It is crucial to present the results in a structured and organized manner, allowing readers to easily understand and interpret them. Lastly, it is essential to discuss your results in the context of a theoretical framework or previous findings. This discussion section offers an opportunity to analyze and interpret the significance of your study. It allows you to highlight the theoretical and practical implications of your research, contributing to the existing body of knowledge.

The above-mentioned way to organize your paper is the classic IMRaD (Introduction, Methods, Results, and Discussion) pattern for paper writing (Figure 1-2). It should be noted that the IMRaD is just a general model, which will not be suitable for all the papers. Different disciplines and journals may have variations in the structure of academic papers. As a novice researcher and writer, it is advisable for you to follow the guidelines of the writing structure provided by prestigious journals in your specific field of study. These guidelines will help ensure that your paper meets the standards and requirements of the academic community.

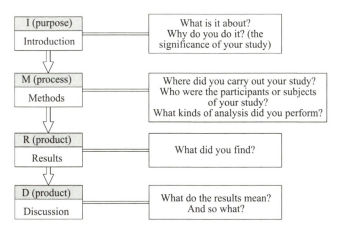

Figure 1-2 **IMRaD format of the research paper**

1.4 Reader-writer relationship in academic writing

In order to complete an effective and high-quality piece of academic writing, it is essential to understand the target readers and their expectations. The target readers of academic essays are typically your teachers and the test examiners. They evaluate the quality of your essay based on content, structure, and language use. What may appeal to them most is the extent to which your essay persuades them to agree with your opinion. While different teachers and tests may have specific requirements, it is generally recommended to present your thesis and evidence in an organized, coherent, and concise manner. Since we are discussing English writing, the clarity and complexity of your English significantly impact the readability and success of your essay. Teachers and the examiners may hope to read essays with accurate and complex language, which could prove that the writer is proficient in English. These readers' expectations provide two important insights. Firstly, it is crucial to prioritize your opinion on the given topic for the target readers. Follow the instructions in Section 1.2 to formulate an effective thesis and consider using a three-paragraph structure for essay organization. Secondly, ensure that the materials and language you choose are closely aligned with the central idea you aim to convey. But some students with limited language proficiency tend to rely on essay writing templates and directly copy them into their essays. While these essays may appear coherent, organized, and linguistically complex, the meaning can become confusing as the words and logic from the templates may not align well with the topic of the essay. One typical example is that most essays tend to start with the classical frame "with the development of our economy, it is important …". As a matter of fact, it is always the case that the target topic has nothing to do with the development of society and economy. This sentence is so uninformative and unnecessary for the development of your thesis. It is better to focus on developing your central idea rather than relying on using some irrelevant language expressions from the templates.

The potential readers of academic papers usually include your supervisors, peers, reviewers, and other researchers. These readers, who are typically experts in the relevant research fields, are likely to equip extensive knowledge of your paper's topic. In this case, the readers would hope that your paper could demonstrate a deep and accurate understanding of the research topic based on theories and existing studies. As professional scholars, they also value the rigor and quality of your research. This requires your paper to include a thorough literature review and a detailed description of the methodologies of your research. Additionally, those professional readers may be eager to know the originality and contribution of your study to the existing body of knowledge. Thus, your paper should exemplify the significance of your study by using facts and opinions (the topic for Chapter 3). Last but not least, it is important to note that academic papers aim to join in the ongoing discussion of a given issue in a standardized and conventional way. Your target readers are experienced scholars, who regularly read academic papers. They must be very familiar with these conventions. Therefore, it is crucial

Chapter 1　Academic writing: Writing purposes and readers' expectations

for your papers to rigidly meet these conventions, including adhering to the structure of the paper (such as the IMRaD format) and following the correct format for references and citations. Chapter 2 will delve into the stylistic features of academic papers, including the reference conventions.

Chapter 2

Stylistic and linguistic features of academic writing

Learning Objectives:
☐ Understand the four stylistic features of academic writing
☐ Appreciate the formal tone of academic writing
☐ Comprehend the citation rules in academic papers
☐ Analyze the linguistic features of academic papers

Chapter 1 covered the different types of academic writing and explored important details about academic essays and research papers. On the basis of the knowledge gained from Chapter 1, Chapter 2 intends to detail the stylistic and linguistic aspects of academic writing, helping you get further prepared for your own writing practice. Academic writing is a formal type of writing which serves the purpose of effectively communicating ideas in a standardized manner, so as to join in ongoing discussions on specific topics. Accordingly, there are four major stylistic features of academic writing: being focused, being organized, being evidenced, and being formal in tone. To be more specific, first of all, since academic writing aims to communicate ideas to others on the given topic, the writing should be directed towards the thesis statement (for academic essays) or research questions (for academic papers). Being focused is the first stylistic feature of the academic writing. Secondly, academic writing is a standardized type of writing, requiring the writing to adhere to a specific framework to maintain coherence (i.e., being organized) and to emphasize on the evidence to be objective and persuasive (i.e., being evidenced). As for the second feature, that is, being organized, Chapter 1 detailed two patterns to organize the writing, namely, the three-paragraph model (for academic essays) and the IMRaD format (for research papers). The third feature is mainly shown by the citation rules in research papers. Last but not least, academic writing is a formal type of writing genre. The writing should demonstrate a formal tone. In accordance with the four stylistic features, academic writing also demonstrates certain linguistic features, characterized by the use of formal words and nominalizations.

Chapter 2 Stylistic and linguistic features of academic writing

The first two stylistic features (being focused and being organized) were thoroughly discussed in Chapter 1. Therefore, Chapter 2 will primarily focus on the remaining two stylistic features: being evidenced and being formal in tone, and the linguistic features.

2.1 Being evidenced: Citation rules in academic writing

Evidence plays a crucial role in academic writing. For instance, it is necessary to include adequate evidence from credible sources in academic essays to make your thesis statement more convincing and more persuasive. However, there does not exist a standardized approach to indicate the sources of the evidence you have employed in academic essays. Typically, such phrases as "according to …" or "it is said by … that …" can be used to demonstrate the source. But the reference of the sources of the evidence is not mandatory or a fixed practice in academic essays.

In contrast, as pointed out in Section 1.4 of Chapter 1, the presentation of evidence in academic essays need to follow a standardized approach. If the evidence in question is derived from opinions of other researchers or the findings of previous studies, you have to acknowledge the sources in a proper and formal way according to certain citation rules. Citations in academic essays consist of two parts: in-text citations and references. In-text citations typically include the authors' last name and the year of publication (e.g., *Bi*, 2020; *Smith & Myers*, 2023). The list of references normally appears at the end of the paper and demonstrates detailed information about the work which is cited, such as the authors, the title of the publication, the year of the publication and the type of the publication (e.g., journal articles, dissertations, books and book chapters). Figure 2-1 shows the reference of the article published in 2020. It is formatted according to the APA style, which is a citation style proposed by American Psychological Association. As seen from Figure 2-1, the reference consists of six parts: the author's name and the year of the publication (i.e., Bi, P.; 2020), title of the publication (i.e., *Revisiting genre effects on linguistic features of L2 writing: A usage-based perspective*), the name of journal (i.e., *International Journal of Applied Linguistics*), volume and issue numbers [i.e., 30(3)], page range (i.e., 429−444), and the DOI (i.e., https://doi.org/10.1111/ijal.12297). DOI stands for Digital Object Identifier, which is the identification number of a digital publication (e.g., journal articles, books, or datasets). Researchers can use the DOI to look for the target publication easily and quickly in search engines and databases. Also, through the DOI, the publication can be accessed directly by clicking the link.

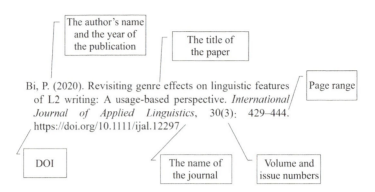

Figure 2-1　Details of a reference formatted in the APA style

Figure 2-1 is just one instance of a reference formatted in the APA style. The specific details included in a reference list can vary depending on the citation style used. Currently, there are several citation styles in use, including the MLA style, the AMA style, the IEEE style, and so on. Table 2-1 presents basic information about each citation style.

Table 2-1　Basic information of each citation style

Citation Style	Introduction	Example (In-text citation and Reference)	Official Websites
MLA (Modern Language Association)	MLA citation style is preferred by researchers from disciplines of humanities, particularly in English and language studies.	Alignment occurs when two language learners have a conversation in English (Costa, Pickering, and Sorace). Reference: Albert, Costa, Martin J. Pickering, and Antonella, Sorace. "Alignment in Second Language Dialogue." *Language and Cognitive Processes* 23. 4 (2008): 528–56.	https://www.mla.org/MLA-Style
APA (American Psychological Association)	APA citation style is widely used in the disciplines of social sciences, such as psychology, education, and sociology	Alignment occurs when two language learners have a conversation in English (Costa, Pickering & Sorace, 2008). Reference: Costa, A., Pickering, M. J., & Sorace, A. (2008). Alignment in second language dialogue. *Language and Cognitive Processes*, 23(4), 528–556. doi: 10.1080/01690960801920545.	https://apastyle.apa.org/

Chapter 2 Stylistic and linguistic features of academic writing

Continued

Citation Style	Introduction	Example (In-text citation and Reference)	Official Websites
CMOS (Chicago Manual of Style)	CMOS citation style is popular in disciplines of humanities, such as the arts, history, and literature.	Alignment occurs when two language learners have a conversation in English. Reference: Albert, Costa, Martin J. Pickering, and Antonella Sorace. "Alignment in Second Language Dialogue." *Language and Cognitive Processes* 23, no.4 (2008): 528-56. https://doi.org/10.1080/01690960801920545.	https://www.chicagomanualofstyle.org/book/ed17/frontmatter/toc.html
CSE (Council of Science Editors)	The CSE citation style is also called the CBE (Council of Biology Editors) style. It is preferred by researchers in the natural and physical sciences fields.	Climate change can lead to negative consequences for biodiversity, such as decreasing genetic diversity of populations (Bellard et al., 2012). Reference: Bellard C, Bertelsmeier C, Leadley P, Thuiller W, Courchamp F. Impacts of climate change on the future of Biodiversity. Ecology Letters. 2012; 15(4): 365-377. doi: 10.1111/j.1461-0248.2011.01736.x.	https://www.councilscienceeditors.org/scientific-style-and-format
Vancouver Style	The Vancouver style is named after the International Committee of Medical Journal Editors' Vancouver Group. It is popular in the fields of biomedical sciences.	Climate change can lead to negative consequences for biodiversity, such as decreasing genetic diversity of populations. Reference: Bellard C, Bertelsmeier C, Leadley P, Thuiller W, Courchamp F. Impacts of climate change on the future of biodiversity. Ecol Lett. 2012;15(4):365-77.	—
ACS (American Chemical Society)	The ACS citation style is specifically used in the field of chemistry.	ChatGPT has great potential in the domain of chemistry research. Reference: Zheng, Z.; Zhang, O.; Borgs, C.; Chayes, J. T.; Yaghi, O. M. ChatGPT Chemistry Assistant for Text Mining and the Prediction of MOF Synthesis. *Journal of the American Chemical Society*. 2023, *145*(32), 18048-18062. DOI: 10.1021/jacs.3c05819.	https://pubs.acs.org/doi/full/10.1021/acsguide.40303

Continued

Citation Style	Introduction	Example (In-text citation and Reference)	Official Websites
AMA (American Medical Association)	The AMA citation style is primarily used in the medical and health sciences fields.	Climate change can lead to negative consequences for biodiversity, such as decreasing genetic diversity of populations (Bellard et al., 2012). Reference: Bellard C, Bertelsmeier C, Leadley P, Thuiller W, Courchamp F. Impacts of climate change on the future of Biodiversity. *Ecology Letters*. 2012; 15(4): 365–377.	https://academic.oup.com/amamanualofstyle
IEEE (Institute of Electronics and Electrical Engineers)	The IEEE citation style is commonly used in the fields of engineering, computer science, and technology.	ChatGPT has great potential in the domain of chemistry research. Reference: Z. Zheng, O. Zhang, C. Borgs, J. T. Chayes, and O. M. Yaghi, "ChatGPT chemistry assistant for text mining and the prediction of MOF Synthesis," *Journal of the American Chemical Society*, vol. 145, no. 32, pp. 18048–18062, 2023. doi: 10.1021/jacs.3c05819.	https://ieeeauthorcenter.ieee.org/wp-content/uploads/IEEE-Reference-Guide.pdf

The above introduction intends to provide a brief overview of citation rules in academic writing. It is not necessary and mandatory for you to memorize those rules and apply them to create a reference list in a specific style on your own. It is sufficient to understand the rules and be able to identify the important information from the reference list. In actual writing practice, we can rely on automated tools to generate citations and manage our references. EndNote and NoteExpress are examples of such tools. EndNote is a literature management tool, which can be used to organize and manage citations in academic papers or research articles. It enables us to collect and manage references from different sources, such as books, book chapters, journal articles and web resources. Also, we can use it to create citations in different styles, such as APA, MLA, and CMOS. For a comprehensive guide on using EndNote in academic writing, referring to the official manual is recommended. NoteExpress is a similar tool, but it is used more often to manage and generate references written in Chinese.

Exercise 1: Please check out the websites of those citation styles to find more relevant information and to decide which style researchers of your disciplines use. Then find a research paper whose topic you have a tentative interest in to confirm whether the paper uses the citation styles you have decided.

Chapter 2 Stylistic and linguistic features of academic writing

2.2 Formal tone of academic writing

Academic writing is a very formal type of genre, so the writing needs to maintain a formal and objective tone. On the one hand, the formal tone is a convention in academic writing, which gradually becomes a style. On the other hand, the formal tone would maintain clarity and precision in your writing, lending credibility to the central ideas. The formal tone of academic writing is shown by the impersonal writing style.

More specifically, academic writing is focused on a thesis statement summarized by the authors (the first stylistic feature of academic writing). In spoken communication, it is normal to use "personal" structures such as the first-person pronouns, namely, "I" or "we" to present the opinions. However, this way to present the thesis statement would put too much emphasis on the owners of the opinion. It may accentuate the possibility that the thesis statement is just a personal opinion of the author, rendering the idea quite subjective and biased. Therefore, impersonal structures need to be used in academic writing to make the presence of the writer invisible. Examples of impersonal structures include "it is …", "there be …", and passive structures. Those structures center on the ideas and opinions themselves rather than the authors who hold these views. By employing such strategies, your writing may maintain objectivity and establish a sense of authority. We can use the following two example sentences to illustrate this point.

Example sentence (1): I believe that the application of information technology is harmful for learning efficiency.

Example sentence (2): It is believed that application of information technology is harmful for learning efficiency.

Example Sentences (1) and (2) have the same thesis statement. In sentence (1), the first pronoun, "I", is in the subject position of the sentence, drawing reader's attention to "I" and away from the opinion which is supposed to be focused on. Sentence (2) opts for the passive structure by using "it"-cleft. Thus, the key focus of the sentence is still on the that-clause, namely the idea itself. Put simply, Sentence (2) is more powerful and more effective than Sentence (1).

To conclude, personal pronouns like "I" or "we" are typically avoided in academic writing. But it should be mentioned that those personal pronouns are not completely forbidden in academic writing. Actually, sometimes the usage of such pronouns may achieve an emphatic effect, especially when the authors are well-established researchers. However, in general, the impersonal structures should be used much more often than the pronouns.

Exercise 2: Use impersonal structures to revise the following sentence.
(1) We all know that climate change would decrease biodiversity.
(2) I conduct this study in order to address the limitations of previous studies.
(3) I find that the amount of extensive listening would influence a learner's vocabulary size.

2.3 Lexical features of academic writing: The use of formal expressions

In line with the four stylistic features outlined above, academic writing tends to tailor its language to maintain the academic style. This section will primarily concentrate on the lexical feature that contributes to the formal tone of academic writing. More specifically, it is characterized by the use of formal words and expressions. Instead, it avoids the use of colloquial language. It may be quite difficult for you as non-native speakers to judge the formality of English words. So, sometimes it is sort of unavoidable for you to use some informal words in your writing. What's more, the formality of words is not completely an absolute thing. Most of the time, it is a continuum. Despite this fact, there are still three thumbs of rules with regard to the formality of expressions in academic writing. Firstly, contractions (e.g., *I've*, *we'll*, *you're*, *gonna*, and *wonna*) and slangs (e.g., *a piece of cake*, *in a nutshell*, and *hit the nail on the head*) belong to informal expressions. In academic writing, particularly research papers, contractions should be spelled out (e.g., *I have*, *we will*, *going to* and *want to*) and slangs need to be avoided. Secondly, phrasal verbs are less formal than their verb synonyms. Phrasal verbs are expressions consisting of a verb and one or more particles (adverbs or prepositions), such as *break down* and *look into*. They are commonly used in colloquial English and can often have idiomatic or figurative meanings. That means phrasal verbs are informal expressions. Table 2-2 lists some high-frequency phrasal verbs and their verb synonyms in English. Last but not least, those longer, low-frequency words are usually of higher level of complexity, leading to a higher level of formality (e.g., *negligible* vs. *minor*; *problematic* vs. *difficult*; *substantial* vs. *large*; and *justifiable* vs. *fair*). However, it should be noted that formality is not completely equal to complexity. More complex words are favored in academic writing, but as emphasized in the Section 1.4 of Chapter 1, which is about readers' expectations, the accuracy of words and the clarity of the meaning conveyed by the words are always the most important concern in academic writing. Put simply, the above listed informal words should be avoided in academic writing. Academic writing especially research papers are characterized by the use of formal jargons and academic terms (e.g., *amplitude*, *elasticity*, *mycosis*, and *DNA sequence*) to reinforce the clarity, precision, and professionalism of the ideas that the writing aims to convey.

Table 2-2 List of high-frequency phrasal verbs and their verb synonyms

Phrasal Verbs	Verb Synonyms	Examples
talk about	discuss	(1) I'll then hand over to Alan who will talk about the design issues and the master plan. (more spoken) (2) Chapter 8 will discuss where the balance should lie between ensuring that the rules are effective on the one hand, and avoiding unproductive litigation on the other. (more written)

Chapter 2 Stylistic and linguistic features of academic writing

Continued

Phrasal Verbs	Verb Synonyms	Examples
carry out	conduct	(1) It is important that we carry out the possible appliance testing on a regular basis. (more spoken) (2) In recent months, dermatologists have been under increasing pressure from fundholding general practitioners to conduct clinics in the community. (more written)
deal with	address	(1) What we deal with there is crime prevention. (more spoken) (2) These views gave additional weight to the argument that the MINSE analysis should address the issue of defining how a computer could support the organisational objectives. (more written)
look into	investigate	(1) But we'll look into the format, I think. (more spoken) (2) To protect the public, to uphold the standing of the medical profession, and to safeguard self-regulation, the GMC needs to be willing to investigate treatments offered by doctors that are risky and unscientific. (more written)

Although it is quite tricky for you to decide the formality of words while you are writing, there are several resources which would help you tackle this problem. First of all, some dictionaries would show the formality of words, so you can always turn to the dictionary to look up the words whose formality you are uncertain of. Longman Dictionary (online version accessed at https://www.ldoceonline.com/) would demonstrate the formality of some words, especially for those quite formal or informal words (Figure 2-2). Secondly, linguists have compiled the Academic Word List (AWL) to showcase the most frequent words which appear in academic texts (https://www.wgtn.ac.nz/lals/resources/academicwordlist). This list would familiarize you with those words of higher level of formality in academic contexts.

kid/lead/noun
 [countable] **informal** a child
  She'd always loved animals since she was a little kid.
  He's married with three kids.
  A neighbor volunteered to keep an eye on the kids (=their children or the children they are responsible for).

> **Register**
> Kid is informal. For formal or written styles use child:
> Research suggests that children from abusive families are likely to repeat violent behaviour.

deteriorate/di'txoriorelt $ -'tlr-/verb [intransitive]
 to become worse
  Ethel's health has deteriorated.
  America's deteriorating economy

> **Register**
> In everyday English, people usually say get worse rather than deteriorate:
> Her health got worse.
> The situation is getting worse.

Figure 2-2 **The details of the two example words in Longman Dictionary**

Exercise 3: Read the following two texts carefully and decide which text is more of a formal style according to the lexical features of the two texts.

Text 1:

In the nature, organisms are continuously assaulted by invading pathogens. Innate immunity is a powerful host-defense system against pathogen invasions. Activation of innate immunity requires the recognition of pathogen-associated molecular patterns (PAMPs) through pattern-recognition receptors (PRRs).

Text 2:

In the nature, organisms are constantly getting attacked by nasty germs. However, they have this awesome defense system called innate immunity that kicks butt against these invaders. To activate this defense, they need to spot certain patterns in the germs called pathogen-associated molecular patterns (PAMPs), using special receptors called pattern-recognition receptors (PRRs).

The answer to Exercise 3 is quite obvious, that is, Text 1 is more formal in tone than Text 2. Most of you may decide your answer on the basis of what you have learned about the lexical features of academic writing just now. It is easy to notice that Text 1 uses many jargons (e.g., *organism*, *pathogen*, and *innate immunity*) and formal verbs (e.g., *assault*). Differently, Text 2 opts for slangs (e.g., *kick butt against*) and non-academic vocabularies (e.g., *nasty germs*). This is a perfect answer and the vocabulary features listed above indeed differentiate the two texts. Meanwhile, the higher level of formality in Text 1 can also be exemplified by its syntactic features, namely the use of nominalizations, which will be elaborated on in Section 2.4.

2.4 Syntactic features of academic writing: The use of nominalizations

Nominalizations refer to those noun structures converted from their verbs. Accordingly, there are altogether three nominalizations in Text 1: *invasion*, *activation*, and *recognition*. The three words are derived from their verbs, namely, *invade*, *activate*, and *recognize*. The use of the three nominalizations enables the complex ideas to be condensed into a single phrase. For example, when the requirement of the activation process is presented, Text 2 uses the to-attributive clause (i.e., *to activate this defense*), while Text 1 compresses the ideas into the noun phrase "activation of innate immunity". In comparison with Text 2, Text 1 is more concise and efficient in style. It can also be seen from the two texts that the use of nominalizations in writing can decrease the use of pronouns (e.g., *they*). Therefore, sometimes, nominalizations can also help the writing establish a formal and scholarly tone. To conclude, the use of nominalizations is a linguistic feature of academic writing, which is preferred in disciplines such as science, social science, and humanities. Table 2-3 overviews two major linguistic tools to form nominalizations in English.

Chapter 2 Stylistic and linguistic features of academic writing

Table 2-3 Two major linguistic tools to form nominalizations in English

Linguistic Tools	Description	Examples
Suffix	Adding suffixes (e.g., -tion, -ment, and -ness) to verbs or adjectives	communicate-communication justify-justification establish-establishment aware-awareness
Gerund	Using the "-ing" form of a verb	study-studying compare-comparing

Exercise 5: Choose the suitable words and use their correct forms to complete the following gaps.

| establishment | recognition | provision | investigation |
| determination | proposal | limitation | demonstration |

(1) These results inform future _____ into mechanisms governing amelogenesis and introduce another feature to consider when modeling the mechanical and chemical performance of enamel.

(2) Type I and type II enzymes catalyze the formation of monomethyllarginine (MMA) as an intermediate before the _____ of asymmetric dimethylarginine (aDMA).

(3) Occupational pension _____ has always served best the interests of employees who have a lifelong record of full-time employment in the better paid occupations which offer an employer's pension as a fringe benefit.

(4) The _____ of such words to a writer can lead to disbelief about a word's existence and a lack of confidence in the system.

(5) The range of community relations programmes is impressively wide and is a further _____ of imaginative commitment on the part of community relations police.

(6) The statement of individual educational need in the case of a child with severe _____ or blindness should give an indication of levels of indoor and outdoor mobility and whether individual mobility instruction will be needed in order to cope with the ordinary school environment.

(7) Underlying these decisions about non-governmental bodies is an extremely important _____ of a phenomenon which is often called "corporatism".

(8) Inclusion of an internal standard placed immediately adjacent to the specimen in future experiments is recommended to further improve the precision of the sample-to-detector distance _____.

Chapter 3

Facts and Opinions

Learning Objectives:
☐ Understand the importance of facts and opinions in academic writing
☐ Differentiate facts from opinions
☐ Identify different examples of facts and opinions
☐ Master the expressions to present facts and opinions

Chapter 2 was dedicated to an in-depth introduction of the stylistic and linguistic features of academic writing. This chapter will delve into the content features of academic writing. Taken together, you will gain a comprehensive knowledge of the important features of academic writing at different aspects, namely style, language, and content. When it comes to the content of academic writing, it is still quite necessary to review its definition and purpose. Academic writing revolves around justifying the central idea that you intend to communicate in your writing. As the author, it is crucial to provide sufficient evidence to convince your readers. In essence, the content of academic writing primarily consists of opinions (such as the central idea) and facts (such as evidence). This chapter will explore facts and opinions in three aspects: why, what, and how. The "why" section will further explain the relationship between "opinions and facts" and "thesis and evidence". The "what" section will focus on the definitions of facts and opinions, supplemented with examples in academic writing. The "how" section will concentrate on the linguistic devices used to present facts and opinions in academic writing.

3.1 Facts and opinions: Blueprint and building materials of academic writing (why and what)

If academic writing is likened to an architecture, the central thesis of your writing is the blueprint of the architecture you are going to construct. In a certain area, there may be specific requirements on the overall structure of the building, but you can still design a personalized blueprint which will make your building look different from others. Similarly, in most occasions, the topic of your writing has been decided by your teachers or your supervisors. Despite this,

Chapter 3 Facts and Opinions

you can also propose a quite unique and different idea on the given topic. That is, the thesis statement of your essay would be different from others. Actually, the thesis statement of your essay is your own opinion on the given topic. The blueprint of your architecture would usually decide what kinds of materials you will use, such as the cement, bricks, rocks or concretes. These building materials are like the evidence you are using in your writing to shape your thesis. In academic writing, those "building materials" are usually composed of the different facts. To summarize, the blueprint of the architecture will decide what kinds of materials you need to use. Meantime, the building materials will help achieve the overall effect which is depicted by the blueprint. Similarly, the opinion of your writing will determine the facts you are citing. Also, those facts will serve as efficient evidence to establish the validity of your opinion.

Facts refer to the statements which can be proven or verified by using evidence, such as data (e.g., experiment data), or common knowledge. Facts are considered to be objective and verifiable information, whose credibility will not be influenced by personal opinions. For instance, the following statement is a fact: "Mandarin Chinese is the most widely spoken language in the world, with over 1 billion native speakers." This statement can be proven to be true with the data provided by governments all over the world. No matter whether you accept this statement or not, it is a fact, whose credibility will not be influenced by your personal views. Table 3-1 gives an overview of the different types of facts (i.e., scientific facts, geographical facts, historical facts, cultural facts, and statistical facts) and the corresponding examples.

Table 3-1 Different types of facts and the relevant examples

Types of Facts	Definition	Examples
Scientific facts	Scientific facts refer to those findings derived from scientific experiments and research.	(1) A baby's body has about 300 bones at birth. These eventually fuse (grow together) to form the 206 bones which adults have. (2) The boiling point of water is 212 ℉ (100 ℃).
Geographical facts	Geographical facts include common knowledge derived from the locations, physical features, and characteristics of places on Earth.	(1) Mohe City is the northernmost city in China. (2) China spans the equivalent of five time zones and borders fourteen countries by land.
Historical facts	Historical facts are knowledge related to past people, events, and civilizations, which are based on historical records, documents, and archaeological findings.	(1) Beijing is the first city to host both the Summer and Winter Olympic Games. (2) Queen Elizabeth Ⅱ died aged 96 at Balmoral Castle in September, 2022.

Continued

Types of Facts	Definition	Examples
Cultural facts	Cultural facts are common knowledge related to the beliefs, practices, customs, and traditions of a particular community or society.	(1) In China, it is a taboo to stick the chopsticks into the rice. (2) In France, among friends and relatives, the most common greeting is the 'la bise' (kiss on both cheeks).
Statistical facts	Statistical facts are based on numerical data and statistical analysis, which provide information about trends, patterns, and relationships between variables. These facts are usually derived from your own experiment and research. They are quite similar to scientific facts.	(1) According to British Council, there are an estimated 400 million English language learners in China. (2) According to the reading well, approximately 15% of people have dyslexia.

Different from facts, opinions are subjective and personal views. They are what an individual believes about a given topic. So, an opinion cannot be proven to be true or false. Different people tend to have different opinions towards the same topic. Taking the following topic as an example: "the most difficult language to learn", some hold the view that Chinese is the most difficult language to learn in the world, while others may believe that Arabic is the trickiest one. Although opinions are personalized and subjective, you usually need to propose a convincing, effective, and high-quality opinion in your writing (see more information on this in Section 1.2 of Chapter 1). As emphasized in Chapter 1, the opinion (thesis statement) is the most important point in academic writing, just like the blueprint of an architecture. In order to make the opinion sound effective and appealing, it is essential to present legitimate backing in the writing, namely evidence. The evidence could be the different categories of facts detailed in the previous section and expert opinions.

Exercise 1: Read the following paragraph and determine whether the statements (1)-(4) are facts or opinions.

Recently, there have been numerous debates captivating the new AI chatbot, ChatGPT by OpenAI. ChatGPT becomes a new concept of a revolutionary AI chatbot grounded in deep learning algorithms that are designed to simulate conversation with human users over the Internet. According to recent blogs over the Internet, this chatbot took the Internet by storm via part of the community claiming that it will be the new Google search engine. This powerful and easily accessible technology has recently led to concerns about plagiarism in educational settings. A recent blog article by Stephen Marche "The College Essay Is Dead" raises concerns on the usage of ChatGPT for generating massive high-quality textual outputs of scholarly articles using

Chapter 3 Facts and Opinions

natural language processing of chatbots. Stokel-Walker has highlighted that ChatGPT has great potential to provide solutions to college students on tasks such as essay writing, assignment solving, script code creation, and assessment assistance. Some counter actions have been taken for example by Australia's Queensland and Tasmania schools and New York City and Seattle school districts by prohibiting the use of ChatGPT on students' devices and networks. Many universities, colleges, and schools are evaluating similar restrictions. Thus, ChatGPT can quickly become a popular choice among students to generate academic essays for homework's, which has elevated the worries of plagiarism.

[Khalil, M., & Er, E. (2023). Will ChatGPT get you caught? Rethinking of plagiarism detection. In P., Zaphiris, & A., Ioannou. (Eds.), *Learning and collaboration technologies* (pp. 475–487). Cham: Springer Nature Switzerland.]

(1) ChatGPT becomes a new concept of a revolutionary AI chatbot grounded in deep learning algorithms that are designed to simulate conversation with human users over the Internet.

　　(A) Fact　　　　　　　　　　(B) Opinion

(2) This chatbot took the Internet by storm via part of the community claiming that it will be the new Google search engine.

　　(A) Fact　　　　　　　　　　(B) Opinion

(3) Stokel-Walker has highlighted that ChatGPT has great potential to provide solutions to college students on tasks such as essay writing, assignment solving, script code creation, and assessment assistance.

　　(A) Fact　　　　　　　　　　(B) Opinion

(4) Some counter actions have been taken for example by Australia's Queensland and Tasmania schools and New York City and Seattle school districts by prohibiting the use of ChatGPT on students' devices and networks.

　　(A) Fact　　　　　　　　　　(B) Opinion

The previous part primarily provided an overview of facts and opinions from a general perspective. This following part aims to explore facts and opinions in academic writing. As mentioned earlier, there are two types of opinions in academic writing: your own opinion and others' opinions. Firstly, your own opinion is reflected in the thesis statement of your writing, which represents your personal perspective and view on the target topic. The important points of formulating an effective thesis statement for essay writing have already been emphasized in the Section 1.2 of Chapter 1, so those details will not be repeated here. In the case of academic papers, the opinion or thesis statement of your paper is the research question(s) derived from the significance of your study. The formulation of research questions is a specialized process which requires expertise in the relevant field. Consequently, this chapter does not elaborate on how to generate appropriate research questions for your academic paper. Once you have established your own opinion (thesis statement), it is necessary to provide evidence to support it. The previous part has mentioned that evidence consists of various categories of facts. Additionally, it is worth noting that you can also utilize the opinions of others to justify the thesis statement of your paper, that is, to illustrate the importance of your research questions. This constitutes the second type of opinion in your writing. To be more specific, expert opinions or opinions from other studies are typically presented in the literature review section to demonstrate the significance of your study. Here are two suggestions on how to incorporate others' opinions into your academic papers. Firstly, it is advisable to organize others' views into distinct categories and present them in a logical manner which aligns with your own study. Secondly, academic papers need to adhere to a citation style to acknowledge the sources of the opinions or views which are quoted (see the Section 2.3 of Chapter 2 for more information on the stylistic feature: being evidenced). Given the importance of the literature review, Chapter 4 will focus on how to write an effective literature review for academic papers.

As for facts in academic writing, they serve as evidence of the thesis statement. In terms of academic essays, on the basis of the topic, different categories of facts listed in Table 3-1 can be used to justify the thesis statement. Let's use the topic "the role of physical exercise in achieving success at college" as an example to elaborate on the use of facts. The thesis statement for this topic is "Engaging in physical exercise can be beneficial in attaining success in college". The following are three facts which can be used to support this statement.

Fact 1: Several studies have found that doing physical exercise can improve individuals' cognitive abilities, such as memory and attention. Thus, gradually, college students can absorb and retain information more efficiently, leading to better academic performance.

Fact 2: Physical exercise is known to release dopamine and endorphins, which can help individuals better deal with negative emotions such as stress, anxiety, and depression. A heathy mind is beneficial to a successful college life.

Fact 3: It is widely accepted that regular physical exercise can strengthen individuals' bodies and a healthy body of college students is fundamental to their success.

Facts 1-3 belong to scientifical and statistical facts. They are the findings derived from experiments and research, such as the benefits of endorphins. Some of you may be overwhelmed by these examples, feeling that it is a mission impossible to come up with so many scientific facts in timed writing. That is a reasonable concern. In cases of writing in an occasion when the writers can refer to external resources, it may be possible and manageable to look up for relevant facts of different categories on online platforms. However, when it comes to timed writing, especially when the writers do not have access to online resources, it is normal to employ personal anecdotes rather than facts as evidence to support the thesis statement. But compared with facts, personal stories may lack the authority and objectivity. To address this, one strategy is to introduce facts using hedging expressions, allowing for a more general and abstract presentation. For example, if you remember that exercise releases a substance which

Chapter 3 Facts and Opinions

promotes happiness but cannot recall the exact details, it is acceptable to state, "Scientific studies have shown that physical exercise leads to the production of a substance that may contribute to a happier state of mind, thus benefiting mental health".

In terms of academic papers, the statistical facts are used to illustrate the significance of the study (i.e., the thesis statement of the paper). Those facts are composed of the results of your experiment. Most of you may opt for a quantitative study design because most of you are science majors. Therefore, when you are presenting those facts, you need to report them in the format of tables and figures. Tables are usually used to present numerical or textual data from your study. Figures are commonly used to visualize the numerical data in order to ascertain the trends and patterns conveyed by the data. Examples of figures include diagrams, line graphs, pie charts, and bar graphs. To summarize, the statistical facts involving the quantitative results of the study is an essential source of facts in academic writing.

Exercise 2: Search on the Internet to find three facts to support the thesis that "Chinese is the most difficult language to learn in the world".

Fact 1: _____

_____

Fact 2: _____

_____

Fact 3: _____

_____

3.2 Linguistic devices to present facts and opinions in academic writing (how)

Once you have a clear understanding of the importance (why) and definitions (what) of facts and opinions, you may be eager to learn how to effectively express them in your academic writing (how). This section intends to detail important linguistic devices, which can help you express facts and opinions. It will cover three key areas. Firstly, it will elaborate on the usage of fact words, focusing on the collocation of these words to enhance the accuracy and idiomaticity of your writing. Secondly, it will present language expressions and formulas which can be used to introduce information from figures and tables. They are crucial sources of facts in academic writing. Lastly, it will list expressions commonly used to present opinions, especially others' opinions.

3.2.1 The usage of five "facts" words

This part is focused on the usage of five "facts" words: *fact*, *data*, *statistics*, *evidence*, and *information*. The collocation of those words is detailed to indicate their usage, including "verb+noun", "noun+verb", and "adjective+noun" collocations.

▶ Fact

verb+fact: ascertain/check/emphasize/examine/explain/resent fact

Example 1: There is a tendency to emphasize the fact that among the lower, generalized orders the wings are longitudinally plicated after the manner of a partially opened fan.

Example 2: Some individuals resented the fact that "some people can do what they like while others cannot".

fact+verb: fact disprove/explain/indicate/show/suggest

Example 1: Morgenthau's Realist theory was, as we have said, based on six principles, outlined in an introductory chapter added only in the second edition of the book; this fact may explain why the six principles do not deal explicitly with two of the three concepts that are central to the remainder of the book, namely "national interest" and the "balance of power".

Example 2: The names that survived provided no evidence of past links; and the fact of disappearance shows no inferior civilization.

adjective+fact: basic/concrete/relevant/salient/undeniable fact

Example 1: Much of each judgment was taken up with painstaking reviews of the historical and social context of the advertisement's publication, with the syntactical features of the sentence and its relationship to the rest of the advertisement, and with the undeniable fact that indeed there was considerable "evidence" about the matters at hand at the time of the advertisement's publication.

Example 2: We should never forget the salient cultural fact that the lingua franca of clerical diplomats was Latin.

▶ Data

verb+data: acquire/evaluate/examine/gather/interpret/obtain data

Example 1: Differences in criteria for symptoms and methods used to obtain clinical data cannot be ruled out.

Example 2: However, these data were difficult to interpret rigorously because of the large number of overlapping binding sites.

data+verb: data be derived from/demonstrate/indicate/prove/support

Example 1: SQL also provides a CREATE VIEW command which sets up alternative views of the data derived from other tables and selected rows and columns.

Example 2: These data demonstrate that in Turkey HEV (hepatitis E virus) is more prevalent in warmer regions and in adults, beginning in the third decade of life.

adjective+data: empirical/factual/preliminary/relevant/reliable data

Example 1: Text corpora provide empirical data concerning language usage, and as such may be used in the design and testing of NLP systems.

Example 2: Phenomenologists believe that it is impossible to produce factual data and it is therefore impossible to produce and check causal explanations.

Chapter 3 Facts and Opinions

▶ Statistics

verb+statistics: analyse/prepare/produce/release statistics

Example 1: Computers are also used in bureaux to collect and analyse enquiry statistics.

Example 2: If sociologists produce their own statistics these too are the product of subjective opinions, in this case the opinions of sociologists.

statistics+verb: statistics demonstrate/indicate/prove/reveal/show

Example 1: Despite statistics which reveal a reducing young population, only a very few employees will accept 40s and they are rare indeed who even interview 50s.

Example 2: Recently there have been confusing reports about just who is at risk and what the statistics prove.

adjective+statistics: raw /relevant/reliable/vital statistics

Example 1: Reasonably complete and reliable economic statistics of any kind became available only slowly even in many of the more developed European states.

Example 2: Estimates of this kind although more refined than the raw trade statistics can only be tentative.

▶ Evidence

verb+evidence: accumulate/consider/exclude/interpret/provide/reject evidence

Example 1: Chief Inspector Berret continued to accumulate and tabulate the evidence that he hoped would lead to Drew's indictment.

Example 2: The jury took 50 minutes to consider the evidence.

evidence+verb: evidence confirm/demonstrate/disprove/emerge/indicate

Example 1: In the 1960s and 1970s a substantial body of evidence emerged which claimed that schools made little or no difference to pupils' outcomes.

Example 2: Evidence seemed to confirm the interest inelasticity of investment demand.

adjective+evidence: abundant/ample/conflicting/experimental/tangible/visual evidence

Example 1: Not only must the firm be satisfied that the client is able to finance the transaction but before making any public announcement, tangible evidence must be available.

Example 2: They still require experimental evidence before they can be accepted as fact.

▶ Information

verb+information: circulate/demand/gather/present/seek/update information

Example 1: Thirdly, along with increasing professionalization of child-care services, the clients will demand more information and rights.

Example 2: During early system evaluation it was found that experts much preferred a simple direct dialogue style that presented basic diagnostic information such as test point values and component values, whereas the inexperienced required more directed problem analysis and advice.

information+verb: information indicate/be related to/show/tell

Example 1: The information collected must be related to needs rather than being simply that which is easy to collect.

Example 2: Other aspects of distortion need to be taken into account before finally trying to sort out what the information indicates.

adjective+information: additional/available/biased/extensive/precise information

Example 1: The major emphasis must be on providing the users with an overview of the available information and how the information is interrelated.

Example 2: By the time of the election, even those with poor or biased information sources had enough accurate information to form the same judgement as those with better information sources.

3.2.2 Introducing facts from tables and figures

When the information from tables and figures is presented, you need to mention which figure or table you are talking about. Then, the important and useful information needs to be stated, especially the trends shown by the table or figure. In terms of a quantitative-based study, different variables are involved. It is valuable to discern the differences of these variables, namely making comparisons while necessary. This part will list expressions which can perform the above-mentioned three functions in academic writing.

▶ Referring to the table or figure you are going to discuss

Figure 1/Table 1 shows/displays/illustrates/depicts …

According to/As shown by Figure 1/Table 1, …

It can be seen from Table 1/Figure 1 that …

▶ Describing trends in the table or figure

There has been a dramatic/sharp/slight/steady increase/decrease in the …

… have increased/decreased dramatically/sharply/steeply/suddenly.

… reached a peak/fluctuate/ remain stable …

▶ Making comparisons in terms of the information given in the table or figure

… three times … more … than …

… three times … as … as …

In comparison/in contrast/similarly/differently …

Exercise 3: The following figure below shows the number of men and women in further education in Britain in three periods and whether they were studying full- or part-time. Write at least 200 words to report the main information of the figure.

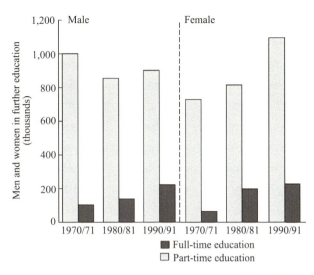

Figure 3-1 **The number of men and women in futher education**

3.3 Presenting opinions in academic writing: Hedge your opinion while necessary

If you can recall, one of the most typical stylistic characteristics of academic writing is to be formal in tone. In this respect, you are instructed to use impersonal structures to express your own opinions in academic writing, particularly in academic papers. Section 2.2 of Chapter 2 has already provided a comprehensive introduction to the use of impersonal structures in academic writing. You can use these structures rather than those personal constructions (such as "I believe …", "I prefer …", "we think" …) to present your opinion to maintain a formal and objective tone of your writing. Apart from the objectiveness of your opinion, you also need to be mindful of the precision of your opinions. Sometimes, in order to accentuate the significance of your study, it is natural to use some definite and eye-catching expressions to present your opinions, such as "our study is the first study …", "this study aims to fulfill those gaps …", "to date, no studies …". You need to be very careful with those emphatic words or expressions, such as "the first study", "fulfill the gap", "no". For one thing, those expressions may sound too arrogant and are more likely to arouse some opposition from the target readers. For another, those definite statements may be wrong to a large extent. For each topic, there exist thousands of relevant studies. And the relevancy of studies to the target topic is a very subjective thing. As a result, sometimes, there does not exist an answer to the number of the studies regarding your research topic. That means it is literally impossible and unlikely for you to read all the papers of a certain research topic. Therefore, it is kind of wrong and lack of precision to claim that your study is "the first study to …" or "there does not exist any study which has …".

Exercise 4: The following are the review comments of somebody's first academic paper which is summited to a prestigious journal for blind review. Read the comments and summarize the main problem pointed out by the reviewer according to what has been discussed previously.

Throughout the paper, the authors pretended not knowing Robinson's work along this line and even recent work that has already managed to "fill the research gaps" has not been consulted. Robinson, whose pioneering work does take "both coarse-and-fine grained syntactic complexity measures". So there is not much room for the authors of this paper to say that the existing studies have all the shortcomings and their own work is presented, as if, as a breakthrough, which is not true in itself. So my recommendation is that the authors really need to do a thorough literature search and rewrite their review of the literature and ground strongly their own study in the existing work. If the authors are not able to access recent studies, that is understandable, but not recognising the existing work and presenting a false argument is not advisable.

In order to reduce the risk of opposition and to be more precise for some statements, academic writing is characterized by the use of cautious and tentative language, also called hedging. Those hedging expressions enable us to avoid creating exaggerated claims which sound arrogant and unreliable. Table 3-2 shows the commonly-used hedging devices in academic writing.

Table 3-2 Some examples of heading devices in academic writing

Hedging Devices	Examples
It is likely/probable that ...	It is more likely, however, that manslaughter by gross negligence remains in addition to reckless manslaughter.
It seems plausible that ...	It seems plausible to suggest that the production system should be able to adapt in order to incorporate automatically accessed lexical items into current constituents.
The evidence suggests that ...	Regardless of what parents may think, evidence suggests that many still support corporal punishment by teachers and seek to sanction its use in schools.
One possible view is that ...	Where, however, the prosecution evidence is such that its strength or weakness depends on the view to be taken of a witness's reliability, or other matters which are generally speaking within the province of the jury and where on one possible view of the facts there is evidence upon which a jury could properly come to the conclusion that the defendant is guilty, then the judge should allow the matter to be tried by the jury ...

Chapter 4

Writing a literature review

Learning Objectives:
☐ Understand the steps to compose a literature review
☐ Recognize the different ways to search literature
☐ Identify the purpose of a literature review
☐ Summarize the characteristics of a good literature review

As you may recall, literature review is one of the most important sections in academic paper writing. It provides the basis for presenting the thesis statement, which highlights the purpose and importance of your study. However, even experienced researchers acknowledge that writing a literature review can be a daunting task. Given the importance of a literature review and the challenges it presents for academic writing, Chapter 4 will guide you through the process of writing a literature review. It will cover the essential elements of a well-crafted literature review, and address the issue of plagiarism.

4.1 Four steps to compose a literature review

A literature review intends to survey, summarize, and analyze existing studies on a specific topic (i.e., the topic of your paper). Writing a literature review is a complicated process, involving at least four steps (Figure 4-1). As shown by Figure 4-1, the first step to work on a literature review is to obtain relevant and high-quality papers of the topic which your paper is about. The different methods to search the literature will be introduced in Section 4.2.

Once you have collected an adequate number of research papers, the next step is to read the literature (the second step). While reading, you might come across important papers that are mentioned by multiple researchers but are initially overlooked in the first step. In such a case, it is necessary to return to the first step and use relevant techniques to locate these papers in question. One primary concern during the second step is determining how to read the papers effectively. For a novice researcher, it is advisable to read through the entire pool of papers for multiple rounds. During the first round of reading, it is recommended to thoroughly read each paper, from start to finish, namely intensive reading. This initial round will help you gain a

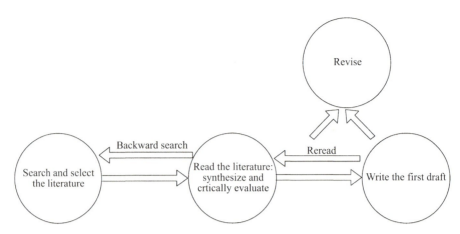

Figure 4-1　Four steps to compose a literature review

deeper understanding of the topic and become more proficient in reading academic literature. However, you may still have several unanswered questions regarding your research topic, and your own research questions may not yet be well-defined. Before you proceed to the second round of reading, it is important to formulate your own research questions, even if they are still quite general. Additionally, you should select certain papers for the second round of reading based on their relevance to your research questions. For the second round of reading, an intensive reading of each paper is important.

Upon completing the second round of reading, your research questions should be more solidified. At this stage, you can create a working bibliography to establish the relationships and value of each paper for your study. Figure 4-2 is an example of a working bibliography. While compiling the bibliography, it is beneficial to summarize and categorize the academic papers you have read. For example, some papers may be categorized to support the significance of your research topic, while others may be more relevant to the theoretical framework of your study. Essentially, you will be synthesizing the information obtained from the collected papers. In the subsequent one or two rounds of reading (i.e., the third or the fourth round of reading), the focus should be on specific sections of the papers, depending on their respective categories. For instance, if a paper falls under the "methodology" category, you should pay closer attention to its methodologies. After these additional rounds of focused reading, it is necessary to revise the previously created bibliography. In particular, you are encouraged to evaluate each paper and highlight any weakness of previous studies. Finally, it is time to write your own literature review on the basis of the working bibliography you have finished, which marks the third step. After completing the first draft, it is common to reread certain papers and revise the initial draft of the literature review as part of the fourth step.

Chapter 4 Writing a literature review

Working Bibliography

Literature Review
1. Significance of the study
Obergriesser, S., & Stoeger, H. (2020). Students' emotions of enjoyment and boredom and their use of cognitive learning strategies – How do they affect one another? *Learning and Instruction 66*: 101285.

[The overall aim of this study was to better understand the relationship between students' enjoyment and boredom and their effective use of cognitive learning strategies through sequential measurements of these emotions and learning strategies of 338 4th grade students during real learning situations. The findings showed that an increased intraindividual level of enjoyment could positively facilitate the use of cognitive learning strategies, whereas boredom and effective strategy use were unrelated. In the part of limitations, the author pointed out that apart from cognitive learning strategies, future studies should look at the relationship between enjoyment and more other learning strategies. (Research gap)]

2. Theoretical support
Pekrun, R. (2006). The control-value theory of achievement emotions: Assumptions, corollaries, and implications for educational research and practice. *Educational Psychology Review, 18*(4), 315-341.

[This article describes the control-value theory of achievement emotions and its implications for educational research and practice. The theory provides an integrative framework (Theoretical framework) for analyzing the antecedents and effects of emotions experienced in achievement and academic settings. Herein, these emotions are differentiated along the dimensions of valence (positive/negative), arousal (activating/deactivating) and object focus (activity/outcome) (Definition of enjoyment: a positive, activating emotion and is classified as an activity emotion). Also, perceptions of control and value are seen as antecedents to discrete emotions students experience in learning and achievement related setting. What's more, Pekrun believed that academic

Figure 4.2 Screenshot of a working bibliography

4.2 How to find literature: Literature search methods

If you have a specific topic, there are generally two methods to search the target literature. The first method is called direct search, that is, to use keywords to search for relevant literature directly in search engines or databases. To proceed with this method, it is essential to compile a short list of keywords (usually 3–5 most important keywords) based on the subject matter of your paper. The keyword list is of paramount importance and value as it plays the most crucial role in determining the search result. Usually, the keyword list is determined by researchers according to their own expert knowledge of the target topic and their experience. As a novice researcher, you may not have adequate experience and professional knowledge. In this case, one useful strategy can help you create a list of keywords effectively, that is, to collect the keywords of the articles you are often reading. You will find that some keywords would appear in many articles. That means these keywords could also be useful clues to find research papers which you are interested in. What's more, you can use synonyms of the keywords to broaden the search.

Exercise 1: Identify 3–5 keywords of each research topic so as to search the target literature.

(1) The effects of online learning on senior high school students' English learning outcomes.

(2) The assessment and management of the quality of the sound environment to generate healthy urban spaces.

(3) The use of AI technology in psychotherapy.

The next thing to do for the direct search is to decide the search medium, such as the search engines and the databases. Common examples of academic search engines include Google Scholar and Baidu Scholar. In addition to search engines, there are various databases available where you can find resources such as journal articles, conference papers, and books. Different databases may specialize in different subject categories. Therefore, it is important to identify the commonly-used databases in your research area by seeking advice from your supervisors or by doing some "research". Table 4-1 lists some popular databases and their respective scopes. As a beginner, you may not have a thorough understanding of all the databases relevant to your study. In such cases, you can visit your university library's website, where you will typically find a comprehensive list of databases which are accessible for free. Figure 4-3 displays a screenshot of the databases listed on the library website of Soochow University.

Table 4-1 A list of databases and their relevant scopes

Databases	Introduction	Website
PubMed	PubMed is a medical literature database, which encompasses articles from journals, books, and conference proceedings.	https://pubmed.ncbi.nlm.nih.gov/
JSTOR	JSTOR is a digital library of academic journals and books in various disciplines, such as arts, humanities, social sciences, and sciences.	https://www.jstor.org/
Scopus	Scopus is a comprehensive database of academic journals, conferences papers, and patents, covering 240 disciplines.	https://www.scopus.com/home.uri
Web of Science	Web of Science is a multidisciplinary database that includes literature from diverse disciplines, such as natural sciences, social sciences, arts, and humanities. It also provides the citation scores for journals indexed within its database. The citation score is one of the most authoritative metrics for evaluating the influence and quality of a journal.	https://clarivate.com/products/scientific-and-academic-research/research-discovery-and-workflow-solutions/webofscience-platform/
IEEE Xplore	IEEE Xplore is a database which is specifically focused on electrical engineering, computer science, and related disciplines. It includes journal articles, conference proceedings, and e-books.	https://ieeexplore.ieee.org/Xplore/home.jsp

Chapter 4 Writing a literature review

Continued

Databases	Introduction	Website
ERIC (Educational Resources Information Center)	ERIC is a database, which is specially dedicated to literature in education research, including journal articles, conference papers, and dissertations.	https://eric.ed.gov/
APA PsycINFO	APA PsycINFO is a database including literature in the field of psychology and related disciplines. It encompasses journal articles, dissertations, and books.	https://www.apa.org/pubs/databases/psycinfo
ScienceDirect	ScienceDirect is a comprehensive database of journals and books in diverse disciplines, including science, social science, and humanities.	https://www.sciencedirect.com

排序方式： 按访问量排序 按名称排序   推荐学术网站

中文数据库   外文数据库

中国知网-中国学术期刊库   Web of Science (SCI&SSCI)
万方数据知识服务平台-学术期刊   NCBI PubMed生物医学信息检索平台
维普期刊资源整合服务平台   Elsevier ScienceDirect全文电子期刊
读秀学术搜索（含图书、方志、视频、课程课件等）   SciFinder (CAS，美国化学文摘)
超星电子图书   Wiley InterScience电子期刊
北大法宝（中国法律信息总库）   SpringerLink、Kluwer电子期刊
百度学术搜索   EI Compendex(工程索引)/Inspec（科学文摘）
中国知网-中国优秀博硕士论文全文数据库   Reaxys数据库
全国报刊索引数据库/上图晚清和民国期刊全文数据库   Nature自然周刊（2021年新增4种子刊）
新东方多媒体学习库   Ovid 全文电子期刊
中国知网-国家标准全文数据库   ACS美国化学学会电子期刊
中国基本古籍库   Westlaw International法律在线数据库
NoteExpress文献管理软件   IEEE/IEE Electronic Library (IEL)
苏大学位论文库   HeinOnline法律数据库
CBM(SinoMed，中国生物医学文献库)   Thieme医学电子期刊（Thieme Seminars eJournal Package，
超星移动图书馆   2019.1.1 停订，2023年之前仍可访问）
万方数据知识服务平台-中国学位论文库   EBSCO-ASU综合学科参考文献大全
中国国家知识产权局专利检索及分析   PQDT全球博硕士学位论文全文数据库
中国知网-国际会议论文全文数据库   EndNote文献管理软件机构版（由苏州医学院订购提供）
中国知网-中国重要会议论文全文数据库   国道外文特色数据库

Figure 4-3 Screenshot of databases listed on the library website of Soochow University

After you have selected the keywords and the appropriate search engines or databases, you can input the keywords to generate a list of papers which meet your search criteria. While different search engines or databases may have different search layouts, the overall search process works in a similar way. The following example demonstrates how to conduct a literature search using Web of Science. The topic of interest is "The effects of online learning on senior high school students' English learning outcomes". Based on this topic, four essential keywords can be identified: "online learning", "English learning", "learning outcomes", "senior high

163

school students". Figure 4-4 shows the literature search conducted in Web of Science.

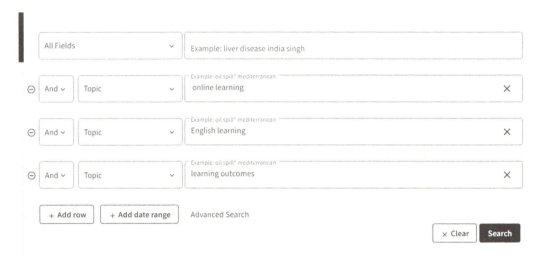

Figure 4-4　Screenshot of the search conducted in Web of Science

To expand the search, it is recommended to incorporate synonyms for each keyword. For example, you can include synonyms like "virtual learning", "distance learning" and "E-learning" in addition to "online learning". However, you need to be very careful with the use of Boolean operators (AND, OR). In this case, the operator OR should be used among the four keywords: "online learning", "virtual learning", "distance learning", and "E-learning".

Determining when to stop searching the literature can be a challenging decision during the process of direct search. It is easy to get caught up in the process and continuously strive to find more research articles. However, it is important to strike a balance and avoid overwhelming yourself with an excessive amount of literature. You can set a threshold for the number of relevant research papers you aim to find, such as 20 or 30 papers. Once you have reached this number, it is a good time to start reading and analyzing the literature you have collected. As a beginner, it would be a good choice to focus on renowned scholars' research papers as they often provide high-quality and influential work. This will give you a solid foundation and an overview of the research landscape. Additionally, these classical papers can serve as a starting point for backward searching, leading you to more relevant and influential literature. Put simply, the goal of direct search is to gather a manageable amount of literature that is both relevant and of high quality.

The second method is the backward search method, also called backward citation searching or citation chaining. It refers to the technique of examining the reference lists of relevant articles thoroughly to look for additional literature of interest. In comparison with direct search, this method requires more time and efforts, as it is conducted manually. However, it can be highly valuable and efficient, especially when you have already found some closely-related papers.

Through the two search methods, you will obtain a large number of scholarly works. It is important to note that it is not feasible or practical to read all the literature you come across. Therefore, it is crucial to carefully select the papers which you will read and use in your literature review. The quality of the papers you choose is of utmost importance, as the saying goes, "Garbage in, garbage out." In other words, the quality of your literature review depends on the quality of the papers you rely on. As a novice researcher, it may be challenging to determine the quality of papers at first glance. However, there are three criteria that can help guide your selection process. The first criterion is the authors. As pointed out earlier, research papers authored by renowned and prestigious researchers are generally considered to be of high quality. The second criterion is the journals in which the papers are published. Papers published in authoritative and influential journals are typically more reliable. Lastly, citation metrics can also serve as a criterion. Papers which are frequently cited by other researchers are often considered to be more trustworthy. By considering these criteria, you can make informed decisions about which papers to include in your literature review and ensure that you are relying on high-quality sources.

4.3　Characteristics of a good literature review

Before you start to write your own literature review, it is also very important for you to be aware of the characteristics of a good literature review. There are three typical characteristics of a good literature review: focused, organized, and evaluative.

Being focused means that all the studies reviewed and theoretical frameworks presented should be directly relevant to your own study. While this may sound straightforward, many student researchers struggle with finding suitable and appropriate theoretical frameworks. It requires experience and a solid knowledge base on the target topic. Novice researchers often include frameworks which are too general and applicable to many similar studies. As a result, these frameworks may not provide direct and adequate support to justify the significance of their own study or guide the design of their research.

Being organized is another important aspect of a good literature review. A good literature review should be structured thematically. As mentioned at the beginning of the Section 4.1, the goal of a literature review is to synthesize information on a given topic. Presenting studies in a random and illogical manner would be ineffective and result in a scattered and disjointed review. Instead, the information should be categorized according to different themes or strands of research related to the topic. For example, if the topic is "the effects of online learning on the English learning outcomes of senior high school students", there could be at least two strands of research: the effects of online learning, and influential factors of English learning in the digital age. In some disciplines, such as social sciences and humanities, the theoretical framework should be presented as a separate section in the literature review. Categorizing and synthesizing relevant studies according to each theme ensure a logical flow of ideas and themes throughout the review.

Being evaluative is also an essential element of an effective literature review. It involves critically evaluating the relevant studies to identify their limitations or shortcomings. Based on these limitations, you can present the significance of your own study. However, this is not an easy task. As a researcher and writer, you need to be well-versed in the literature on the given topic and develop the ability to read critically. This requires a deep understanding of the subject matter and the cultivation of critical thinking skills. Unfortunately, many papers finished by novice researchers lack critical evaluation in their literature reviews, merely presenting what has been done and found without highlighting the necessity and significance of the target study. A well-executed literature review goes beyond summarizing existing studies. It critically evaluates these studies, including their research questions, theoretical frameworks, and research methodologies, to identify their strengths and weaknesses. By doing so, it can effectively identify research gaps and limitations in previous studies.

Exercise 2: Write a critique of the following literature review. This literature review is part of the article which is about the "effects of English Medium Instruction (EMI) on students' language learning".

English Medium Instruction (EMI) refers to the method or strategy of using English to teach academic subjects in "countries of jurisdictions where the first language of the majority of the population is not English" (Macaro et al., 2018, p37). It becomes increasingly popular in many European countries and Asian countries. Many studies have been carried out on EMI in the European context but few studies have been done to investigate EMI in the Asian context. Some studies intend to investigate the effect of EMI on students' content and language learning outcomes. For example, Lin and Morrison (2010) compared the academic vocabulary knowledge of Hong Kong EMI and non-EMI learners. Participants' lexical knowledge is measured by two aspects: receptive word knowledge and productive word knowledge. Their results indicated that learners from EMI programs outperformed those from CMI (Chinese Medium Instruction) programs in both the two vocabulary tests. Thus, they concluded that EMI is more beneficial to language learning. In addition, some studies also examine the effects of EMI on students' language learning motivation and find that EMI can enhance students' learning motivation.

4.4 Maintaining academic integrity: Avoid plagiarism in academic writing

You may still recall that being evidenced is a very important convention in academic writing. It is a routine to acknowledge the source of the ideas or opinions which are used in academic papers. However, some students may not fully grasp the importance of properly acknowledging the sources of their ideas. They may argue that it is challenging to determine the origin of the ideas they utilize, as the borrowing of ideas can be subjective. Consequently, they may not consider it as an act of plagiarism if they only copy "ideas" by paraphrasing them from others' papers. However, this belief is incorrect. Utilizing someone else's ideas without giving appropriate credit constitutes plagiarism. This not only disrespects other researchers but also violates academic conventions, leading to serious consequences. In academic papers, the literature review section is particularly susceptible to plagiarism. This section will explore three types of plagiarism in academic papers and provide valuable strategies to avoid plagiarism when writing a literature review.

There are mainly three types of plagiarism: outright copying, paraphrase plagiarism, and patchwork plagiarism. Outright copying is the most obvious and straightforward form of plagiarism, referring to the copy of the original content verbatim. This act is highly unethical and unacceptable in academic writing. With the availability of plagiarism detection tools in the digital age, it has become increasingly difficult for researchers or students to get away with outright copying. However, there are instances where teachers may not be able to detect each paper finished by students, leading some students to take the risk. Paraphrase plagiarism refers to the act of using others' opinions or findings through paraphrasing the original sentences without giving the credit. There are two occasions for this to occur. One is that as said earlier, some novice researchers are not aware of the seriousness of this issue due to a lack of professional training. So, sometimes they may forget to add citations for some opinions borrowed in their articles. The other is that some researchers choose not to give the credit on purpose in order to pretend that these ideas presented in their articles are original. They dare to do so because these ideas are presented through paraphrasing, and the automatic tools are not able to detect the plagiarism here. However, it should be mentioned that if the paper is read by the authors whose ideas have been borrowed, they may report the plagiarism issue to the publisher. If the plagiarism is reported, the paper may be recalled by the publisher. Compared with the previous two types of plagiarism, patchwork plagiarism is a less obvious and more invisible type, involving copying the ideas from multiple sources without proper citations. Similar to paraphrase plagiarism, patchwork plagiarism also occurs either because the researchers are lack of academic integrity or because they do it to increase the originality of their ideas.

To summarize, the three types of plagiarism outlined above all belong to intentional copying of ideas in previous studies. That means the authors are aware of their act of plagiarism. These types of plagiarism are more likely to occur among novice researchers who have not received professional training on writing ethics. To prevent plagiarism, it is crucial for students to develop a strong awareness of academic integrity. Adhering to ethical practices and giving credit to the original authors not only uphold academic standards but also ensure the integrity of one's own work.

Exercise 3: The following present four different scenarios of writing a literature review. Discuss each scenario with your partner and identify whether plagiarism has occurred or not.

(1) Mandy finds a perfect paragraph in a book which reviews the relevant literature on the topic of her own literature review. She copies the paragraph word for word into her own literature review.

(2) John finds a journal article which presents a strong argument about the limitations of previous studies. This is exactly the argument which he wants to make. Instead of copying it directly, he rephrases the sentences and includes a citation at the end of the statement in his literature review.

(3) Mike includes opinions from different articles without citing them in his literature review. He assumes that these ideas are widely accepted by many researchers and do not require citation.

(4) Rachel includes a quote from an article in her literature review. She cites the article at the end of the quote but accidentally forgets to use quotation marks.

后 记
Postscript

  本教材是在苏州大学的公共课"写作与表达"课程的基础上编写而成的。这门课是江苏省教育厅江涌厅长在苏州大学任党委书记时要求开设的。当时江书记在理工医科学院多次调研时发现,不少本科学生的写作与表达能力有待提高。2022年秋季学期,在教师座谈会上,江书记又听取了文学院教师关于在全校开设大学写作课的意见。为了打开理工医科学院学生未来的发展空间,使他们在未来的事业道路上走得更远,通过与教务处协调,苏州大学决定在全校理工医科学院的创新实验班先行开设"写作与表达"课程。教学任务由文学院与外国语学院共同承担。

  在教务处方亮处长、李慧副处长和孙芸老师的直接领导下,"写作与表达"课程建设迅速启动。文学院和外国语学院选拔了骨干教师参与课程建设。从学生的选拔、教学方案的制订,到教学内容的设计、教学任务的分配、考核方式的优化,再到助教的配备、授课时间的协调、教室的安排,各个环节都是在教务处的直接领导下完成的。文学院曹炜院长、周生杰副院长,外国语学院朱新福院长、孟祥春副院长对这门课的师资队伍建设和课程建设都给予了大力支持。这门课程能够顺利开设,离不开两个学院的领导的关心。参与本课程教学活动的各学院也在选拔学生、组织教学等环节给予了帮助。在此一并致谢!

  经过几轮授课,本课程的教师在备课材料的基础上,又投入了大量时间、精力完善教案,扩充了内容,编写了本教材。具体的编写分工如下:上编由李勇编写了第一讲和第二讲,李一编写了第三讲和第四讲,邵雯艳编写了第五讲和第六讲,姜晓编写了第七讲和第八讲;下编由毕鹏编写。本教材的出版得到了苏州大学出版社施小占主任的大力支持,文学院提供了出版资助,我们深表谢意!

  写作与表达是一项复杂的实践活动,涉及的知识面很广。对于如何把具体的写作与表达技巧、方法传授给学生,让学生能够真正从这门课程中受益,我们也还在探索中。本教材难免存在一些不足之处,欢迎同行、专家与广大读者批评指正!